SV

W0095469

Sonderdruck
edition suhrkamp

Aus dem Nebel des Krieges

Die Gegenwart der Ukraine

Herausgegeben von Kateryna Mishchenko und
Katharina Raabe

Mit Fotografien

Suhrkamp

Bildauswahl: Yuriy Hrytsyna

Erste Auflage 2023
edition suhrkamp
© der deutschsprachigen Ausgabe Suhrkamp Verlag GmbH, Berlin, 2023
Alle Rechte vorbehalten. Wir behalten uns auch eine Nutzung des Werks für
Text und Data Mining im Sinne von § 44b UrhG vor.
Satz: Satz-Offizin Hümmer GmbH, Waldbüttelbrunn
Druck: CPI books GmbH, Leck
Umschlagfoto: EPA/Roman Pilipey
Umschlag gestaltet nach einem Konzept von Willy Fleckhaus: Rolf Staudt
Printed in Germany
ISBN 978-3-518-02982-4

www.suhrkamp.de

Inhalt

I
Die Erfahrung der Destruktion

II
Die Aufnahme der Veränderung

III
Orientierungsversuch

I Die Erfahrung der Destruktion

Kateryna Mishchenko
Spiegel der Seele

Heute ist die Ukraine auf den nächtlichen Satellitenbildern sehr gut zu erkennen. Eine Art negativer Sichtbarkeit – auf der mit Lichtern übersäten Landfläche gibt es einen dunklen Fleck, wie ein Spiegelbild des Schwarzen Meeres. Die Worte »ukrainische Nacht« haben sich mir nun endlich erschlossen – beängstigend und nah zugleich. Wenn ich früher die Nacht als einen Rückzugsort des sozial Verdrängten gesehen habe, erscheint jetzt die Existenz selbst im Schatten. Ich muss von neuem versuchen, den Menschen und das Menschliche in einem konkreten historischen Moment zu verstehen – das ist es, was diese lange Nacht des Vernichtungskrieges für mich bedeutet.

In der ukrainischen Sprache sind *eine Menge* und *Finsternis* Homonyme. Wie lassen sich genozidale Ausmaße denken? Wie viele Kriegsverbrechen wurden bereits dokumentiert? Zehntausende. Wie viele Kinder haben ihr Leben verloren? Schon annähernd fünfhundert. Wie lange wird es dauern, die Ukraine zu entminen? Für die dreißig Prozent unseres Territoriums, die gegenwärtig vermint sind, mindestens zehn Jahre. Das Übermaß an Zerstörung und Brutalität macht mir vor allem klar, wie groß mein Land ist: Es wird so lange und so brutal zerstört, und es bleibt hartnäckig bestehen.

Ich erinnere mich noch an die erste Nacht nach dem Beginn der Invasion. Schlafen war unmöglich. Ich verbrachte die Nacht bei einem Freund, weit weg vom Kyjiwer Regierungsviertel, wo meine Wohnung lag und wo russische Truppen landen sollten, um die Staatsführung gefangen zu nehmen oder zu töten. Vom Fenster aus betrachtete ich das Stück Straße in der Nähe der Metrostation »Völkerfreundschaft«: eine gewundene Asphaltstraße, Bäume auf beiden Seiten, das Licht der Straßenlaterne gedämpft, leicht rötlich. Ruhig und leer, friedlich. Ich hatte Angst, den Blick

abzuwenden, als hätte er die Macht, diese Landschaft zu konser-
vieren und so zu verhindern, dass sie durch die Militärtechnik des
»befreundeten Volkes«, durch Explosionen und Feuer zerstört
wird. Es war sehr still geworden, als verhielte sich die Stadt absichtlich leise, um dem Kriegslärm etwas entgegenzusetzen. In
einer der folgenden Nächte war ich zufällig während der Aus-
gangssperre im Hof – die Stille einer schrecklichen Erwartung,
das Lichtregime (nach 22 Uhr sollte man möglichst das Licht aus-
schalten, damit der Feind uns nicht so leicht bemerkt) und der
Sternenhimmel über uns. In einer solchen durch und durch fros-
tigen, einsamen ukrainischen Nacht möchte man trotz des für immer gebrochenen Herzens verzweifelt lieben.

Seitdem ist fast ein Jahr vergangen. Ich ertappe mich bei dem
Gedanken, dass ich die Tage vor und unmittelbar nach dem großen Krieg vermisse, denn die Erinnerungen daran sind das ak-
tuellste Bild meines Zuhauses. In den sogenannten Tagen null –
vor der Invasion – habe ich viele Filme über Katastrophen und
das Überleben gesehen. Ich träumte, wie ich voller Panik mit meinem Kind im Bus nach Berlin fuhr, wie ich versuchte, alle meine
Zimmerpflanzen in einen Koffer zu packen: Ich stellte die Töpfe
zu einer Pyramide auf und wusste dann nicht, wohin mit den ganzen Pflanzen und wie viel Erde man von den Wurzeln abschütteln
kann, damit sie überleben. Jetzt suche ich nach einer Fortsetzung
dieses Traums, gehe in Blumenläden oder Gartenmärkte – einfach, um eine Weile dort zu sein.

Ich erinnere mich an den Tag eins, an die ernsten Gesichter der
Menschen in der morgendlichen Schlange im Supermarkt. An die
zitternden Hände der Verkäuferin in der Zoohandlung, es gibt
keine Katzentransportboxen, heute kommen wahrscheinlich auch
keine mehr. Ihre Verwandten sind irgendwo im Gebiet Tschernihiw, dort ist die russische Armee schon. In einer Buchhandlung
mit Café, wo ich ein bisschen arbeiten wollte, ist der Barista ein
ehemaliger Soldat. Sein Freund wurde an dem Tag mobilisiert,
eine Woche später sollte er Vater werden. Ich sitze da und blicke
aus dem Fenster, das die ganze Wand einnimmt, auf meine Straße
und frage mich, ob er keine Angst hat bei so einem großen Fens-

ter, wie viele Glasscherben es geben wird. Zur Mittagszeit sitze ich zu Hause in der Küche. Ich höre, wie sich mein Mann im Badezimmer übergibt. Er kann nicht akzeptieren, dass der Albtraum begonnen hat. Ich hingegen bin schon ganz davon vergiftet, ich finde einen Punkt, den ich fixieren kann: das Cover des Buches *Trauma and Recovery* von Judith Herman, das ich meinem Mann zum Valentinstag geschenkt hatte. Ich habe die ersten Seiten gelesen und der Hauptgedanke war: Dem Opfer zu glauben, fällt schwer, es ist bequemer und sicherer, sich mit dem Aggressor zu assoziieren. Sich auf die Seite des Opfers zu stellen, bedeutet, es zu wagen, den Status quo zu zerstören. Nach dem traurigen Abschied von meiner gesamten Bibliothek war ich diesem Buch dankbar für die Gedanken, die sich – mehr als einmal – in den endlosen Debatten um die Unterstützung der Ukraine und die politischen – für uns schicksalhaften – Entscheidungen der verschiedenen Länder materialisierten. Der Status quo wurde gebrochen, um den Preis von Menschenleben, und diese verlorenen Leben sind finstere Mengen.

Ich erinnere mich an das Brummen unserer Flugzeuge am Himmel über Iwano-Frankiwsk, wohin wir schließlich fuhren. Und im Telefon das Schluchzen der älteren Kindergärtnerin meines Sohnes, die mit ihrem Mann auf die Datscha in der Nähe von Tschernihiw gefahren war, um dort den Krieg »abzuwarten«. Sie sagte, die Kinder täten ihr so entsetzlich leid, an ihrem Fenster fahren schon Panzer vorbei, sie kommen nicht mehr weg. Später kehrten sie glücklicherweise nach Kyjiw zurück. Ich hingegen habe mit meinem Sohn das Land verlassen.

Im Nachtbus nach Prag – von dort würden wir den Zug nach Berlin nehmen – wurde mir klar, dass die Träume durch Wahnvorstellungen abgelöst worden waren. Die Nachrichten erklingen mit den Stimmen toter Kinder – dieser Satz dreht sich in meinem Kopf, ich bin in einem wachen Albtraum gefangen. Neben uns sitzt eine Familie aus Butscha, damals noch für uns alle »nur« eine besetzte Stadt, in der gekämpft wird. Die Frauen rufen immer wieder ihre Ehemänner an, die dortgeblieben sind. Eine von ihnen kann das Geplapper der Kinder nicht mehr ertragen, sie verbietet ihnen ständig den Mund und flucht. Irgendwann befiehlt sie auch meinem Sohn, den Mund zu halten. Die andere Frau ist vor Erschöpfung ganz still. An der polnischen Grenze, bei der Gepäckkontrolle, stehen wir mit einer weiteren jungen Frau für kurze Zeit zu dritt in der Halle und warten darauf, dass wir wieder in den Bus steigen können, nachdem auch er kontrolliert wurde. Es war still, wir blickten uns schweigend in die Augen – ein durchdringender Moment, wenn man den eigenen Schmerz in den Blick legt und versucht, jemandem davon zu erzählen, und einem dasselbe Signal entgegenkommt. Verbundenheit und höllische Einsamkeit zugleich. Aber wir müssen die Kinder nehmen und weiterfahren.

∗∗∗

Heute kann man in den Medien die Rekonstruktion der Verbrechen in Butscha verfolgen, insbesondere in der Jablunska-Straße, die durch die Leichen der Bewohner gezeichnet war. In die Gesichter der Ermordeten blicken. Man kann sogar die Fotos der identifizierten Mörder sehen, der berüchtigten Pskower Fallschirmjäger, die den Einheimischen die Handys abnahmen und damit zu Hause in Russland anriefen, wo sie später für besondere Tapferkeit ausgezeichnet wurden. Um auch nur diese wenigen Sätze zu verdauen, bräuchte man Jahre. Und woher soll man erst die Zeit nehmen für all das erworbene Wissen?

Das Stöhnen der Menschen unter den Trümmern von Häusern, die wegen des ständigen Beschusses nicht geborgen werden können, Exhumierungen, Übergabe von Leichen, Austausch von sterblichen Überresten, Verwandte, die zur weiteren Identifizierung der Toten oder dessen, was von ihnen übrig ist, DNA-Proben abgeben. Die Suche nach Verwandten unter jenen Überresten, über die schon die Würmer kriechen. Die massenhafte Verstümmelung des Menschlichen fragmentiert die Seele und ihre Zeit. Die Überreste des eigenen Selbst befinden sich irgendwo, nicht unbedingt alle an einem Ort: Etwas lebt in der Vergangenheit, ein Teil

bleibt dem Alltag und der Sorge anvertraut. Manchmal gehen die
Gedanken einfach verloren. Etwa dreißigtausend Vermisste. Diese Zahl finde ich auf der Seite der Internationalen Kommission
für vermisste Personen (ICMP), die der Ukraine bei der Identifizierung von Vermissten hilft. Verschwinden und Suchen als Exis-
tenzform. Parallel zu den Strafverfolgungsbehörden, internationalen Teams und zivilgesellschaftlichen Initiativen suchen auch
ganz gewöhnliche Menschen nach Spuren. Wie sie gerade können, für sich selbst, für das persönliche Archiv.

Anfang Oktober lernte ich in Frankfurt zufällig eine Frau aus
Butscha kennen, die wie ich an einem Workshop zur visuellen
Anthropologie des Krieges teilnahm. Sie erzählte mir, dass sie
die Straße mit ihrem Smartphone filmte, während sie mit ihren
Kindern wegfuhr. Sie hat zerschossene Autos mit toten Menschen gesehen. Diese Videos zeigt sie den Deutschen, mit denen
sie kommuniziert. Sie hat das Bedürfnis, über die Verbrechen, die
sie gesehen hat, auszusagen. Endlich gehört zu werden. Nach unserem Treffen wurde mir klar, dass die Zeugenarbeit das Bild des
Opfers erheblich beeinflusst. Wenn man in den Geflüchteten
oder den Ukrainern in ihrer Heimat nicht nur Opfer sieht, die
man zutiefst bedauert, sondern Zeugen, dann wird auch dieser
Krieg nicht als große Naturkatastrophe, sondern als kalkulierter
Genozid wahrgenommen werden. Auch wenn das global gesehen
nichts an der Tatsache ändert, dass mein Land ein Schlachtfeld ist
und die Welt dieses schreckliche Sterben von Menschen innerhalb seiner Grenzen zugelassen hat.

Jeden Tag leistet die Seele Zeugenarbeit, die auch eine Arbeit des
Begreifens ist. Wie lässt sich das Unbegreifliche begreifen? Es ist
möglich, wenn Tausende von Menschen an diesem kollektiven und
so persönlichen Prozess beteiligt sind. Geschichten erzählen, Ta-
gebuch führen, ein Smartphone benutzen, vor allem in der Besatzungszeit, vor allem ohne Internet und ohne Verbindung mit der
Außenwelt, als Mittel der Kriegsdokumentation. Miteinander zu
teilen, sich zu kümmern, zu retten. In unserer Umgangssprache

wird das Wort »rausholen« oft im Sinne von Herausforderungen
bewältigen (»alles aus sich rausholen«) verwendet, seine direkte
Bedeutung verbindet sich heute mit der Evakuierung anderer.
Um zu begreifen und zu überleben, muss Rettung in Gang gesetzt
werden, indem man anderen die Hand reicht.

Nach den permanenten russischen Angriffen auf die Energie-
infrastruktur entstanden überall in der Ukraine »Punkte der Unbeugsamkeit« – öffentliche Orte, an denen es Wärme, Wasser
und Strom gibt. Für einen rein zweckdienlichen Ort ist das ein
ziemlich pathetischer Name, aber ich fand ihn sofort sympathisch, denn in dem einfachen Akt einer Übergabe von Energie
lebt in diesem Kontext die Menschlichkeit auf. Was als *Vertrauens-
seligkeit* erscheinen mag, wie vielleicht auch der Glaube daran,
dass das Licht die Dunkelheit besiegen wird, führt tatsächlich
zu dieser Unbeugsamkeit.

⁎⁎⁎

Vor einigen Monaten, als der Oberkommandierende der Streitkräfte der Ukraine, General Walerij Saluschnyj, bereits ein Star
der internationalen Medien war, erfuhr ich in einem Interview
zu meinem Erstaunen, dass er vor seinem Studium an der Militär-
fakultät überlegt hatte, Komiker zu werden. Ob es nun Zufall ist
oder nicht – mindestens zwei aktuelle Hauptpersonen im Ma-
nagement dieses Kriegs sind Liebhaber der Komödie. Ist das vielleicht eine geheime Ressource der Standhaftigkeit oder Unbeugsamkeit? In traurigen Zeiten, wo einen höchstens noch Pläne für
die ferne Zukunft aufheitern können, ist Humor eine Möglichkeit der Abstraktion und Reflexion, eine Möglichkeit, über seine
von Trauer geprägte Identität hinauszuwachsen. Aber ich möchte
Lachen und Komik nicht nur als therapeutische Praxis denken,
die hilft, nicht verrückt zu werden. Wichtiger ist ihr humanisti-
sches Potenzial. Es ist auch eine Form der Fürsorge, nicht nur
für sich selbst, sondern auch für andere, um die Angst zu überwinden und die Perspektive zu wechseln. Sie schafft einen neuen
gemeinsamen Raum.

Ich beobachte Wolodymyr Selenskyj scharf, wenn er heute scherzt. Er wirkt müde und nervös, als sehne er sich nach der Leichtigkeit, nach dem gestohlenen Lachen. In einem Gespräch mit David Letterman sagte er, jeder habe etwas an diesen Krieg abgegeben, die Kinder zum Beispiel ihre Kindheit. Wenn ich darüber nachdenke, ob sein ungezwungenes Lachen das ist, was er an den Krieg abgegeben hat, komme ich unwillkürlich zurück zu mir, zu der Frage, was die Menschen um mich herum abgegeben haben. Selenskyj kann gut spiegeln. Und ein Gefühl von Gemeinschaft vermitteln, etwa bei der Suche nach seelischer Rettung und dem Versuch, sich von sich selbst zu distanzieren und sich von den neuen Bruchstücken im Inneren abzustoßen.

Aus einer Geschichte der Selbstlosigkeit geht eine andere hervor. Vor kurzem ist Hennadij Afanassjew, unter Menschenrechtlern als einer der drei »Krim-Gefangenen des Kreml« bekannt, in der Region Luhansk umgekommen. Zusammen mit dem Filmregisseur Oleh Senzow und dem Anarchisten Oleksandr Koltschenko war er 2014 vom russischen Geheimdienst verhaftet worden, weil er sich gegen die Annexion der Krim ausgesprochen hatte. Afanassjew konnte 2016 ausgetauscht werden, Senzow und Koltschenko drei Jahre später. Nach dem 24. Februar meldeten sich alle drei zur Armee. Ein weiterer Anarchist, Antifaschist und Menschenrechtsaktivist, Maksym Butkewytsch, der sich seit Jahren für die Freilassung von Krim-Gefangenen einsetzt, hat sich ebenfalls der Armee angeschlossen. Und Ende Juni zeigten ihn die russischen Propagandisten in ihren Nachrichten – so erfuhren wir, dass er in Gefangenschaft war. Später gab es ein weiteres Video mit ukrainischen Gefangenen – so erfuhren wir, dass er noch am Leben war, wenn auch sehr abgemagert. Seit einem halben Jahr weiß niemand mehr etwas. Natürlich waren die russischen Streitkräfte froh, einen solchen Mann gefangen nehmen zu können, verkörpert er doch alles, was sie zerstören wollen und was sie fürchten. Den Kampf um Gerechtigkeit, Menschlichkeit, gesellschaftliches Engagement und Würde.

Endlich hat sich mir auch das Wort »Würde« erschlossen. In den letzten neun Jahren habe ich den Maidan nur zögerlich »Re-

volution der Würde« genannt. Das Wort Maidan bezeichnete für
mich eher das politische Wesen dieses Aufstandes. Der Begriff
Würde hat sich damals meiner Ansicht nach nicht revolutioniert,
sondern eher herausgebildet, und jetzt sehe ich ihn in kristallisier-
ter Form. »Heute ist die ganze Ukraine der Maidan«, sagte mein
Mann einmal. Seine Worte bringen das politische Wesen des ukrainischen Widerstands perfekt zum Ausdruck: Eine Gesellschaft von Menschen kämpft für sich selbst. Menschen, die in
der verschwörungstheoretischen Perspektive des Kreml nicht
vorkommen, die jenseits dessen sind, was man sich dort vorstellen kann. Die Allgemeingültigkeit von Würde und Menschlichkeit und die entschlossene Selbstorganisation kompensieren oftmals institutionelle Mängel, fehlenden Wohlstand und politische
Bildung. Gegenwärtig stützt sich die Ukraine buchstäblich auf
die Menschen.

Wie wir sagen – der Krieg wird gegen das ganze Volk geführt,
und das ganze Volk kämpft mit. Jeder an seinem Platz. Diese in-
klusive und engagierte Formel könnte zum Fundament der Zukunft werden, wie vage sie im Moment auch erscheinen mag. Einer
Zukunft ohne Kämpfe, dafür mit einem Verantwortungsbewusst-
sein für das Gemeinsame. Dieses Fundament und insbesondere
die Position einer radikalen Menschlichkeit als Gegenpol zur
Entmenschlichung des Krieges manifestiert sich in den täglichen
Ansprachen von Wolodymyr Selenskyj an die Ukrainer – vielleicht ist er ihr erster echter Vertreter in der modernen Geschichte. Er spricht bewusst aus einer menschlichen Perspektive. Selenskyj übersetzt die Erfahrungen jedes einzelnen Tages, den das
Land durchlebt hat, in Worte, er prägt den öffentlichen Diskurs
und festigt den Anspruch, sich nicht von Hass und Verzweiflung
überwältigen zu lassen. Seine Sprache der Menschlichkeit war in
verschiedenen Ländern zu hören, sie weicht vom politischen Po-
pulismus ab, manipuliert nicht, sondern sucht die Ansprache und
findet Verständnis. Es gibt lustige Memes darüber, dass der ehemals russischsprachige Präsident so gut Ukrainisch gelernt hat,
dass er jetzt ständig die russischen Wörter vergisst. Ich würde sagen, dass er jetzt nicht nur Ukrainisch im linguistischen Sinne

spricht, sondern die politische Sprache, die von den Ukrainern nach dem Maidan entwickelt wurde. Heute ist die ukrainische Sprache die Sprache des echten, nicht des Salon-Antifaschismus. Gleichzeitig muss ich beim Anblick des von den Schatten des Krieges gezeichneten Selenskyj an das Schweigen denken. Früher habe ich Schweigen mit Poesie assoziiert, die ein Gefühl der Präsenz des Ungesagten vermittelt, etwas zwischen den Worten oder jenseits von ihnen. Jetzt höre ich in ihm jemanden, der Zugang zu allen Geheimnissen hat. Ich hoffe auf sein lebendiges Sprechen, die Rede eines Menschen mit einem kreativen Beruf, auf irgendeine Metapher, in der das wahre Grauen und die schlimmsten Verbrechen, etwas, das nicht mehr zu ertragen sein wird, unwissentlich enthüllt werden. Schon vor diesem blutigen Krieg konnten sich seine Ansprachen wie Honig auf die sozialen und politischen Wunden legen, und so funktioniert es auch jetzt. Aber dieser »gebrochene« Humor, die Erschöpfung in seinen Augen lassen in den Raum hinter den Kulissen blicken, als führten sie die Seele auf die Seite des Schweigens.

Ich versuche, für mich selbst das auszudrücken, worüber ich schweige. Von nun an ist das Maß meines Lebens der Tod anderer Menschen, von nun an wird es immer eine Kluft geben zwischen denen, die bereit sind, ihr Leben zu lassen, und denen, die dadurch Sicherheit erhalten. Der Genozid an meinen Mitbürgern war das Ergebnis einer Logik, dem abscheulichen russischen Staat ein Opfer zu bringen, um mit ihm Geschäfte machen zu können. Und all das ist unverzeihlich.

Eines der Bilder von der Seite des Schweigens kann die Streuung russischer Phosphorbomben am Nachthimmel über der Ukraine sein. So etwas wie die Kehrseite des Sternenhimmels, der sich so erschreckend pittoresk über die lichtlosen Städte legt, dass einem das Herz stockt. Gleichzeitig ist es eine Version des Horizonts der in den Tod verliebten »russischen Welt«. Wie jeder Faschismus ist auch die russische Unterart nicht indifferent gegenüber Ästhetik. Was ist seine berühmte Installation der als großes Z aufgereihten Kinder aus einem Hospiz in Kasan wert? Und was dieses Spektakel des großen Albtraumkrieges, den uns die großzügigen »russischen Partner« für immer geschenkt haben. Die Gewalt dieses Spektakels wird durch eine »kleine« Geschichte, die ich im Oktober las, gut illustriert: In Liman stahl ein russischer Soldat eine Überwachungskamera aus einem Haus, und nach einiger Zeit sahen die Besitzer das Bild, das sie übertrug, wieder – es kam aus einer Wohnung in Burjatien. In diesem Krieg zu kämpfen, bedeutet unter anderem, sich die gestohlene Sicht und den eigenen Blick auf die Welt zurückzuholen.

Dieses ganze Jahr lang passiert es oft, dass ich mich plötzlich fühle, als hätte ich den ganzen Tag geweint und in den Augenhöhlen dröhnt die Leere. Aber meine Augen haben nicht eine einzige Träne vergossen. Als wäre es ein geliehenes Gefühl. Ein Luftzug in den Augen. Vielleicht fühlt sich so das Weinen der Seele an, und die Augen, ihr Spiegel, halten die Erinnerung an diese fremde Erschöpfung fest. Vielleicht ist es jemand anderes, sind es andere, deren Trauer, Tod, Unfreiheit, Verletzung, Hunger, Verlust in das Innere meines Lebens eindringen und sich darin niederlassen. Dann wäre klar, warum ich mich in meinem Körper fühle wie in einem Geisterhaus. Stress und Ungeduld vibrieren in meinen Händen, mein Rücken schmerzt und deutet an, dass das Leben nie wieder bequem sein wird. Die Angst klopft von innen gegen meine Brust, und der Kummer sitzt direkt hinter meinen Augäpfeln und trocknet die Tränen. Ich denke, wenn ich versuche, den verlorenen Teil von mir in den Ecken meines inneren Zuhauses zu finden, wird sich eine kleine Lücke auftun – ein Ort, an dem dieser Luftzug der Augen frei fließt. Dort versteckt sich die Seele vor einem schrecklichen Gedanken. Dass ein Vernichtungskrieg in mein Leben getreten ist und alles darin umbringt.

Aus dem Ukrainischen von Lydia Nagel

Oksana Karpovych
Verfinsterte Orte

Kramatorsk, Gebiet Donezk, der Anfang

Der Frühzug nach Kramatorsk, ein halb leerer Wagen, nur ein paar Männer mit großen Rucksäcken. Sie sehen aus wie Militärangehörige oder einfach wie Menschen, die viel erlebt haben, sich im Winter das Gesicht mit eiskaltem Wasser waschen mussten, ihr ganzes Mittagessen mit einem Löffel essen und schwere Gegenstände tragen. Einer von ihnen sitzt neben mir, unrasiert, die Unruhe unterminiert seine kompakte Männlichkeit, dringt durch die Schichten dunkler Kleidung, sie äußert sich in einem nervösen Zucken des Beins. Ich biete ihm Schokolade an, beginne ein Gespräch. Ich erkläre, dass ich ungeplant in den Osten fahre – um als Produzentin für ausländische Medien zu arbeiten. Er ist Kriegsfotograf. Sie alle sind, wie ich jetzt weiß, Journalisten und Kriegsberichterstatter. Aus den verschiedenen Richtungen der Welt bewegen sie sich auf ein gemeinsames Ziel zu – sie wollen über etwas berichten, von dem wir an diesem 23. Februar immer noch hoffen, dass es nie passieren wird.

Die ersten Explosionen. Sie machen mich augenblicklich klein und einsam. Als ich sie höre, springe ich aus dem Bett. Ab jetzt höre ich nur noch meinen Herzschlag. Wie viel Zeit habe ich? Trifft es unser Hotel? Ich erinnere mich an den offenen Koffer auf dem Boden, dann ein Riss, jetzt liege ich auf dem Boden, meine linke Hand zittert unkontrolliert. Ich verstehe nicht, warum ich auf dem Boden liege. Der Koffer fällt mir ein, ich höre die zweite Explosion, oder war die zweite vorher? Und wann war die dritte? Auf dem Hotelflur Hektik und Stimmengewirr in allen Sprachen der Welt. Ich öffne die Tür, vor mir steht einer der Reporter, gestern hat uns jemand in der Bar bekannt gemacht. Er blickt in meine verschlafenen Augen und verkündet den Beginn des Krieges: »Es geht los!«

Die dritte Explosion ist schon nicht mehr so beängstigend. Bei der dritten packe ich, werfe die wenigen Sachen, die ich mitgebracht habe, in den Koffer. Wir hatten seit Monaten mit den Informationen über das russische Militärgerät entlang der Grenze gelebt. Wir hörten die Nachrichten, die prognostizierten Daten der Invasion, 16. Februar, 17. Februar, 22. Februar, wir hatten Angst, ich hatte Angst, und zugleich lachte ich, zusammen mit den anderen. Die russischen Truppen hatten so lange dagestanden und nicht angegriffen, dass wir uns fast an sie gewöhnt hatten. Als ich nach Kramatorsk fuhr, dachte ich nicht, dass ich den Krieg dort erleben würde. Nicht jetzt. Nicht am nächsten Morgen.

Seit fünf Uhr unterwegs. Der Fahrer meint, in der Zentralukraine sei es jetzt am sichersten. Solange wir Treibstoff haben, halten wir nicht an. Ich muss ständig an die Menschenmenge mit den blau-gelben Fahnen und den Spruchbändern »Kramatorsk ist Ukraine« auf dem zentralen Platz der Stadt gestern Abend denken. Als hätten sie etwas gewusst, was ich nicht wusste.

Pohrebyschtsche, Gebiet Winnyzja, Ende Februar

Nicht immer kann man nachts schlafen, manchmal fliegen ab 4.30 Uhr Flugzeuge über uns hinweg. Eine feindliche Rakete wurde in der Stadt abgeschossen. In Pohrebyschtsche, wo die Mobilisierung in vollem Gange ist, war ich dabei, als die Männer aufgerufen und in Bussen weggeschickt wurden. Ihre Gesichter waren traurig, aber alle sagten, dass sie motiviert sind. Die Einberufung erhalten sie per Telefon. Die Territorialverteidigung hebt unter anderem mit Schaufeln und Traktoren Gräben aus und bereitet Brandcocktails vor.

Die Menschen haben Angst, sich in die Augen zu sehen. Der Krieg verändert das Denken und Handeln. Von alten Frauen bis zu den Militärangehörigen – alle reagieren hier feindselig auf unbekannte Gesichter. Wenn ich durch die Straßen gehe, sage ich absichtlich zu allen »Guten Tag«, aber nicht alle antworten. Eine unüberlegte Handlung, und schon stehe ich »auf der Liste« der Saboteure. Ich fühle mich nicht sicher. Schon mehrmals bin ich vom Militär und der Territorialverteidigung kontrolliert worden. Jede Begegnung mit aggressiven, bewaffneten Männern ist traumatisch. Jede einzelne. Weil es so ungewohnt ist. Oder einfach, weil aggressive Männer mit Waffen nicht normal sind. Ich möchte mich nicht daran gewöhnen.

Müdigkeit. Sirenen und Müdigkeit. Sirenen, Saboteure und Müdigkeit. Sirenen, Saboteure, Reservisten, Wehrpflichtige, Luftlandetruppen. Sirenen, Saboteure, Reservisten, Wehrpflichtige, Luftlandetruppen und ein Checkpoint. Luftflotte, Straßen, Verluste, Feinde, Zeichen, Markierungen, gesprengte und abgerissene Brücken. Züge. Abfahrten vom Bahnhof für Frauen und Kinder. Die Männer in die Territorialverteidigung, aber jetzt gibt es so viel Verteidigung. Alle wollen Waffen. Der Feind verliert in den Augen der Gesellschaft seine Menschlichkeit.

Ich habe die Ukraine immer als weit empfunden, aber jetzt ist sie dick und zähflüssig, jeder Schritt auf der Straße oder dem Bürgersteig, wo es einen gibt, ist kurz. Auf dem Teich halb geschmolzenes Eis und zwei weiße Schwäne. Ihre Hälse und ihr Gefieder wirken lebendig vor dem Hintergrund der Autoschlange an der Tankstelle. In der Schule knüpfen Kinder und Frauen Tarnnetze aus alten Lumpen und zerschnittener Kleidung. Sie werden von der Werklehrerin beaufsichtigt. An der Wand eine Aufschrift: Nicht für die Schule, sondern für das Leben lernen wir. Seneca. Ich habe den Werkunterricht nie gemocht. Ich habe gehört, dass man sich in der Küche gesellschaftlich nützlich machen und Fische für die Territorialverteidigung ausnehmen kann. Entschuppen, Bäuche aufschneiden, Gallenblasen herausnehmen passt besser zur Stimmung dieser Tage und zu meiner endlosen Wut als das Knüpfen. Am Telefon erzählt mir meine Schwester, dass die Hunde im Dorf aus Angst vor den Schüssen aufgehört haben zu bellen. Hier ist es umgekehrt, wenn die Sirenen heulen, bellen nur Hunde, alle anderen sind still.

Die letzten Abende vor unserer Abreise haben wir keine Nachrichten mehr gehört. Unser Haus war niedrig, mir kam es auch so schon vor wie in einem Schutzraum, in einer Schlucht, in einem feuchten Abgrund, aber auch hier flogen morgens Flugzeuge, die versuchten, den Brunnen im Hof zu erwischen und die Hunde zu ärgern. Mit der Zeit hörte ich überall Sirenen, als hätte ich einen Hörfehler.

Zentralukraine, Anfang März

Wir fahren auf unbekannten Straßen, wo die Wegweiser entfernt wurden, um die Besatzer zu verwirren. Straßen ohne Wegweiser verwirren auch mich. Wir passieren Checkpoints. Füllige Männer mit Maschinengewehren. Helle Sandsäcke sind mit selbstgebastelten Netzen bedeckt, genau solchen, wie wir sie in der Schule geknüpft haben. Neben dem Sonnenstand orientieren wir uns an der Verkehrsdichte. In Richtung Krieg fahren Konvois von Lastwagen und Transportern, entgegen kommen ihnen Autos mit handgeschriebenen Schildern – KINDER. Die sowjetischen monumentalen »Willkommen in …« sind vorübergehend mit Müllsäcken verklebt. Hier ist niemand mehr willkommen. Anonyme Städte und Dörfer. Getrennt durch Checkpoints, wie ein Hürdenlauf. Die vorfrühlingshafte kahle Zentralukraine, als hätte sie den Krieg bereits überlebt. Die schwarzen Fensterlöcher von unfertigen Gebäuden und zerstörten sowjetischen Kolchosen, die rostigen Rahmen von Bestarbeitern, farbige Schuppen von Mosaiken.

Im Radio hieß es, die russische Armee sei nicht stark, aber lang. Wie treffend. Einige Menschen und Medien zählen die Tage des Krieges und denken, dass alle Tage des Krieges durchgezählt werden können und dass das Zählen bald ein Ende hat. Ich behalte die Zahlen nicht im Kopf. Von Anfang an hatte die Ordnung der Dinge keine Bedeutung, denn es gibt keine Ordnung mehr auf der Welt. Andererseits gibt es jetzt nur noch die Ordnung, weil die Dinge endlich beim Namen genannt werden, Russland als faschistisch bezeichnet wird. Ich ertappe mich bei dem Gedanken, dass sich vor meinen Augen das Schlimmste und das Beste zugleich abspielt: schreckliche Verbrechen und die furchtlose Menschlichkeit all derer, die sich diesen Verbrechen entgegenstellen, die versuchen, sie zu stoppen. Beide haben sehr klare, spezifische Formen angenommen, sie können mit nichts anderem mehr verwechselt werden.

Vor Uman sind die Felder mit Raketen übersät. Am 24. Februar wurden in Palanka Militärlager bombardiert. Die Trümmer sind kilometerweit verstreut. Nichtexplodierte Geschosse ragen aus dem Boden wie junge Bäume, die im Herbst nicht vom Traktor umgepflügt wurden. Waffentrümmer. Wenn sie nicht wären, könnte man denken, dass sich nichts geändert hat.

Kyjiw, Anfang März

Die Stadt wirkt verlassen. Auf der Harmatna-Straße waren morgens die Verschlafenen, die Alten, die Einsamen, die Behinderten und die Verrückten der Stadt unterwegs. Frauen mit markanten Gesichtern, wie sie nur diejenigen haben, die ihr ganzes Leben lang am Rande der Gesellschaft waren, standen an, um Zigaretten zu kaufen. Die Verkäuferin verkündete aus dem Kiosk, dass es nur noch die teuren gebe. Alte Frauen in langen beigen Jacken kauften mit kalten Händen Fleisch. Hinter dem Fleischverkauf stand eine offene Kiste mit Hähnchenschenkeln. Leere Parkplätze. Kyjiw erinnert an den ersten Tag des neuen Jahres, an dem die einen schlafen, andere zur Arbeit müssen und wieder andere in der Ferne Feuerwerk in die Luft jagen.

Ich kann mich nicht vor dem Gedanken schützen, dass die Kyjiwer Kriegsnächte schwer zu ertragen sind. Mit der Dunkelheit kommt der Krieg näher, geht unter die Haut. Ich schaue mich in der kleinen Wohnung um, sitze kerzengerade im Bett und stelle mir vor, wie sich Glassplitter auf mein Gesicht zubewegen. Ich werde vom Donnern der Explosionen geweckt, manchmal beachte ich sie gar nicht, manchmal erregen sie mich bis zur Übelkeit. Jede Nacht wache ich gegen drei Uhr auf, prüfe mein Telefon auf schreckliche Nachrichten und Neuigkeiten und schlafe wieder ein. Und dann, am nächsten Morgen, scheint derselbe Donner nicht mehr so beängstigend zu sein, man kann dazu in Ruhe Eier braten, die Straße entlanggehen und mit einem Freund reden. Jeder Tag und jeder Schritt in Kyjiw ist ein unverhofftes Glück. Jedes Unternehmen, das nicht geschlossen hat, ist Gold wert, und jeder Mensch, der geblieben ist, kommt einem vertraut vor. Geld bedeutet nichts. Ohne lebendige Menschen und Verbindungen ist es ungültig, oder wie Straßenbahnfahrkarten ohne Straßenbahn. Die öffentlichen Verkehrsmittel fahren nicht überall hin oder mit Unterbrechungen, die Entfernungen zwischen den Bezirken scheinen viel größer, vor allem wenn es windig und kalt ist, die Überquerung des Dnipro gleicht einem Wunder. In Friedenszeiten mochte ich den Geruch der Kyjiwer Metro immer. Aber jetzt ist es muffig, viele Menschen übernachten dort, einige verbringen auch ihre Tage auf den Bahnsteigen und in den Zügen. Es riecht nach Unsauberkeit, Schweiß, Schlaf und Schlaflosigkeit. Am Eingang überprüft die Polizei meinen Pass, wohin ich wolle, wo ich gemeldet sei und ob ich Waffen dabeihabe. Ich habe mich schon etwas daran gewöhnt, so viele bewaffnete Männer zu sehen, verliere aber immer noch den Überblick, fühle mich wehrlos und verdächtige mich fast selbst. Und ich kann mir nicht erklären, warum ich hier sein will, ich bin doch kein Kamikaze. Es gibt verschiedene Gründe, aber der wichtigste ist die Erkenntnis, dass sich vor meinen Augen etwas Wichtiges abspielt, etwas, das mich verändert, und dass ich Zeugin einer Art nackter Wahrheit bin. Dafür reicht es, einfach da zu sein und nicht zu blinzeln. Ich kann das weder beschreiben noch fotografieren, aber ich kann und will es durch meinen Körper gehen lassen, auf dessen Erinnerung ich vertraue. Ohne unsere Anwesenheit gäbe es diese Wahrheit nicht, sie existiert gerade deshalb, weil wir uns ihr zuwenden.

Kyjiw, Mitte März

Ab jetzt wohne ich in einem der teuersten Hotels der Stadt, aber auch hier kann ich nicht durchschlafen. Sobald es dunkel wird, beginnt die Pyrotechnik-Show. Wenn sie schon auf Wohnhäuser, Schulen, Kindergärten, Kirchen und Friedhöfe schießen, ganz zu schweigen von Regierungsgebäuden, warum nicht auch auf ein Hotel mit Journalisten? Das Zentrum von Kyjiw ist noch heil. Das Zentrum von Kyjiw wird heil bleiben. Und ich auch.

In den letzten Tagen habe ich mehrere zerstörte Hochhäuser gesehen. Ich betrachte sie meist von unten nach oben. Durch die leeren Fensterrahmen drückt der Wind die Jalousien und Vorhänge heraus wie Spielzeugdrachen. Je mehr Glasscherben und Beton ich sehe, desto unempfindlicher werde ich dafür, aber das Innere der Häuser – dieser Anblick zieht mir den Boden unter den Füßen weg. Ich war in mehreren Wohnungen. Kleine helle Küchen mit gepflegten, gegossenen Blumentöpfen. Abgewaschenes Geschirr und saubere Handtücher. Gewaschene Kleidung. Braunes Linoleum. Die Betten gemacht. Jede Wohnung sah aus, als hätte ich sie schon hundertmal betreten. Und so, als würde sie von ihren Bewohnern dem Krieg zum Trotz jeden Tag fleißig geputzt und nach ihren Vorstellungen von häuslicher Gemütlichkeit hergerichtet. Inmitten der Ungeheuerlichkeit der russischen Raketen wird die einfache Instandhaltung des inneren Raums der eigenen Wohnung zu einer komplexen und schönen Geste des Widerstands.

Die Erfassung eines weiteren Schadens, weiterer Verletzter oder Toter für die Rettungskräfte, Feuerwehrleute, Gasarbeiter, Sanitäter und Psychologen ist zu einer Aufgabe geworden. Zerbrochene Fensterscheiben, nach draußen geschleuderte Balkonisolierung und weißer Tüll. Manchmal möchte ich sogar, dass der Wind darin spielt wie in Segeln, aber die Luft in der Stadt ist schwer, bleiern, fast so, als wäre es einfacher, überhaupt nicht zu atmen. Ich hoffe, dass wir die ganze Zeit durch den grau-rosa Smog fahren können, aber je schneller wir fahren, desto weiter entfernt er sich. In den Medien heißt es, dass der Smog von den regelmäßigen Explosionen und den brennenden Mülldeponien in den Außenbezirken kommt. Wir haben in der Stadt Artillerie gehört, aber die Luftqualität beunruhigt mich mehr. Durch die Arbeit mit den Reportern scheine ich ihren distanzierten Blick übernommen zu haben und bin nur überrascht, mit was für einer Geschwindigkeit sich meine Wahrnehmung ändert. Die schwere kugelsichere Weste »PRESS« schützt mich vor meinen Gefühlen. Es ist, als ob ich darin nicht weinen oder jemanden trösten dürfte. Meine Kollegen machen eine Bemerkung, dass beim Anblick der Folgen eines ähnlichen Beschusses im Nahen Osten die Frauen schreien und weinen würden. Vor unseren Plattenbauten wird das raschistische[1] Verbrechen mit Schweigen bedeckt. Die Menschen stehen stumm und reglos da, ihre ärmliche, sackartige Kleidung fällt unter dem überwältigenden Gewicht der Traurigkeit tief in die von Raketen oder Trümmern hinterlassenen Krater. Ohne etwas zu sagen, kehren sie die Glasscherben auf dem Balkon zusammen und bringen sie irgendwohin nach draußen, wo, wie ich mir vorstelle, ein riesiger Glasberg wächst. Der einzige Mann, der heute beim Anblick seines zerbrochenen Tavria weinte, wandte sich ebenfalls von der ganzen Welt ab und wischte sich die Tränen zurück in die Augen.

Nach dem Mittagessen lichtete sich der Smog, und ich ging zum ersten Mal seit langem wieder spazieren. Jetzt kann man den Chreschtschatyk überall überqueren, es sind kaum Autos unterwegs. Man kann sich sogar in die Mitte stellen und sich einbilden, man nehme an einer Parade teil, man selbst sei die Parade. Eine kleine Menschenparade ohne Panzer und Waffen.

Gebiet Kyjiw, Ende März

Dutzende, Hunderte von Panzerigeln in den Außenbezirken von Kyjiw. Überall Schützengräben, die Stadt ist durchwühlt wie von Maulwürfen. Die Gräben werden ausgehoben, wenn die Menschen friedlich in die Sperrstunde verschwinden; die Nacht kehrt das Innere nach außen. Das kann ich mir nur vorstellen, weil die Nächte nicht mir gehören, sondern dem Staat und dem Militär,

---

1   Neologismus, der seit Beginn des Krieges in Umlauf gekommen ist: das englische *Russia* wird mit dem Wort *faschistisch* verschliffen. Anm. d. Hg.

mir bleiben von der Nacht nur die Explosionen und die Träume, aber auch die sind vom Krieg verdorben. Gestern, was für ein Wunder, beobachtete ich eine Begrünungsszene: Auf dem Prospekt wurden Blumen gepflanzt.

Unterdessen wird das so vertraute, so langweilige Swjatopetriwske in der Nähe von Kyjiw beschossen. Ich habe nie irgendwelche sentimentalen Gefühle für diesen Ort gehabt. Er hatte nie eine Chance, ein eigenes Profil herauszubilden, er blieb flach und unentwickelt. Als Kinder haben wir hier noch die vielen kleinen Bunker aus dem Zweiten Weltkrieg gesehen. Wenn wir mit Mama zur Molkerei gingen, um dort den Bus zu nehmen, kamen wir immer an einem vorbei, auf dem Feld. Die Bunker zogen uns magisch an, wir wollten hineinsehen wie in einen Dorfbrunnen. Der unheimliche Boden des Brunnens lockt, man kann sich selbst darin sehen, und wenn man etwas hineinruft, kann man sich hören. Doch die Bunker waren eine Enttäuschung, sie waren längst nicht so tief, wie wir uns das vorgestellt hatten. Einige waren von Unkraut überwuchert, mit Erde zugeschüttet, Tristesse in Beton. Einsame Flecken am Horizont.

Ich bin froh, dass wir hergekommen sind und ich die Zerstörung mit eigenen Augen gesehen habe. Trümmer waren in das vierstöckige Gebäude geflogen, in dem ich aufgewachsen bin und in dem meine Eltern leben. Die Männer liefen herum wie kleine Jungs und zeigten mir, womit die russischen Granaten gefüllt waren. Diese Füllung, dieser mörderische Müll, erinnerte mich an verschiedene Dinge, mit denen wir als Kinder gespielt haben, denn unsere Kindheit verbrachten wir in den 1990er Jahren in unfertigen Gebäuden, in Baugruben, zwischen Baumaterialien. Es wirkte, als würden die Raketen von Kindern gefüllt, was sie noch zynischer erscheinen lässt. Mein Nachbar rannte herum und zeigte uns, wie die Splitter eine Reihe von Metallgaragen durchschlagen hatten. Und ich dachte daran, wie ich zwischen diesen Garagen Verstecken gespielt habe. Müde, angespannte erwachsene Männer hoben die Raketenfüllung auf und hielten sie mir hin wie eine Kuriosität, damit ich sie mir angucken kann. Eine ältere Nachbarin saß auf einer Bank am Eingang und rauchte. Ich hatte sie noch nie in meinem Leben mit einer Zigarette gesehen. Sie war blass, weil die Menschen, die geblieben waren, im Keller wohnten.

In der Schlucht war unsere Luftabwehr stationiert und die Russen hatten davon erfahren. Die Schlucht wurde bombardiert, es soll dort viele Tote, viel Blut gegeben haben. Wir waren in dieser Schlucht immer rodeln, sind durch die ganze Stadt dorthin gelaufen, und als wir ankamen, sind wir den halben Tag lang gerodelt, bis es dunkel wurde. Im Dunkeln kamen wir zurück nach Hause.

Jetzt höre ich Schüsse. Gedämpfte Explosionen. Wiederholt und regelmäßig.

Tatsächlich weiß ich immer noch nicht, wann die entfernten Explosionen in der Nacht real sind und wann ich davon träume, denn in meinen Träumen sehe ich meist Krieg, und die Menschen in meinen Träumen reden vom Krieg. In meinen Träumen gibt es viel Erde und Lehm. In einer Nacht bin ich in einen Geysir gesprungen. Eine Mischung aus den Bildern, die ich in den Nachrichten sehe, und dem Jacuzzi in meinem Hotel. In meinen Träumen gibt es so viel Erde, ich kann nur erahnen, wie viel davon es in den Träumen der Soldaten gibt, die in den Schützengräben und Feldern sitzen.

Butscha, Anfang April

In den zwei Tagen, die ich in Butscha verbrachte, sah ich Leichen auf den Straßen und Wegen. Es war das Schrecklichste, was ich in meinem Leben gesehen habe, dennoch kam es mir in groben Zügen bekannt vor. Die Leichen erinnerten mich an die Bilder von Gareth Jones, einem Waliser Journalisten, der unseren Holodomor von 1932/33 fotografiert hatte. Die Toten liegen verstreut, und zwischen ihnen gehen die Lebenden ihren alltäglichen Angelegenheiten nach. Diese erschossenen Menschen in Butscha starben mitten in der Bewegung. Einige waren auf dem Fahrrad unterwegs, andere zu Fuß. Kinetik, die sich leicht auf den eigenen

Körper übertragen lässt. Jemand trug Kartoffeln, das ist so alltäglich und menschlich. Man hatte den Eindruck, dass sich alle gleichzeitig bewegten, in verschiedene Richtungen, in unterschiedlicher Geschwindigkeit, und dann fielen sie im Abstand von Sekunden und Tagen zu Boden. Die Leichen liegen schon seit einiger Zeit da. Die Strafverfolgungsbehörden haben noch nicht alle geborgen. Sie müssen fotografiert und registriert werden, bevor sie in die Leichenhallen kommen, und es sind viele. Meine Kollegen sagten, vielleicht will ich die Toten lieber nicht sehen, aber ich wollte, um es zu wissen. Dieses Wissen kann mir niemand nehmen.

Als die Invasion begann, hatte ich am meisten Angst vor der Besatzung. Ich habe sie mir so vorgestellt, wie sie dann auch war. Ich hatte Angst vor Erniedrigung, Folter, Vergewaltigung und Hunger. All dies ist bereits passiert. Nicht mir, aber 35 Kilometer von meiner Stadt entfernt.

Im Zentrum stand eine Menge hungriger und müder Menschen. Seit dem dritten Kriegstag funktionierte die Infrastruktur nicht mehr. Die Menschen kochten ihr Essen in den Höfen. Soziale Dienste brachten ihnen heiße Suppe. Ich sah eine ältere Frau, die im Stehen aus einer Dose aß und die Ausgabestelle nicht verließ. Ein älterer Mann saß in der Nähe der Menge, er hatte schon gegessen. Eine Bekannte sprach ihn an und fragte, ob er schon weggetreten sei. Irgendwer lachte. Ein Mann wollte Grüße nach Kyjiw übermitteln. Die Raucher blickten betrübt auf die Zigaretten in den Händen der Journalisten. Eine Einwohnerin wollte ihr Telefon in unserem Auto aufladen. Ich habe weder Tränen noch Wut gesehen, ich glaube, es lag an der Erschöpfung, dem Schock und an einer unglaublichen Standhaftigkeit. Ein Vierundachtzigjähriger harkte vor seinem Hoftor Müll zusammen – Schrott, Fetzen einer Militäruniform, kleine Bruchstücke von Granaten. Zur gleichen Zeit brannte direkt vor ihm russisches Gerät aus – Panzer, Schützenpanzerwagen und ein Tanklaster.

Menschen, die das Grauen überlebt haben, sehen leicht wahnsinnig aus. Ich weiß nicht, wie ich ihren Blick beschreiben soll.

Als wären sie hier, aber auch ganz woanders, nicht ganz anwesend. Etwas Fragmentarisches, Grenzwertiges.

Auf einer Massenbeerdigung, vor dem Hintergrund einer mit Leichen gefüllten offenen Grube, stand ein Priester und gab allen geduldig Interviews. Er schien in der Nähe des Grabes in den Lehm eingewachsen zu sein und erzählte immer wieder dieselbe Geschichte. In dem Film *Kleine Leidenschaften* von Kira Muratowa gibt es eine Nebenfigur, die versucht, alle anderen davon zu überzeugen, dass sie im Naturschutzgebiet Askanija-Nowa Zentauren gesehen hat: »Ich kann Ihnen die Negative zeigen!« Der Priester erinnerte mich an diese Figur. Er war in Butscha, als alles passierte, als die Menschen hier begraben wurden. Seinen Bericht beendete er jedes Mal mit einem ähnlichen Appell: »Es gibt ein Video auf der Facebook-Seite unserer Kirche! Ich kann Ihnen das Video zeigen!«

Ich wollte länger in Butscha bleiben, um die Details festzuhalten und sie mir einzuprägen. Die Reporter haben es immer so eilig. Viele Dinge sehe ich wie Dias aus dem Busfenster. Die Entwicklungszeit und die Bewegung schützen mich vor dem Trauma. Diese Arbeit ermöglicht es mir, alles zu sehen, aber keine Zeit zum Fühlen zu haben.

Auf den Zäunen und Toren steht »Menschen«. Ich habe Fotos gemacht, ich kann Ihnen die Negative zeigen.

Kyjiw, Tschernihiw, Mitte April

Selbst jetzt, wo die russischen Panzer aus den Gebieten Kyjiw und Tschernihiw abgezogen sind und wir jeden Tag durch befreite Städte fahren, selbst dann, wenn ich verbrannte Fahrzeuge und sogar verbrannte russische Soldaten darin sehe, sucht mein Gehirn trotzdem impulsiv nach Beweisen für ihre Anwesenheit. Was braucht man denn noch Beweise. Es ist ein hilfloses, unkontrollierbares Symptom, das durch acht Jahre Leben in einer Realität entstanden ist, in der Russland die Anwesenheit seiner Soldaten in unserem Osten verleugnet hat. Die schwarzen Körper der russischen Soldaten, die verbrannte Technik und die Erde an den Straßenrändern, die armen Kiefern – sie werden es nicht sagen. Wie besessen fixiere ich die zurückgebliebenen Alltagsgegenstände, auf denen klar und deutlich in weißer Schrift »Armee Russlands« steht. Von Konserven über Feuchttücher bis hin zu Baumwolllabeln. Das haben sie gegessen und das haben sie getragen. Sie haben ihre Hemden und ihren Proviant hier verstreut.

In Tschernihiw kommen die Einheimischen auf uns, die Fremden, zu und bitten darum, nächstes Mal wenigstens Kleidung mitzubringen. Eine lange Schlange, die für Essen aus der humanitären Hilfe ansteht. Vierzig Tage ohne Strom. Gesprengte Brücken. Häuser. Zäune. Dächer. Raketenseen mit einem Durchmesser von drei Metern. Hier scheinen die Frauen vor lauter Verzweiflung die Fähigkeit zu sprechen verloren zu haben, ihre Worte reißen ab, stoßen aneinander, die Erzählungen beginnen und enden im Nichts. Es gibt keine Erzählung, deshalb werde ich sie nicht nacherzählen. Es gibt Menschen, die so naiv wirken. Wenn ihre Sprache nicht verstanden wird, sprechen sie lauter. Die Frauen aus Tschernihiw schrien durch unsere Kamera in die ganze Welt hinaus, wohl wissend, dass diese dumme Welt, dieses schwachköpfige Europa, das sie da anschreien, ihre Sprache nicht versteht, aber in der Hoffnung, wenigstens gehört zu werden.

Kyjiw, Ende April

Kyjiw steht in voller Blüte, als wäre nichts geschehen. Diejenigen, die in den ersten Tagen weggegangen und jetzt zurückgekommen sind, nehmen die Stadt ganz anders wahr als ich. Ich sehe sie immer noch in der Erinnerung an alles, was im März und Anfang April passiert ist. Ich kann es immer noch nicht glauben. Ich trauere. Ein seltsames Gefühl des Schmerzes und zugleich der Sehnsucht nach einer Zeit, in der jeder Mensch in dieser riesigen Stadt so vertraut war.

Ich ertappe mich bei dem Gedanken, wie alltäglich die Nachrichten über Bombardierungen geworden sind. Ich habe auch den Gedanken akzeptiert, dass es überall und jederzeit passieren kann, auch mir, dass es eine Lotterie ist.

In der Nähe meines Hauses gibt es eine Militärakademie, das bringt Anspannung. Auf dem Gelände der Einrichtung, die jetzt offensichtlich leer steht, befindet sich ein Panzerdenkmal. Selbst ein Panzerdenkmal ist gefährlich, wir haben gesehen, dass die Russen von Panzern auf Denkmäler schießen. Man sollte nicht in die Nähe von Militärobjekten ziehen, auch nicht in die Nähe von symbolischen. Wie groß ist der Sicherheitsabstand? Wo ist es jetzt sicher? In welcher Stadt? Sie können überall vom Himmel stürzen. Sie tun es auch.

Das Panzerdenkmal in der Nähe des Hauses war mit einem Tarnnetz bedeckt. Ich bin nicht verrückt.

Borodjanka, Butscha, Hostomel, Anfang Mai

In Borodjanka herrschte Finsternis. In einem der schwarzen Höfe lernten wir einen Mann kennen. Er rannte sofort zu uns, als er die Kamera sah. Meister im Boxen und Alkoholiker. Er wollte uns alles zeigen, führte uns durch die verlassenen Wohnungen des vierstöckigen Hauses. Jede einzelne war von den Besatzern aufgebrochen worden. Jede wurde durchwühlt. Eine sollten wir nicht betreten. Warum nicht? Weil dort Tote sind. Wie – Tote? Na, Tote halt. Wie viele? Drei. Und sie wurden ermordet? Ja. Ich konnte es nicht glauben. Menschen werden aus den Trümmern gezogen, ausgegraben, und hier liegen drei in einer Wohnung im obersten Stock, die immer noch nicht abgeholt wurden. Das Gefühl des Grauens und der Dunkelheit wird verstärkt durch die Feuchtigkeit des Hauses, den Geruch von Schmutz und Katzenurin. In einer der beengten Wohnungen fanden wir eine Katze, die auf dem Sofa schlief. Die Tür war verschlossen, geht denn diese Katze nie raus? Eine andere Katze saß in der völligen Dunkelheit eines langen Korridors, eine schöne, verängstigte Katze. Als sie uns sah, lief sie schnell weg. Das Tier wirkte getrieben, verwildert. Solche Katzen gibt es auch im friedlichen

Leben, ich habe sie schon unter Menschen getroffen. Sie haben
unterschiedlich auf die Gewalt reagiert, die eine hat sich in den
Schlaf geflüchtet, wer weiß, ob sie etwas frisst, die andere konnte
vor Wut förmlich explodieren. Die Bewohner saßen in den Höfen
und kochten Essen. Ich bin nicht zu ihnen gegangen. Aus der Ferne wirkten sie wie Außenseiter, aus der Ferne stellte ich mir ihre
Intensität vor. Menschen, die die Besatzung und die Straßen-
kämpfe überlebt haben. Wild, wie diese Katzen. Alles, was schon
vor dem Krieg fragil war, ist jetzt noch fragiler geworden.

In einer der Wohnungen liegen herausgerissene Seiten aus alten Pornoheften auf dem Boden. In einer anderen viele Bücher
über Kinder mit Autismus. Ich weiß nicht, was genau ich fühle,
wenn ich in diese Wohnungen eindringe und mir ihr Inneres ansehe. Vielleicht waren nicht alle Menschen, die hier lebten, glücklich, vielleicht waren nicht alle Katzen glücklich, vielleicht gab es
Kinder, die schlecht behandelt wurden, oder verarmte alte Menschen, aber vielleicht gab es auch Menschen ohne ernsthafte Probleme. Ganz gewöhnliche Menschen.

In einer der Wohnungen fegte eine altmodisch wirkende ge-
schminkte Frau Glasscherben zusammen. Sie war jung, aber sehr
alt gekleidet. Ihr Haar wirkte wie eine Perücke, ihre Bluse mit
Aufdruck und Bändern wie aus den Achtzigern. Auf die Frage,
wer dort ist, antwortete sie: »Eine Nachbarin, die hier gewohnt
hat.« Sie sprach von sich selbst in der dritten Person in der Vergangenheit.

Die Leichen, die den ganzen Monat über gefunden wurden,
verstreut auf den Straßen, gefoltert, in Kellern oder Höfen erschossen und in denselben Höfen, in Massengräbern, begraben,
werden nun alle – aktuell weiß man von 412 allein in Butscha,
mehr als tausend im Kyjiwer Gebiet insgesamt – zu identifizieren
versucht, um sie auf dem Friedhof zu bestatten. Wir waren in der
Leichenhalle. Für mich war es das erste Mal. Pathologen aus
Frankreich, in weißen Schutzanzügen, arbeiten dort Seite an Seite
mit ukrainischen Kollegen. Neben der Leichenhalle haben ukrainische Freiwillige ein Informationszelt aufgebaut, wo sie Menschen helfen, ihre vermissten Angehörigen zu finden. Auf dem

Tisch liegen Listen mit den Adressen, wo die Leichen gefunden wurden, und kurzen Beschreibungen: »Starojablonska 6. Nicht identifizierte Frau mit blondem Haar«. Es gibt den kleinen Raum der Leichenhalle, und davor steht ein großer Gefrierwagen mit Blutspuren. Dort sind die Toten aufgestapelt. Auf der Straße steht eine Rolltrage, darauf liegt eine Leiche in einem schwarzen Sack, ein langer, offensichtlich männlicher Körper, dessen Umrisse zu erkennen sind. Die Leiche wird in das Zelt gebracht, was dort passiert, weiß ich nicht, das ist ihre Aufgabe. Wir dürfen dort nicht filmen, ich will es auch gar nicht, ich kann mir diese Begegnungen mit dem Tod nicht vorstellen. Plötzlich schreit mich eine Frau im Kittel an, scheint mich wegstoßen zu wollen. Neben ihr steht der junge Staatsanwalt, er flirtet mit einer ausländischen Journalistin. Die laute Frau sei die leitende Gerichtsmedizinerin, sagt er, sie will nicht gefilmt werden, weil sie um ihr Leben fürchtet. Menschen, die wichtige Arbeit leisten, sind besorgt, dass die Feinde sie auf den Bildschirmen sehen könnten. Und sie dann töten wollen.

Kyjiw, Mai

In Kyjiw passiert nichts, außer der Blüte, obwohl diese Blüte vielleicht schon ein historisches Ereignis ist. Eine historische Blüte.

In der Metro eine Störung auf den Bildschirmen. Die ist mir schon am Samstag aufgefallen. Die Monitore zeigen immer noch die gleichen Bilder wie vor dem Krieg, aber überall gestört. Das macht die ganze Werbung der Kyjiwer Metro und des Bürgermeisters lustiger, gleichzeitig spiegelt es meinen Blick auf die Stadt in diesen Tagen: ein Leben mit Störungen. Es gibt immer noch eine Menge Einschränkungen, die ich spüre, weil ich den öffentlichen Nahverkehr nutze. Die Metro fährt nach Plan, Kleinbusse gibt es nur wenige, sie sind überfüllt, nach 20 Uhr fährt nichts mehr. Abends, wenn es noch hell ist, versuche ich, irgendein Transportmittel zu erwischen, um vor der Sperrstunde nach Hause zu kommen. Oft schaffe ich das nicht und gehe zu Fuß.

Die Natur bricht aus der Tiefe hervor, ungeachtet der Gefahr des Krieges. Blumen, Bäume und Gräser, die nicht anders können, sie können sich nicht zurückhalten, nicht vor den Raketen und Sirenen verstecken, genau wie unsere Wünsche, vor allem unser Wunsch zu lieben, sich nicht zurückhalten können. Ich laufe durch die Stadt, aber es ist nicht der Duft von Kirschblüten, Flieder und Kastanien, der mich umgibt, sondern die Informationen aus den Telegram-Kanälen über neue Bombardierungen von Städten im Süden und Osten. Wie schon am Anfang, im Februar, fühle ich mich machtlos gegenüber den Umständen, die ich weder ändern noch miterleben kann, weil ich nicht vor Ort bin, sondern in Kyjiw. Wenn ich könnte, würde ich jede abgefeuerte Kugel, jede Granate, jede Haubitze, jeden Schützenpanzerwagen, jeden Panzer, jede Drohne und jeden toten und lebenden russischen Soldaten auf unserem Gebiet aufzeichnen und beschreiben.

Im Newsfeed gibt es Nachrufe auf junge Menschen, die an der Front gestorben sind, verschiedene Bekannte von Bekannten, aber mir unbekannt. Es macht mir Angst, dass das auch zu mir kommen kann, dass ich in diesen Nachrufen bekannte Gesichter finden werde.

Seit einiger Zeit registriere ich das Auftreten von optischen Täuschungen. Meist sehe ich den Tod. Eines Morgens beobachtete ich vom Fenster im zweiten Stock aus, wie die Müllabfuhr den Müll einsammelte. Es schien, als wären die Müllsäcke, die sie wegwarfen, Leichensäcke. Das graue, raue Metall des Müllwagens sah aus wie die Trage, die ich in der Leichenhalle von Butscha gesehen hatte. Eine ähnliche Täuschung hatte ich, als ich mit der Straßenbahn vom Platz des Sieges nach Podil fuhr. An einer Ampel blickte ich durch das Fenster auf ein Auto, das neben der Straßenbahn gehalten hatte. Am Steuer saß eine Frau, aber bevor ich in ihr eine Frau erkannte, sah ich eine Leiche. Die Sonne färbte ihre Hand auf dem Lenkrad gelb, sie war leblos.

Charkiw, Ende Mai

Sieben Tage in Charkiw, eine Woche russischer »Freundlichkeit«. Es gibt Städte, die ich erst im Krieg entdecke, und mich selbst darin als eine Andere.

Dieser Wohnbezirk wird regelmäßig beschossen. Tausende von leeren Wohnungen, die mich alle gleichzeitig und einzeln mit ihren schwarzen Löchern anstarren. Auf dem Bürgersteig Krater von Einschlägen, neben einem liegt ein Stapel Fotos einer unbekannten Familie. In den Wohnungen liegt alles durcheinander. Ich rede kaum mit den Menschen, interessiere mich mehr für ihre stillen Besitztümer. Die Schwelle einer fremden Wohnung zu überschreiten ist ein beunruhigendes Mikroereignis. So wie es schwer ist, traurige Geschichten zu hören, ist es manchmal auch schwer, traurige Wohnungen zu sehen.

Den ganzen Tag lang sind Explosionen zu hören. Ich rede mir ein, dass es unsere sind, wenn es unsere sind, dann sind Explosionen nicht schlimm. Aber es gab auch Einschläge. Am schlimmsten ist der morgendliche Dunst. Die bittere Luft von nächtlichem Beschuss und Bränden, von der mir schlecht wird. Es fühlt sich an, als säße man neben einer Brandstätte. Als wäre diese ganze schöne Stadt abgebrannt, als würden sie die Erde verbrennen und mich ausräuchern. Wenn »das alles« vorbei ist, wie werden dann meine Lungen aussehen?

Zwanzig Kilometer von Charkiw entfernt Dreck, Müll und Scheiße, die die Raschisten zurückgelassen haben. Nach einer Fahrt in das Dorf Kutusiwka der Wunsch, sich zu waschen. Aber egal, wie oft man sich wäscht, das Schwarze wird man nicht los. Die Leiche eines russischen Soldaten. Er liegt mit dem Gesicht zum Boden. Ich habe die Haut zwischen seiner Hose und seinem Hemd gesehen, lila, dunkel. Das war schrecklich, vor allem aber unangenehm. Ich wollte nicht hinsehen, bemerkte aber den abgerissenen Unterarm, von Hunden weggezerrt. Kutusiwka wurde am 26. April befreit, er rottet hier also seit einem Monat vor sich hin. In dem Dorf gibt es mehrere Zivilisten, die im Schutzraum leben und regelmäßig Interviews geben. Jeden Tag sind Soldaten hier. Warum bringt ihn niemand weg oder vergräbt ihn? Es wirkte, als sei die Leiche zur Schau da, für die Presse.

Der am stärksten zerstörte Teil von Charkiw ist Nord-Saltiwka. Freiwillige fahren durch das Viertel und vernageln die eingeschlagenen Fenster. Polizisten laufen durch die Höfe und Häuser, um die Zerstörungen zu erfassen und zu beschreiben, was völlig absurd erscheint, denn es gibt unzählige. Die Menschen sind unterschiedlich, einfach, nicht nur die älteren. Jede Wohnung ist unerwartet. Ich weiß nie, was und wen ich dort sehen werde. Aber vor allem sehe ich Armut. Und Selbstbeherrschung. Nicht in Extreme verfallen. Die Menschen halten bis zum Letzten an ihren Häusern fest, selbst wenn die Gebäude halb zerstört sind, kommen sie immer noch zurück und harken den Müll heraus. Jemand erzählte von einem Nachbarn, dessen Wohnung verbrannt war. Und seine Frau. Und hier, in den Überresten seiner Wohnung, würde er gern die Überreste seiner Frau finden, aber dazu braucht er die Polizei und eine Expertise. Wie findet man Asche in der Asche?

Eine Granate war auf dem Parkplatz in der Nähe der Metro eingeschlagen. Sie ist explodiert und hat zwei Männer getötet, einen direkt am Eingang, den anderen in der Nähe. In der Metro ist eine riesige Blutlache, die Sanitäter haben sie mit einer goldenen Thermodecke abgedeckt. Das Blut ist hellrot und dickflüssig. Ich hatte noch nie eine solche Menge Blut gesehen und konnte nicht verstehen, warum es nicht roch. Vielleicht weil es so zugig war. Nicht weit vom Eingang entfernt lag ein Passant in seiner Oberbekleidung auf dem Rücken. Alles um ihn herum bewegte sich schnell, die Sanitäter schienen immer noch nach Leben zu suchen. Ich ging an ihnen vorbei und bemerkte einen fehlenden Arm. Aus dem Unterarm ragten Arterien und gerissene Muskeln. Es sah aus wie eine Illustration in einem Schulbuch. Ich hätte nie gedacht, dass ich den Anblick einer solchen Anatomie ertragen könnte. Ich kann, offensichtlich beherrsche auch ich mich, aber ich sehe bewusst nicht lange hin.

In der Nähe des riesigen sowjetischen Denkmals für den Befreier der Stadt war eine Granate auf der Allee eingeschlagen.

Sie hatte massive Äste abgerissen und Dutzende von Tauben und mehrere Einwohner getötet. Körperteile sollen auf der Allee verstreut gewesen sein, aber ich weiß nicht, ob das stimmt, obwohl ich es mir vorstellen kann. Ich habe schon so viele Löcher in Beton, Asphalt und Metall gesehen, sie zerreißen die stärksten Materialien, warum sollten sie nicht weiche menschliche Materie mitten in der Stadt und am Tag zerreißen. Zwischen den Ästen lagen Tauben, verletzte und tote. Diejenigen, die noch lebten, saßen da und blickten in die Gegend, aber es wirkte, als blickten sie, ohne zu atmen. Dazwischen ein Mann mit einer Plastiktüte und einem schwarzen Regenschirm, er ging auf alle zu, schrie und weinte. »Sie töten Menschen, klar, aber Vögel, warum die Vögel? Was haben die denen getan? Wir haben sie hier gefüttert! Wir haben sie gefüttert!« Aus seinen Augen kullerten durchsichtige, dicke Tränen. Er nahm einen Vogel hoch, ging in die Hocke, stand dann mit ihm auf, der Schirm fiel zu Boden. Die Reporter haben schnell fotografiert. Eine weitere verletzte, geschockte Taube sah ich in der Nähe des Denkmals, ein Stück von der Allee entfernt. Sie saß dort allein, wie unter dem massiven Stiefel des Befreiers. Als wäre sie von ihm erdrückt worden.

Bevor ich schlafen gehe, betrachte ich Fotos von mir aus der Zeit vor der Invasion. Ich sehe eine Andere. Als ich das Telefon ausschalte und gerade einschlafen will, höre ich Explosionen. Es scheinen Einschläge zu sein. Die Bestätigung folgt sogleich in den Nachrichten. Ich bin tieftraurig. Die Fotos erinnerten mich an ein normales Leben, zu dem ich unmöglich zurückkehren kann. Ich trauere um dieses Leben. Ich möchte zu dem Moment zurückkehren, als ich noch keinen Krieg kannte.

Warschau, Sheffield, Sizilien, Ende Juni

Es ist unmöglich, ihm zu entkommen, ich bin von ihm vergiftet. Die Geräusche von Flugzeugen, ein zufälliges Pfeifen und der echte Donner bringen ihn mir zurück. Ich bin in Warschau. Vor lauter Erschöpfung bin ich allem gegenüber emotionslos. Nichts und niemand interessiert mich. Es sind viele Menschen hier, obwohl Montag ist, warum sind all diese Menschen nicht auf der Arbeit? Auf Reisen fühle ich mich immer etwas entfremdet, sogar mir selbst gegenüber. Das ständige Gefühl, dass ich mich selbst von der Seite beobachte. Ein unangenehmes Gefühl. Gespräche über den Krieg kann ich kaum ertragen.

Ein internationales Dokumentarfilmfestival in Sheffield. Ein ukrainischer Empfang des British Council, bei dem alle Redner öffentlich vor Schmerz ersticken. Jede und jeder Einzelne holt Luft wie vor einem Sprung ins Wasser, um die Rede zu beenden, ohne zu sterben. Auch ich kann die Spannung nicht ertragen, ich wende mich von der Menge ab und weine.

Ich stehe auf einem niedrigen Berg. Unter mir gelbe Erde. In der Ferne unbewegliche Boote und Jachten. Frühmorgens bin ich mit dem Bus von Palermo in ein sizilianisches Dorf am Meer gefahren. Ich höre keine Fremdsprachen, nur Italienisch, wenn man nicht genau hinhört, ähnelt es unserer Sprache. Niemand interessiert sich für meine Biografie, niemand fragt, woher ich komme. Ich kenne die Geschichten der wenigen alten Männer, die in den Bars sitzen, nicht, aber hier, weit weg von zu Hause, in der Stille, mit der Möglichkeit, unendlich lange den Horizont und den friedlichen Himmel zu betrachten und zu fotografieren, laufen auf einmal die Ereignisse, die mich an diesen Ort und in diese Zeit gebracht haben, vor mir ab. Von diesem Berg aus sehe ich die ganze Abnormität, das Grauen, die Ungerechtigkeit der Situation in der Ukraine. Ich wünsche mir, dass es so heiß und drückend ist, dass ich an nichts anderes denken und nichts anderes fühlen kann als meinen eigenen überhitzten Körper, zu dem ich die Verbindung verloren habe. Ich will Wasser und Fisch, von innen und von außen, salzig und frisch, und dass die träge Bewegung von blauen Vorhängen und gewaschener Wäsche nicht den Chimären des Krieges, der Ästhetik von Einschlägen gleicht. Auf diesem Berg, in der Hitze, lege ich meine Kleidung ab wie alte Schuppen und werde selbst zu einem Berg.

Kyjiw, Mitte Juli

Die Schützengräben, die Panzerigel. Bevor ich ins Ausland gegangen bin, habe ich sie nicht mehr bemerkt, aber jetzt sehe ich sie wieder. Ich komme an etwas vorbei, das wie ein sowjetisches Büro aussieht, und sehe ein handgeschriebenes Schild: »Die Zeiten sind hart, aber wir arbeiten.« Hier und da gibt es selbstgebastelte Schilder, Appelle auf Ukrainisch, Transparente mit Botschaften und Drohungen an die Russen auf Russisch: »Ich bin nicht deine Schöne«, »Du wolltest meine Erde, bleib drin liegen«, »Sie haben unseren ›Traum‹ zerstört, aber wir werden einen neuen bauen«.[2] Diese Slogans fallen mir stärker auf als Werbung. Sie markieren das Territorium um die Stadt. Vermitteln den Eindruck, dass der Raum von uns kontrolliert wird. Sie tauchen an seltsamen, zufälligen Orten auf, und diejenigen, die sich da äußern, kennen jeden Zentimeter des Bürgersteigs, jede Anpflanzung, jede Ecke. Sie beruhigen.

Ich frage meine Schwester nach dem Luftalarm während meiner Abwesenheit. Es sei relativ ruhig gewesen, aber am Tag zuvor ertönte um 22.45 Uhr eine Sirene, woraufhin sie nicht mehr schlafen konnte, weil sie auf einen möglichen Einschlag wartete. Meine Schwester wohnt in der Nähe der Eisenbahn, und jedes Geräusch eines nahenden Zuges ist schmerzhaft. Es beginnt immer wie eine Rakete, gefolgt vom Rattern der Waggons.

Winnyzja, Ende Juli

Bei der Zufahrt zur Stadt wird die Straße schmaler, aus vier Fahrspuren werden plötzlich zwei. Die Straße ist mit Sandsäcken geteilt, der schmalere Verkehrsfluss ist leichter zu kontrollieren.

---

2 »Du wirst dich fügen müssen, meine Schöne«, drohte Putin der Ukraine auf einer Pressekonferenz mit Emmanuel Macron kurz vor Beginn des Krieges. – »Traum« spielt darauf an, dass in den ersten Tagen des russischen Angriffs 2022 das bekannte ukrainische Frachtflugzeug Antonow An-225 »Mrija« (dt. Traum) in Hostomel zerstört wurde. Anm. d. Hg.

Wenn man die Ereignisse in Winnyzja am 14. Juli in den Medien verfolgt hat, wirkt die Stadt jetzt anders. Auf den ersten Blick ist es dasselbe wie bei allen anderen Einschlägen, die ich gesehen habe. Nur dass dieses Flugzeug ein Denkmal zu Ehren der Gründung der ukrainischen Luftwaffe ist. Alles, was ringsum zerstört wurde, blickt nach unten, aber das Flugzeug ist nach oben gerichtet. Um auf den Platz zu gelangen, müssen wir mit den Wachen und der Polizei reden, etwas vorzeigen, telefonieren, warten, wegfahren, zurückkommen. Der Platz wird auf allen Seiten von Bewaffneten bewacht. Vor dem Dienstleistungszentrum *Juwilejnyj* stehen, wie in einer Werbung, Stühle, Tische, Kisten, Drucker, halb kaputte Beispiele dafür, womit das Gebäude, das selbst wie ein riesiger Schubladenkasten aussieht, vor dem Einschlag gefüllt war. Ein paar Bürostühle haben die Soldaten in den Schatten der Bäume und Säulen gestellt, wo sie wie Museumswärter sitzen und ein Kriegsdenkmal bewachen. Sie setzen mich auf einen Stuhl gegenüber des *Juwilejnyj*. Die nächsten drei Stunden tue ich das, was sie den ganzen Tag tun – ich sehe mir immerzu das Gleiche an und langweile mich. Bei dem einen schnorre ich eine Zigarette, und einem anderen erzähle ich von meinen Abenteuern. Small Talk mit den Mobilisierten, was ihnen offensichtlich fehlt. Blaue Retro-Straßenbahnen und Busse fahren regelmäßig an dem Platz vorbei. Wenn sie die Kreuzung überqueren, fahren sie ein paar Sekunden lang langsamer, und in diesen wenigen Sekunden wenden sich alle Fahrgäste den ausgebrannten Gebäuden zu, jemand steckt den Kopf durchs Fenster, jemand zeigt mit dem Finger, es wirkt fast wie eine Stadtrundfahrt.

Kyjiw, Ende Juli

Straßen, Wege, Pisten, unbefestigt und unwegsam, die die Orte miteinander verbinden – Beschreibungen, die fehlen. Krieg, Terror – es geht um diese endlosen Verbindungen, um die verworrenen Verbindungen, um Sackgassen, darum, wie die vertraute Geografie plötzlich zu einem Labyrinth wurde. Millionen von

Menschen wurden hineingezogen. Krieg handelt von der Unmöglichkeit zu entkommen, von der Unmöglichkeit reibungsloser Abläufe. Das Wasser, in dem wir tausende Male waren, ist plötzlich gefährlich geworden, wir kennen dieses Wasser nicht mehr. Der Boden, den wir unser Leben lang unter den Füßen gehabt haben, die Steine, um die wir herumgelaufen sind – wir erkennen weder den Boden noch die Steine. Die Bäume schützen uns nicht mehr vor Sonne und Staub, sie werden abgemäht von Raketen. Der Weg führt uns nicht mehr nach Hause, die Angst löst ihn auf. Februar und März, Februar im März, Tage, Orte und Gedanken verklebt, meine Gliedmaßen verrenkt. Früher konnte ich mich auf zwei Beine stützen, aber jetzt bin ich schwach. Aus meinen Armen wachsen die Beine und aus den Beinen der Kopf. Es zieht mich hoch zu den nächtlichen Sternen, aber ich kann sie nicht sehen, meine Augen sind mit Tarnnetzen bedeckt, in meinen Ohren klingelt es.

Zwischen meinen Aufzeichnungen gibt es Lakunen. Ich bin die Einzige, die von ihnen weiß. Diese Lakunen sind wie rosa Muscheln. Ich halte sie an mein Ohr und höre das Echo meiner Stimme, aber ich erkenne sie nicht.

Aus dem Ukrainischen von Lydia Nagel

Volodymyr Rafeyenko
Zwei Bibliotheken

Am 24. Februar 2022 begann Russland seinen groß angelegten Angriffskrieg gegen die Ukraine, auf der ganzen Länge der gemeinsamen Grenze, von Belarus und der Krim aus.

Der Tag sollte eigentlich ein warmes, lichtes Fest werden. Vor vielen Jahren hatte ich an einem 24. Februar meine damalige Verlobte ins Standesamt geführt, und seit damals betrachteten wir ihn als unseren Hochzeitstag, obwohl es eine Hochzeit im eigentlichen Sinne gar nicht gegeben hatte, nur unsere Eltern, ein paar gemeinsame Bekannte und rote Rosen.

In diesem Jahr war es mit der Planung etwas schwierig. Wen könnten wir einladen? Wie ließ sich zu Coronazeiten überhaupt so etwas wie eine Feier planen?

Als der Krieg begann, wohnten wir schon das sechste Jahr in einem Wochenendhaus von Freunden in der Nähe von Kyjiw. Die Datschensiedlung lag zwischen dem See Gloria und einem Kiefernwald, von der Warschauer Autobahn aus gesehen, die sechs Kilometer von uns entfernt verlief, zwischen Butscha und Borodjanka. Aber am besten lässt sich die Lage, in der wir uns zu Kriegsbeginn befanden, vielleicht verstehen, wenn man sich vergegenwärtigt, dass unsere Siedlung zwischen den beiden Trassen liegt, auf denen die russischen Truppen in Richtung Kyjiw vorrückten – der Autobahn nach Zhytomyr und der Autobahn nach Warschau.

Natürlich hatten wir uns unseren Hochzeitstag anders vorgestellt. Als wir aufwachten, hatte die sogenannte Spezialoperation begonnen – zwischen uns und Kyjiw tobten Panzer- und Artilleriekämpfe. Über unseren Köpfen flogen Militärflugzeuge und Hubschrauber. Schwere russische Militärfahrzeuge rückte ohne Unterbrechung auf Kyjiw vor, und die ukrainischen Truppen vernichteten sie nach Kräften. Es knallte so, dass die Haustür von

selbst aufsprang. Ich hatte große Angst, dass die Heizung ausfällt,
durch die Erschütterungen hätten die Rohre bersten können.
Wir versuchten, unsere Panik zu bezwingen, und dachten hek-
tisch über Evakuierungsmöglichkeiten nach. Die öffentlichen
Verbindungen waren eingestellt und private Unternehmer hatten
Angst, ins Ungewisse zu fahren. Wohin hätten sie auch fahren
können? In Richtung Kyjiw? Vor Kyjiw, von uns aus in östlicher
Richtung, wurde gekämpft. In Richtung Westen? Das war unmöglich, weil auf der Autobahn aus Richtung Belarus ständig
neue russische Militäreinheiten auftauchten. Die Tankstellen waren bereits außer Betrieb, und die Fahrer hatten keine Ahnung,
wo sie dann auf dem Rückweg hätten tanken können.
Ich erinnere mich, wie meine Frau bis zum Abend versuchte,
einen lokalen Taxifahrer, den wir kannten, zu überreden, uns in
Richtung westliche ukrainische Grenze zu fahren. Mal war er einverstanden, dann wieder nicht. Zuerst schlug er vor, noch ein
paar Stunden zu warten, dann ein paar Tage. Sie besprachen die
verschiedenen Möglichkeiten, und mir wurde klar, dass in absehbarer Zeit niemand von unseren Datschen wegkommen würde.
Während ich auf die Explosionen hörte, rechts und links und
über uns, ging mir durch den Kopf, dass wir immer gewusst hatten, wie es einmal kommen würde. Wir hatten gewusst, dass der
Tag kommen würde, an dem die große russische Kultur mit Panzern auf Kyjiw zurollt. Denn wir hatten bereits eine sehr ähnliche
Erfahrung gemacht.
Den größten Teil unseres Lebens haben Olesja und ich in Donezk verbracht. Dort wurden wir geboren, dort haben wir studiert, dort haben wir uns auch kennengelernt. Donezk ist die Stadt
unserer Kindheit und Jugend, die Stadt, in der wir unsere besten
Jahre verbracht haben. 2014 wurde sie von russischen Kämpfern
eingenommen, im Zuge der militärischen Spezialoperation mit
dem Namen »russischer Frühling«. In ihrem Verlauf raubte Russland der Ukraine die Krim und einen Großteil des Donbas.

***

Der Frühling 2014 war sehr merkwürdig. Wir wohnten direkt im Zentrum, nur ein paar Schritte vom Stadtpark entfernt. Jeden Morgen ging ich hinüber, um ein bisschen Sport zu treiben, zu laufen und frische Luft zu schnappen, denn der Mensch sollte sowohl psychisch als auch physisch in Form bleiben. Seine Form ist vielleicht das Wichtigste, was er im Leben hat. Die reine Form in diesem Sinne ist das menschliche Gewissen, diese unergründliche Stimme in uns, die über jedem Lebensinhalt steht und ihn formen kann. Mein Gewissen quälte mich in jenem Frühling, denn ich war in Sorge um meine Angehörigen und konnte mich einfach nicht dazu durchringen, mit ihnen die Stadt zu verlassen und nur das mitzunehmen, was wir mitnehmen konnten. Dieser Schritt war für mich undenkbar und unmöglich. Schon allein bei dem Gedanken an die Notwendigkeit, mein gesamtes Leben zurückzulassen und ins Unbekannte zu fahren, tat mir das Herz weh. Wo sollten wir hin? Wovon sollten wir leben? Was sollte ich als Philologe, Mitte vierzig, dort machen, wo niemand auf uns wartete? Während ich mich mit diesen Fragen herumschlug und nichts unternahm, meldete sich der Frühling 2014 im Einklang mit meinem Gewissen und drängte immer stärker auf Veränderung.

***

Es regnete fast täglich. Die Gewitter nahmen kein Ende. Im Park tauchten Unmengen von Kleingetier auf, Insekten, Mäuse, Ratten, Ameisen und Schnecken. Unbegreiflich viele Vögel wirbelten in den Bäumen herum, und die Fasane, die schon immer in unserem Park gelebt hatten, wurden dreist und brutal. Ihre Schreie zerrissen die morgendliche Dämmerung, in der ich meine Joggingrunden drehte, und zwangen mich, immer wieder an die beunruhigenden Nachrichten und Prognosen zu denken, die die Seiten der lokalen und der internationalen Presse füllten.

Am stärksten beunruhigte mich dieser verdammte »russische Frühling«, der in Donezk den ganzen März und die erste Aprilhälfte andauerte. Selbst mit bloßem Auge war zu erkennen, dass die russischen Geheimdienste in der Stadt aktiv und ziemlich erfolgreich die Macht übernahmen. Das gelang ihnen auch deshalb, weil sie die Unterstützung zahlreicher Mitarbeiter von Militärbehörden vor Ort hatten. Allem Anschein nach, so überlegte ich, während ich den Mäusen auszuweichen versuchte, die direkt vor mir über die Parkwege liefen, allem Anschein nach waren schon lange vor dem Frühjahr 2014 gewisse Vereinbarungen zwischen dem russischen Agentennetz und den Leitern der örtlichen Behörden des Innenministeriums getroffen worden. Alles, was zurzeit in der Stadt passierte, musste nicht nur Monate, sondern Jahre im Voraus geplant worden sein. Die vollständige Militärinvasion verlief in mehreren Phasen. Aber an dem Fundament für den »russischen Frühling« war seit Anfang der 2000er Jahre gebaut worden.

Sogenannte russische »Militärpensionäre« kamen massenhaft in die Region und ließen sich hier nieder. Sie kauften Wohnungen und Häuser, erhielten die Staatsbürgerschaft und eine Arbeitsstelle – oft genug in Organen der lokalen Selbstverwaltung oder der Strafverfolgung. Mit russischem Geld wurden gesellschaftliche Organisationen und Massenmedien gegründet, deren Hauptaufgabe darin bestand, die Ukraine und das Ukrainische in den Augen der lokalen Bevölkerung zu diskreditieren und die örtliche Kulturszene in den Augen der »kontinentalen« Ukraine in Misskredit zu bringen. Über ein Jahrzehnt lang wurde eine prorussische militärische und kulturelle fünfte Kolonne etabliert. Und es gab genug, worauf sie sich in einer Region verlassen konnte, die zuvor jahrzehntelang von den sowjetischen Behörden russifiziert worden war. Mittlerweile ist es kein Geheimnis mehr, dass lange vor 2014 zahlreiche russische Geheimdienst- und Sabotagegruppen der »Hauptverwaltung Aufklärung« Russlands in Donezk gearbeitet hatten oder sich in einem »vorübergehend stillgelegten« Zustand befanden.

Was vor sich ging, wusste ich damals natürlich nicht in allen Einzelheiten – ich konnte es auch gar nicht wissen. Doch ich hatte generell ein sehr ungutes Gefühl – ganz ähnlich wie Jahre später, Anfang 2022. In jenem überbordenden Frühling lag etwas wie der

Wunsch der Natur, den vielfachen Tod, die Zerstörung unserer Lebenswelt und die Ausweglosigkeit, die hier schon ein paar Monate später herrschen sollten, zu kompensieren. Kompensationsmechanismen des Seins, so nannte ich dieses Phänomen, während ich meine Runden um die Stadtseen drehte. Die Natur versuchte, den Tod zu kompensieren, den der »russische Frühling« mit sich bringen würde, den Krieg, der für meine Frau und mich bereits am 6. Juli 2014 begonnen hatte.

***

Am 6. Juli 2014 stand ich – damals Glöckner der zentralen Erzengel-Michael-Kathedrale – um neun Uhr morgens auf dem Glockenturm und beobachtete, wie russische Kämpfer, die am Vortag unter der Führung eines russischen FSB-Offiziers, des Terroristen Girkin, in die Stadt gekommen waren, das Stadtzentrum einnahmen. Ich blickte auf die Kolonnen hinunter, die in Richtung der Studentenwohnheime marschierten, auf die Trios bewaffneter Männer, die die Kreuzungen der Hauptstraßen besetzten, auf diese mit ihren blühenden Bäumen und dem vielen Grün so schöne und so wehrlose, so schmerzhaft vertraute Stadt, und verabschiedete mich von ihr. Die proukrainischen Kundgebungen und die Opfer, die die aktive proukrainische Gemeinschaft der Stadt im März und April gebracht hatte, waren nötig und äußerst wichtig gewesen. Aber in diesen Tagen hätte es eine ukrainische Militärintervention geben müssen. Es tut mir immer noch leid, dass sie aus diesem oder jenem Grund nicht kam.

Ich weiß noch, wie ich langsam von der Kathedrale nach Hause ging und mich von den Boulevards und Parks verabschiedete, von den Theatern und meiner nach Wassyl Stus benannten Heimatuniversität, von den Flüsschen und Seen. Von der großen und unergründlichen Donezker Steppe und dem ganzen Leben, das ich seit fast fünfzig Jahren in meiner Heimatstadt verbracht hatte.

Ich brauchte eine reichliche Woche, um einige Angelegenheiten zu regeln und mit einem der letzten Züge Donezk-Kyjiw abzufahren. Zwei Taschen mit Sommersachen waren alles, was ich mitnehmen konnte, als ich meine Stadt verließ. Meine Familie blieb sogar noch für ein paar Wochen in Donezk, weil ich Zeit brauchte, um mich zu orientieren und einen Ort zu finden, an dem wir versuchen konnten, unser neues Dasein als Geflüchtete aufzubauen.

Im Nachtzug überdachte ich mein ganzes Leben. Ich spürte, dass es kein Zurück mehr geben würde. Voller Hass dachte ich an die Parole »Schutz der russischsprachigen Bevölkerung«, mit der Russland die Krim und Donezk annektiert hatte. Ich, ein russischsprachiger Bürger der Ukraine, hatte Russlands Schutz nie gebraucht. Mein ganzes Leben lang habe ich ausschließlich Russisch gesprochen, auf Russisch studiert, auf Russisch Gedichte und Romane geschrieben. Für meine Bücher habe ich in Moskau internationale Literaturpreise erhalten. Niemand hatte mir das jemals vorgeworfen.

Damals, in jenem Nachtzug, habe ich auch beschlossen, Ukrainisch zu lernen, es so gut zu lernen, dass ich einmal literarische Texte auf Ukrainisch würde schreiben können. Und in den kommenden Jahren setzte ich diesen Beschluss in die Tat um. Anfang 2022, kurz vor Ausbruch des Krieges, erschien der Roman, den ich auf Ukrainisch geschrieben hatte, in englischer Übersetzung in den USA.[1]

✻✻✻

Eine Zeit lang lebten wir in Kyjiw, dann zogen wir in das Wochenendhaus unserer Freunde in der Umgebung, wo wir kostenlos wohnen konnten. Das Haus war ursprünglich als Sommerhaus gedacht, dann aber mit Heizung ausgestattet worden. Es hatte zwei Etagen, war freundlich und sympathisch. Es gab weder einen Keller noch eine zentrale Wasserleitung. Als dann am 24. Fe-

---

1 *Mondegreen: Songs about Death and Love.* Translated and introduced by Mark Andryczyk, Cambridge, Mass.: Ukrainian Research Institute, Harvard University.

bruar der großflächige Angriff begann, war mir sofort klar, dass
es für uns nicht einfach werden würde, dort weiterhin zu wohnen
und zu überleben. Schon nach wenigen Tagen gab es keinen Strom
mehr, was zugleich bedeutete, dass auch die Wasserversorgung
nicht mehr funktionierte. Das Wasser wurde mit elektrischen
Pumpen ins Haus geleitet. Dann fiel das Internet aus. Als Letztes
die Telefonverbindung.

Die Situation stellte sich so dar: Wir waren erstens von russischen Truppen umstellt, in einer Umzingelung, der niemand entkommen konnte. Die Russen hatten auf allen Straßen um uns
herum Straßensperren errichtet. Zweitens erwies sich das Infor-
mationsvakuum als außerordentlich schmerzhaft. Es war schwer
auszuhalten, nicht zu wissen, ob sich Kyjiw halten kann, ob unser
Volk weiter Widerstand leistet. Drittens schlossen innerhalb einer
Woche alle Geschäfte und Apotheken in unserer Nähe. Wir hatten kaum Lebensmittel und Medikamente.

In den ersten Wochen der Besatzung versuchten wir, bei den
Bauern ein paar Lebensmittel zu kaufen. Zunächst klappte das
auch, aber dann wurde die Lage immer schlechter. Die Bauern
verkauften keine Lebensmittel mehr an die Datschenbewohner.
Das war nur allzu verständlich, denn niemand konnte sagen, wie
lange die Besatzung dauern würde und wann auch nur irgendwelche lebensnotwendigen Güter in unsere Wälder gebracht werden
könnten.

***

Ich mache gar nicht erst den Versuch zu beschreiben, was wir in
Finsternis und Kälte durchlebt haben. Nach den ersten warmen
Februarwochen sanken die Temperaturen Anfang März auf minus fünfzehn und tiefer. Der größere Teil des Hauses, mit den Sa-
nitäranlagen, verwandelte sich ziemlich schnell in eine dunkle
und unglaublich kalte Wüste, weil dort auch über elektrische
Pumpen geheizt wurde. In dieser Kälte und Dunkelheit knallte
und explodierte es ständig ganz in der Nähe. So sehr, dass die
Wände wackelten. Das ging so Tag für Tag, fast immer von mor-

gens bis abends. Auch nachts war keine Ruhe, weil unsere Luftabwehr arbeitete und die Flugzeuge ziemlich tief über unser Dorf flogen. Das Grauen wurde durch Gerüchte verstärkt, wie die Russen in den umliegenden Dörfern wüteten.

Diejenigen, die über ein eigenes Fahrzeug und zumindest einen gewissen Vorrat an Treibstoff verfügten, begannen Konvois zu bilden und auf eigene Gefahr durch die russischen Checkpoints auf das ukrainisch kontrollierte Territorium zu fahren. Nicht alle hatten Glück. Es kam vor, dass die Russen nur so aus Spaß auf Autos mit weißen Fahnen und der Aufschrift KINDER schossen. Aber immer mehr Menschen fuhren, der Mangel an Lebensmitteln, das Ausbleiben von Strom und Medikamenten, der enger werdende Kreis der von den Russen terrorisierten Siedlungen und Gebiete zwangen sie, sich und ihre Kinder in Sicherheit zu bringen. Meine Frau und ich hatten kein eigenes Fahrzeug, und wir konnten nur zusehen, wie jeden Morgen hunderte Autos mit weißen Fahnen langsam an unserer Datschensiedlung vorbeifuhren. Wenn wir ein Auto gehabt hätten, wir hätten sicher trotz aller Risiken versucht, ebenfalls wegzukommen.

Die Leute fuhren, wir blieben, und darin lag plötzlich eine Schicksalhaftigkeit, die unerträglich wurde. Die Datschenbewohner hatten im Wald einige Stellen gefunden, an denen man manchmal, unter bestimmten meteorologischen Bedingungen, Funkwellen erwischen konnte. Von da an setzte ich alles daran, jemanden in Kyjiw zu finden, der meine Frau und mich aus dem besetzten Gebiet holen könnte. Um den 20. März herum gelang es meinem Freund, dem Schriftsteller Ljubko Deresch, Freiwillige aufzutun, denen es nach mehreren erfolglosen Versuchen tatsächlich gelang, mit ihren Privatautos in das besetzte Gebiet zu fahren. Außer uns nahmen sie noch eine Familie mit, deren Haus vollständig zerstört worden war.

Wir fuhren durch die russischen Checkpoints. Sahen die russischen Soldaten. Sie kontrollierten unsere Autos. Wir sahen russische Panzer, die zwischen Wohnhäusern in den Dörfern versteckt waren. Auf beiden Seiten der Straße türmte sich zerstörtes Gerät. Wir mussten uns zur Selbstbeherrschung zwingen, als schon wieder ein russischer Soldat in unser Auto schaute. Wir beteten.

Und dann kam die Straße nach Kyjiw. Eine andere Geschichte beginnt, in der viel Traurigkeit und echte Hoffnung liegt. Der Krieg dauert an, wie er für uns, nun schon doppelt Geflüchtete, all die acht Jahre angedauert hat. Wieder haben wir unser Zuhause verloren, aber wir glauben an den Sieg. Für uns gibt es keinen anderen Weg. Und auch kein anderes Heimatland.

⁂

Hiermit könnte ich schließen, aber etwas hindert mich. Und dieses Etwas ist das Leben, das wir gerade führen. Damit meine ich nicht nur meine Familie und mich, sondern Millionen Ukrainer, die durch die russische Aggression ihr ganzes Leben verloren haben. Menschen, die diese Erfahrung nicht gemacht haben, kann man es nur schwer erklären, aber das Schlimmste im Leben eines zwangsweise Geflüchteten, der ich dank der großen russischen Kultur nun schon das neunte Jahr in Folge bin, ist die Entwurzelung – dass es für uns alle nirgendwo mehr ein Zuhause gibt. Ständig hämmert mir ein Gedanke im Kopf: »Ich will nach Hause.« Und im selben Moment wird mir bewusst, dass ich kein Zuhause habe und wohl auch nie wieder haben werde.

Ich plane mein Leben nicht mehr, weil mir die Zuversicht fehlt.

Ich habe keine Freude an Dingen, weil ich weiß, wie leicht man sie verlieren kann. Sowohl 2014 als auch 2022 konnte ich zwei Taschen mitnehmen, alles andere musste dort bleiben.

Ich kaufe keine Bücher mehr, weil ich schon zwei Bibliotheken zurücklassen musste. Eine in Donezk. Eine in der Nähe von Kyjiw. Das reicht.

Überall fühle ich mich fremd und überflüssig. Wie schön die Stadt, in der ich gerade lebe, auch sein mag, ich bleibe trotzdem ein Geflüchteter, ein Mensch, der sich seinen Wohnort nicht ausgesucht hat, der keine eigene Ecke hat, der dazu verdammt ist, seine Geschichte in sich zu tragen. Wie eine Schnecke ihr Haus.

Und von diesen Geschichten haben wir, die Geflüchteten der

Ukraine, so viele, dass kein Herz sie fassen kann. Meine Frau und meine Schwiegermutter sind derzeit in Tschechien. Die Kinder sind in alle Welt verstreut. Ich bin ein einsamer, nicht mehr junger, in gewissem Maße verunsicherter und sehr erschöpfter Mensch, der, um nicht verrückt zu werden, ein Theaterstück über seine Kriegserfahrung schreibt. Schreibt und weint. Und nachts allein ist. Und für die Ukraine betet und für alle, die sie verteidigen. Für alle Toten. Für alle Lebenden.

Aus dem Ukrainischen von Lydia Nagel

Artem Chapeye
Wenn der Pazifismus endet

Der Historiker Timothy Snyder schreibt zu Recht, das moderne Russland sei ein faschistischer Staat. Bis zum Jahr 2022 haben die meisten von uns entweder nicht erkannt, dass er keineswegs übertreibt, oder der Faschismus von Putins Russland war noch nicht vollständig zu Tage getreten. Über den Schrecken der russischen Invasion in die Ukraine gibt es bereits viele treffende Analysen. Doch vielleicht sind persönliche Geschichten jetzt eindringlicher. Natürlich ist jede dieser Geschichten einzigartig – doch es gibt Millionen davon. Sollte ich eines Tages über all das schreiben können, wird das Buch *Eine Million Geschichten* heißen.

Ich bin immer noch froh über zwei Dinge:

Erstens: Meine Frau Oksana und ich hatten überlegt, ob wir mit unseren beiden Kindern zum ersten Mal in den Herbst- oder Frühjahrsferien ins Ausland ans warme Meer fahren sollten. Ich bin froh, dass wir in den Herbstferien gefahren sind. Ich will nicht behaupten, dass es für die Kinder eine genauso gute Reise war – aber immerhin war es eine.

Zweitens: Meine Söhne und ich übernachten manchmal im Zelt bei uns in der Wohnung. Wir sagen dazu, dass wir uns »auf Wanderungen vorbereiten, wenn wir größer werden«, aber vor allem ist es ein Vorwand, um aneinandergekuschelt einschlafen zu können. Schön, aber unbequem. Hart. Ich bin vierzig und mir tut der Rücken weh. Nachts wache ich auf und ziehe zu Oksana auf die orthopädische Matratze um. Aber das Wichtigste ist, mit den Köpfen der Kinder auf meinen Schultern einzuschlafen.

Am letzten Abend des Friedens waren die Kinder nicht gerade artig. Oksana und ich wollten ihnen »das Zelt wegnehmen«, haben sie dann aber »begnadigt«. Und so schlief ich in der letzten Nacht des Friedens mit meinen Söhnen im Arm ein, in dem Zelt im Kinderzimmer. Wir kicherten.

Vor allem bin ich froh, dass sich auch die Kinder daran erinnern. Sie sind jetzt in Deutschland. Unter dem Vorwand, mit ihnen Ukrainisch zu üben, lasse ich sie kurze Aufsätze schreiben. Natürlich geht es mir nicht um Handschrift und Rechtschreibung, mich interessiert, was in ihnen vorgeht. Der Älteste schrieb, ich zitiere wortwörtlich mit nur einer Auslassung:

»Ich träume davon, dass der Krieg zu Ende geht und Putin schnell krepiert.

Wenn der Krieg vorbei ist, möchte ich, dass du nach ___ kommst und wir dir hier alles zeigen. Dann fahren wir zu den Omas. Dann möchte ich nach Kyjiw fahren und im Zelt schlafen. Ich weiß noch, dass wir es nicht weggeräumt haben, als der Krieg anfing.«

Wie Hunderttausende, vielleicht Millionen Ukrainer in verschiedenen Städten wachten auch Oksana und ich in der Dunkelheit von den Explosionen auf.

Ich weiß nicht mehr, wer von uns beiden gesagt hat: »Das ist es.«

Wir holten die Kinder aus dem Zelt und sagten: »Kinderchen, aufstehen. Wir fahren zu Oma.«

»Jetzt gleich?«, fragte der Ältere verschlafen.

»Jetzt gleich.«

»Sie hat euch schon lange nicht mehr gesehen«, sagte ich noch, warum auch immer. Wir waren zwei Jahre nicht mit den Kindern bei meinen Eltern gewesen, vor allem aus Angst, meine Großeltern, die über achtzig sind, mit dem Coronavirus anzustecken. Aber am 24. Februar 2022 war die Pandemie in der Ukraine beendet.

Im letzten Monat des Friedens stand bei uns ein gepackter »Notfall-Rucksack« mit Dokumenten und Geld. Trotzdem haben wir es nicht geglaubt. Bis zum Schluss nicht geglaubt.

In der letzten Woche des Friedens hatte ich panische Angst vor dem Feuerwerk, das aus irgendeinem Grund jede Nacht über Kyjiw knallte. Oksana und ich stritten uns sogar. Sie nannte mich paranoid. Aber dann zeigte sich, dass sie besser vorbereitet war als ich. Sie hatte vereinbart, dass ihre Freundin, die Patentante unseres älteren Sohnes, uns alle aus Kyjiw herausbringen würde, weil wir kein eigenes Auto haben.

Wir müssten nur mit dem Taxi zu ihr fahren. Nach fünfzehn Minuten ist überall Stau. Es gibt kein Taxi. Wir erhöhen den Preis in der App immer wieder. Zehn Minuten, zwanzig Minuten. Eine halbe Stunde. Ich sage: »Das wird nichts, ruf an und sag ihr, sie soll allein fahren.« In diesem Moment macht es »pling«, und das Telefon findet ein Taxi.

Der verschlafene Fahrer: »Was ist denn los, warum sind denn so viele unterwegs mitten in der Nacht?«

Drei Tage lang fuhren wir mit Staus und Umsteigen in den Westen, »zu Oma«. Normalerweise dauert das zehn Stunden. Ich saß auf dem Rücksitz verschiedener Autos, die Kinder im Arm. Wortlos, nur das Allernötigste. Die Kinder waren ungewöhnlich brav. Sogar der Jüngere, unser »Anarchist«, gehorchte aufs Wort. Er war ruhig und ganz artig. Oksana hatte den verängstigten Hund auf dem Schoß, der ständig japste.

Wir schwiegen die meiste Zeit und hörten Radio.

Es gab keine Worte.

Auch nicht in uns.

Die Farben waren gedämpft, die Geräusche wie unter Wasser.

Ich hatte weniger Angst, dass uns ein Geschoss treffen würde, als dass die Kinder unterwegs etwas Schreckliches sehen würden. Aber wir hatten Glück. Zweimal sind Städte, die wir bereits passiert hatten, einen halben Tag später bombardiert worden.

Und dann geschah noch etwas am ersten Tag der Reise. Am ersten Tag des Krieges.

Wir fuhren in einem Konvoi von mehreren Autos auf kleinen Straßen, um den Stau auf der Autobahn Richtung Westen zu umgehen. Zum Mittagessen hielten wir im Dorf der Eltern eines Mitfahrers. Ich sprach mit dem Hausherrn, einem ruhigen, freundlichen Bauern mit Schnurrbart, der etwa fünfzig Jahre alt war. Er wirkte wie die Verkörperung der Ukraine schlechthin, dieser unprätentiösen, zurückhaltenden »echten Ukraine«, über die ich schreibe.

Abends erfuhren wir dann am Telefon, dass das ganze Dorf vor dem Dorfrat zusammengerufen worden war. Unser Gastgeber und die meisten anderen männlichen Dorfbewohner hatten Maschinengewehre bekommen.

Die Frauen weinten. Die Männer kauerten sich zusammen und sahen weg.

Spät in der Nacht erreichte die Gruppe, die uns gerettet hatte, das Dorf. Sie sollte bleiben. Wir mussten weiter. Ich bat den Sohn des Mannes, der gerade mobilisiert worden war, meine Familie am nächsten Morgen die sieben oder acht Kilometer zurück zur Autobahn zu fahren, wo uns andere Bekannte abholen würden. Er senkte den Blick und sagte, dass er den Checkpoint nicht noch einmal passieren wolle.

Und ich habe mich so geschämt.

So unendlich geschämt.

Natürlich rekonstruiere und rationalisiere ich das jetzt und analysiere die Gründe. Aber an die starke Scham, als ich nicht nur wegblicken, sondern mich gleich ganz wegdrehen wollte, daran erinnere ich mich sehr gut. Es war das erste starke Gefühl, das die verschwommene, taube, stumme Welt nach einem benebelten Tag durchbrach.

Mein älterer Sohn ist neun Jahre alt. War er damals. Manches versteht er überraschenderweise besser als erwartet – und manches versteht er überraschenderweise nicht.

Wir gingen im Dorf spazieren, während wir auf die Abfahrt warteten (letztendlich sollte uns eine Freundin zum Checkpoint fahren – weil sie eine Frau ist).

Mein Sohn sagte: »Ich will nicht, dass du zum Krieg eingezogen wirst.«

Augenblicklich antwortete ich: »Ich werde nicht eingezogen. Weil ich mich selber melde.«

Und ich habe versucht, meinem Kind zu erklären, dass es sich ganz, ganz selten, vielleicht einmal im Leben, und selbst das nicht bei jedem, ergibt, dass man genau das tut, was man tun sollte. Weil es einfach nicht anders geht.

Mein Sohn scheint das nicht verstanden zu haben.

Ich weiß nicht, ob ich es selbst so ganz verstehe.

Alle haben ihre eigenen Beweggründe. Die einen denken in Kategorien von »Patriotismus«. Die anderen formulieren ihre Entscheidungen anhand der Kategorien von »Gut und Böse«. Meine Frau und ich sind als linke Idealisten aufgewachsen. Aber ich werde wohl besser für mich sprechen. Denn sie ist eher intellektuell analytisch, ich bin der Emotionalere von uns beiden. In unserer Jugend ging es viel um ethische Kategorien, moralische Imperative, Reflexionen über Gerechtigkeit und existenzielle Entscheidungen. Um Tattoos mit ökologischen und sozialen Motiven. Oksana und ich haben unsere Söhne sogar nach Gerechtigkeitskämpfern benannt – einem ukrainischen und einem mexikanischen.

Und auf einmal – du hast schon die Hälfte des Lebens hinter dir, du hättest dir niemals vorstellen können, dass du so etwas jemals erleben würdest –, auf einmal bist du mit einer so realen, abgründigen Ungerechtigkeit konfrontiert. Mit dem fast metaphysischen Bösen. Als Romanautor war ich schon immer skeptisch gegenüber den »Hollywood«-Kategorien von Gut und Böse. Jetzt muss ich das einschränken. Das »Gute« gibt es wohl nicht – aber das »Böse« lässt sich klar definieren. Wenn mitten in der Nacht Zivilisten bombardiert werden. Wenn es die eigenen Kinder treffen kann. Wenn das mit Absicht geschieht.

Vom ersten Tag an war klar, dass vor allem die »einfachen« Menschen würden kämpfen müssen. In der Ukraine sind das konkret diejenigen, die in den Dörfern und Kleinstädten leben, wo sie auch registriert sind. Leute wie ich, oder wie der Sohn des mobilisierten Bauern, die Mittelschicht der Großstädte, sie können dort, wo sie nicht registriert sind, untertauchen und auf unbestimmte Zeit abwarten, bis sie an der Reihe sind. Denn uns wird niemand finden, wenn wir nicht freiwillig kommen.

Wir könnten »an der Informationsfront« bleiben, wo »wir mehr gebraucht werden«, wo »wir nützlicher sind«. Wobei die Ukraine in den ersten Tagen, als Putin einen militärischen Blitzkrieg erwartete, den »Informationsblitzkrieg« eindeutig gewonnen hat – als nämlich die Dinge für die meisten denkenden Menschen auf der Welt ziemlich offensichtlich wurden.

Ich könnte weiterhin jeden Tag schreiben, auch Blogs und Artikel, wie ich es vor dem Krieg getan habe.

Aber mit dem Leben bezahlen wird wie immer das gemeine Volk.

Ja, jetzt rekonstruiere und rationalisiere ich retrospektiv.

Damals war es nur brennende Scham.

Wenn ich nicht zum Militärkommissariat gegangen wäre, hätte ich das meiner Frau und den Kindern erklären können.

Eine existenzielle Entscheidung wie bei Sartre: sich der Resistance anschließen oder bei der Familie bleiben, die mich ja auch braucht?

Oder eine existenzielle Erfahrung wie bei Jaspers? Verrat.

Wenn ich mich nicht dazu entschlossen hätte, gegen die Ungerechtigkeit zu kämpfen, hätten meine Frau und die Kinder meine Erklärungen ganz sicher akzeptiert. Ich muss bei ihnen bleiben, denn sie sind das Wertvollste, was ich habe.

Wenn ich weggelaufen wäre, hätten sie meine Entscheidung und meine Erklärungen akzeptiert. Aber ich hätte ihnen nicht mehr in die Augen sehen können. Weil ich diese Erklärungen selbst nicht akzeptiert hätte.

Ein Großteil der Kriegsliteratur, mit der ich aufgewachsen bin, ist im Wesentlichen pazifistisch. *Im Westen nichts Neues* von Remarque. *Wanderer, kommst du nach Spa...* von Böll. *Schlachthof 5* von Vonnegut. *Catch-22* von Heller. *In einem anderen Land* von Hemingway.

Es schien mir unmöglich und absurd, freiwillig an einem Krieg teilzunehmen. Ich hielt mich für einen Pazifisten. Vor allem nach der Revolution von 2014, als ich sah, wie Menschen wirklich sterben. Ungerechtigkeit sollte ausschließlich mit friedlichen Mitteln bekämpft werden. Ich habe sogar Gandhis Buch *Satyagraha* über gewaltlosen Widerstand ins Ukrainische übersetzt. Meine Lieblingsfigur in meinem ersten Roman schrieb ein Gedicht, das mit der Zeile »Wenn ein Krieg kommt, werde ich Deserteur« begann.

Aber wenn man seine Kinder unter Bombenlärm weckt, hat das alles keine Relevanz mehr.

Es gibt verschiedene Kriege. Absurde, wie den Ersten Weltkrieg, und solche, in denen der Diktator besiegt werden muss, wie den Zweiten.

Gegen Putins Raketen wird *Satyagraha* nicht funktionieren. Gandhi konnte Hitler mit seinen Briefen nicht überzeugen.

Aus bürokratischen Gründen und vor allem, um mich vor dem Militärkommissariat zu verstecken, weil ich ja Pazifist bin, aus bürokratischen Gründen bin ich immer noch nicht in Kyjiw, wo ich meine Wohnung hatte, sondern bei meinen Eltern registriert.

Am ersten Morgen, als wir die Kinder hergebracht hatten, gingen Oksana und ich in die Stadt, um einen »Spaziergang« zu machen. Sie wartete in der Nähe, während ich in der Schlange der Freiwilligen beim Militärkommissariat stand. Vor dem ich mich ja eigentlich hatte verstecken wollen.

Einfacher wurde es nicht.

Den ganzen ersten Monat hatte ich Albträume. Sie waren zensiert. Jedes Mal, wenn Putin mit Atomwaffen drohte, träumte ich zum Beispiel, dass mein jüngerer Bruder als Kind aus dem achten Stock fällt. Erst als ich aufwachte, wurde mir klar, dass dieser »jüngere Bruder als Kind« meinem jüngeren Sohn sehr ähnelte. Oder ich träumte, dass unser Hund von einem Auto überfahren wird – aber im Sterben mit der Stimme unseres älteren Sohnes spricht.

Einen Monat später fuhr Oksana mit den Kindern ins Ausland. Als sie mir ein Foto von den Kindern in einem Lager für Geflüchtete schickte, weinte ich zum ersten Mal seit Kriegsbeginn. Seitdem habe ich mehr geweint als wahrscheinlich mein ganzes Erwachsenenleben zuvor.

Dann hatte ich das Gegenteil von Albträumen, für die es in meiner Sprache kein eigenes Wort gibt. Man träumt, dass man mit den Köpfen der Kinder auf den Schultern einschläft. Oder mit den Kindern im Wohnviertel spazieren geht. Aber plötzlich löst sich das alles auf. Man hält sich an den Kindern fest, klammert sich an realistische Details, sagt zu den Kindern: »Wenn das nur kein Traum ist« – aber alles löst sich auf, und man erwacht unter Tränen im Albtraum der Realität.

Die meisten meiner Freunde und Bekannten, diejenigen, die ich am meisten schätze, haben sich in den ersten Tagen beim Militärkommissariat gemeldet. Oder vielleicht schätze ich sie am meisten, seit ich weiß, dass sie sich gemeldet haben? Der Künstler, der meiner Frau und mir ökologische und soziale Motive tätowiert hat. Der Redakteur der besten gesellschaftskritischen Zeitschrift *Commons*. Der Leiter einer LGBT-Organisation. Der Autor eines Reportagenbands über die Ärmsten, ein Mann aus Charkiw. Eine Krankenschwester und Mutter eines Teenagers aus Lwiw. Eine Künstlerin und Vogelbeobachterin aus Kyjiw.

Jetzt vergleicht sich Putin offen mit Peter dem Großen, der Ländereien für das Imperium »sammelte«. Aber zu Anfang sagte er, er wolle die Ukraine »entnazifizieren«. Interessanterweise empört Propaganda umso mehr, je absurder sie ist. Ja, es gab tatsächlich ein paar Neonazis in der Ukraine – ich habe sie in einem meiner Romane kritisiert. Sie waren jedoch eher eine Randerscheinung – es gab in der Ukraine nicht einmal starke rechte Parteien wie die deutsche AfD –, und jetzt scheint der rechte Diskurs noch marginaler geworden zu sein. Interessanterweise gibt es in meiner persönlichen Blase mehr Freiwillige unter den Linken als unter denjenigen, die sich wenigstens als »Patrioten« bezeichnet hatten. Vielleicht zeigt das nur, dass ich mit echten »Linken« und falschen »Patrioten« gesprochen habe. Vielleicht ist es aber auch nur ein nicht repräsentativer Zufall.

Einer der klügsten Menschen, die ich je kennengelernt habe, ist ein Menschenrechtsaktivist, der aus anarchistischen Kreisen kommt, Sprecher des UNHCR war, Migranten aus Asien verteidigte und gegen die extreme Rechte sowohl in der Ukraine als auch in Russland kämpfte. Er war Mitbegründer der Bewegung des 19. Januar zum Gedenken an die von russischen Neonazis Getöteten und hat sich freiwillig gegen die putinsche Aggression gestellt. Während dieser Text entsteht, befindet er sich in Kriegsgefangenschaft. Die russische Propaganda hat schon versucht, ihn zu einem »Nazi-Liberalen« (was auch immer das bedeuten soll) zu machen.

Ein weiterer Idealist, den ich immer mal wieder an unerwarteten Orten in verschiedenen Ecken der Ukraine treffe, ist ein christlicher Mystiker. Wir beide – ein überzeugter Atheist und ein ekstatisch Gläubiger – lernten uns an unserem wilden Lieblingsstrand an der Grenze zwischen der Ukraine und Rumänien kennen und verspürten sofort gegenseitige Sympathie und Respekt. In absehbarer Zeit werden wir wohl nicht an diesen Strand fahren: Vor kurzem wurde in der Nähe ein Mann durch eine Mine getötet. Das zweite Mal traf ich den Mystiker auf einer Kundgebung von Impfgegnern, wo er zu den Hauptakteuren gehörte und ich zur sarkastischen Presse – und trotz unserer gegensätzlichen Positionen wuchsen gegenseitige Sympathie und Respekt. Beim dritten Mal fuhr ich, als ich schon in der Armee war, in eine abgelegene Kleinstadt, um einen »Deserteur« einzufangen. Ich hatte schon die Handschellen herausgeholt, aber dann umarmte ich ihn. Es stellte sich heraus, dass es der Mystiker war, der erfolglos und ungeschickt (nicht dort, wo er registriert war) versucht hatte, sich als Freiwilliger zur Armee zu melden. Aus ethischen Gründen ist er Veganer. Jetzt kämpft der christliche Mystiker in der Nähe von Slowjansk an der Front. Er sagt, dass man die »Feinde ohne Zorn töten« müsse, dass es einen »Kampf der hellen und dunklen Mächte« gebe.

In meiner Kompanie ist jeder Fünfte aus dem Ausland, aus der Arbeitsmigration zurückgekehrt, um sich zur Armee zu melden. Sie haben sogar Spitznamen nach dem Land, wo sie gearbeitet haben: Tscheche, Finne, Deutscher. Einer von ihnen hat mir heute besorgt erzählt: »Weißt du, in letzter Zeit bekomme ich von der ukrainischen Hymne eine Gänsehaut. Das ist nicht gut. Das bedeutet, dass ich leicht auf Provokationen reagiere. Die Hymne ist doch eine Provokation.« (Ich muss sagen, dass auch ich, der ich in der Ukraine für meinen Sarkasmus in Bezug auf den offiziellen Patriotismus kritisiert wurde, in letzter Zeit den Eindruck habe, dass die Worte unserer Hymne gerade sehr wörtlich zu nehmen sind.)

Ein anderer in unserer Kompanie ist ein doppelt Geflüchteter. Er verließ Luhansk erst, als die vom Kreml unterstützten Separatisten auf dem Dach seines Hochhauses einen Schießstand errich-

teten. Und er flüchtete – wie viele Menschen aus dem Donbas –
nach Irpin, einem etwas preiswerteren Vorort von Kyjiw. Irpin
und Butscha waren die Orte, wo nach 2014 zahlreiche Geflüchtete aus dem Donbas lebten. Kürzlich traf ich ein ähnliches Paar
»doppelt Geflüchteter«. Sie verließen die Stadt, nachdem sie von
ihrem Balkon aus gesehen hatten, wie zwei russische Kampfflugzeuge ein Wohnhochhaus mit Luft-Boden-Raketen zerstörten.
Nicht »nach Koordinaten«. Die russischen Piloten sahen mit eigenen Augen, was sie da bombardierten. Als in den Nachrichten
wieder von Verhandlungen die Rede war, drückte mein Kamerad,
zweifach Geflüchteter aus Luhansk und Irpin, seine Verhandlungsposition auf Russisch so aus: »Nach allem, was die getan haben? Die sollen sich verpissen und alle ausliefern, die erschossen
werden müssen.«

Ist das Motiv der Ukrainer ein traditioneller »Nationalismus«,
sei es auch in Form eines »nationalen Befreiungskampfes«? Mir
scheint, dass es jenseits der staatlichen Propaganda eher um universelle Gerechtigkeit geht. Und darum, die Bedeutung des jetzigen Kampfes zu verstehen.

Vielleicht liegt es am Schlafmangel, aber während einer Nachtwache hatte ich den Eindruck, dass wir uns gerade in einer Zeit
und an einem Ort befinden, wo von uns buchstäblich die Zukunft des Planeten abhängt. Unfreiwillige »Guardians of the Galaxy«. Wir können nicht jemand anderen an unsere Stelle setzen.
Wir können nicht wollen, dass andere für uns Risiken eingehen
und leiden – denn dann droht alles außer Kontrolle zu geraten,
und vielleicht steht sogar das Überleben des Planeten auf dem
Spiel. Und wir können es uns nicht erlauben aufzugeben, wir müssen die Diktatur zermürben – sonst wird das Leben auf dem ganzen Planeten noch schlimmer werden, und es wird weniger Freiheit geben. Natürlich werden die Menschen im »Zentrum der
Welt«, sobald alles vorbei ist oder sogar schon vorher, unsere
Peripherie wieder einmal vergessen, und in ihren Geschichten
werden sie selbst die Schlüsselposition einnehmen, eine Rede
von Präsident Biden, der Soldat James Ryan. Nun ja. *So it goes*,
wie Vonnegut schrieb. Gegen unseren Willen befinden wir uns

in einer Zeit und an einem Ort, welche die Geschichte für die
nächsten Jahrzehnte bestimmen könnten. Wir dürfen nicht kapi-
tulieren, das würde den Vormarsch der Dunkelheit bedeuten.
Und wir können nicht verlangen, dass andere für uns kämpfen.
Dass die Amerikaner einen Dritten Weltkrieg riskieren. Dass oppositionell eingestellte Russen ihr Leben riskieren und nicht nur
Erklärungen gegen das Regime abgeben. Denn wir würden es
auch nicht riskieren und nicht sterben, wenn wir die Wahl hätten.
So it goes.

Das klingt vielleicht etwas pathetisch, aber in der Praxis hat es
nichts Pathetisches. Gerade bewache ich zum Beispiel ganz einfach
die Zufahrten zu einem strategischen Objekt im Wald. Unsere
Vorgesetzten nennen das vollmundig »Anti-Sabotage-Aktivitäten«.
Wir machen unsere Witze, dass wir, wenn eine richtige Profi-Sabo-
tagegruppe hier ankommen sollte, abgeschnitten werden, bevor
wir es merken. Im besten Fall schaffen wir es noch, ein paar
Schüsse abzugeben und über Funk die richtigen Spezialeinheiten
zu rufen. Zu warnen. Unsere Hauptaufgabe besteht eigentlich
darin, auf jede erdenkliche Weise unsere Präsenz zu demonstrie-
ren. Nachts die Wege und Straßen mit Taschenlampen abzuleuch-
ten. Damit man sieht, dass wir da sind. Dass wir viele sind.

Das ist nicht Panzerfahren. Durch unsere Kompanie sind Of-
fiziersschüler der Luftverteidigung gekommen, im Vergleich zu
mir kleine Kinder, die den Tod aus nächster Nähe gesehen haben.
Ihre Kaserne in Charkiw ist zerbombt, ihre Offizierin getötet
worden. Die Hände zittern – aber sie fahren zu einer neuen
Kampfeinheit. Und wir sind hier nicht in den Schützengräben,
sondern in einem komfortablen Raum, wenn auch auf hartem Boden (und mein Rücken tut plötzlich nicht mehr weh, wie damals
im Zelt mit den Kindern). Vielleicht sind wir auf Patrouille in den
Wäldern statistisch gesehen sogar sicherer als Zivilisten in den
großen Einkaufszentren oder Wohngebieten, die jederzeit bombardiert werden können. Übrigens bin ich in letzter Zeit aber-
gläubisch geworden, wie die abergläubischen Menschen, die die
Geschehnisse nicht kontrollieren können: Seeleute, Bergleute ...
Nur dass ich meinen Aberglauben atheistisch in mathematischen

Kategorien von Statistik und Wahrscheinlichkeitsrechnung aus-
drücke.

Als ich zum Militärkommissariat ging, dachte ich Dinge wie:
»Alle werden doch nicht getötet ... vielleicht jeder Zehnte.« Zu
der Zeit redeten alle von Partisanenkampf und Javelins. Wie die
meisten Menschen rechnete ich damit, dass Putin meine Stadt
in ein paar Tagen einnehmen würde. Ich stellte mir vor, dass ich
als Partisan mit einer Javelin durch die Wälder in der Umgebung
besetzter Städte laufen müsste. Aber es kam anders – wahrscheinlich gerade deshalb, weil Hunderttausende dieselbe Entscheidung trafen: zu kämpfen, statt wegzulaufen, wie Putin es erwartet hatte.

Und jetzt schütze ich also in den Wäldern unser Objekt vor Sa-
boteuren der Besatzer. Die Atmosphäre, das Gelände und sogar
das Licht im morgendlichen Wald erinnern mich an ein anderes
Buch des Autors von *In einem anderen Land* – sie erinnern mich
an *Wem die Stunde schlägt* von Hemingway. Ich denke oft daran,
wie die Hauptfigur auf die Frage, wann er beschlossen hat, gegen
den Faschismus zu kämpfen, antwortet, als er verstanden habe,
was Faschismus ist. Konkrete Termini zu diskutieren hat wenig
Sinn, aber »Frag nicht, für wen die Stunde schlägt; sie schlägt
für dich«. Ich fühle mich von dem Gedanken getragen, dass ich,
indem ich mich zur Armee gemeldet habe, zumindest von einem
passiven Opfer zu einem aktiven Teilnehmer am Widerstand geworden bin. Wogegen genau wehren wir uns? Gegen die Ein-
schränkung unserer Freiheit. Wofür kämpfen wir? Natürlich nicht
für das absolute Gute. Wir sind keine »Krieger des Lichts«, sondern ganz gewöhnliche Menschen mit all ihren Unzulänglichkei-
ten. Wir kämpfen für ein gewöhnliches, unvollkommenes Leben,
zu dem ich einfach nur zurückkehren möchte.

Meine Kinder habe ich seit vier Monaten nicht gesehen und ich
weiß nicht, wie lange ich sie nicht sehen werde. Als ich fuhr, schenk-
ten sie mir eine billige Bastelschlange. Natürlich riss die Schnur,
die die Teile zusammenhielt, sofort, aber jetzt sind diese Drei-
ecke, diese Fragmente, eine Metapher für unser Leben. Und diese
Fragmente sind auf einmal das Wertvollste, was ich jetzt habe.

Oksana sagt, sie wolle nichts fühlen. Ich hingegen möchte alles fühlen, so intensiv umfassend wie möglich. Und ich bin so froh, dass Oksana, die Kinder, meine Eltern und Brüder einfach da sind. Es ist eine so starke Liebe wie nie zuvor.

Aus dem Ukrainischen von Lydia Nagel

Alissa Ganijewa
Die Frage nach unserer Verantwortung

Der russische Überfall auf die Ukraine mit all den Gräueltaten, die seitdem von Armeeangehörigen begangen wurden und werden, wirft die dringliche, ja quälende Frage nach der kollektiven Verantwortung von uns Russen auf.[1] Durchaus nicht alle Bürger der Russischen Föderation, die den in unserem Namen entfesselten, verbrecherischen Krieg ablehnen, sind auch dazu bereit, sich dafür verantwortlich zu fühlen. Der Schock und das Grauen angesichts der Katastrophe sind offenbar problemlos damit vereinbar, sich mit Händen und Füßen gegen die Zumutung zu wehren, man könne auch nur im Geringsten an der Entstehung dieser Katastrophe beteiligt gewesen sein.

Die ganzen irrsinnigen Kriegsmonate hindurch kann ich mich des Eindrucks nicht erwehren, dass die meisten gegen Krieg und Regierung eingestellten Russen vor allem mit der Suche nach einer privaten Absolution, mit Selbstrechtfertigung und Selbstmitleid befasst sind. Klagen über die verlorene Normalität im Alltag oder über die Verwandlung der russischen Staatsbürgerschaft in etwas Toxisches, dessen man sich zu schämen hat, Sorge um die vermeintlich von einem Boykott bedrohte russische Kultur – diese Dinge haben mehr Gewicht als das Äußern von Anteilnahme, als Proteste gegen die bereits zur traurigen Normalität gewordene Bombardierung ukrainischer Städte, als Reflexionen über die Zukunft: Wie können bei einem Regimewechsel die Fehler der 1990er Jahre vermieden werden, wie schafft man es, die Freiheit dieses Mal nicht zu verspielen, wie kann man dem Teufelskreis

---

1 Im Russischen wird sprachlich zwischen *russkije*, (ethnischen) Russen, und *rossijane*, Russländern, d. h. den Bürgern Russlands, korrekt: der Russischen Föderation (RF), unterschieden. Die Verwendung von russisch und Russen in diesem Text ist im Sinne von Letzterem zu verstehen. Die Autorin, in Dagestan geboren, ist Staatsangehörige der RF. Anm. d. Hg.

der russischen Geschichte – Gewaltherrschaft, Wirren, Gewaltherrschaft – entkommen?

Am häufigsten höre und lese ich seit Kriegsbeginn folgende
Argumentation von Putin-Gegnern: »Ich habe Putin nie gewählt,
ich bin für die Verbrechen seines Regimes nicht verantwortlich;
ich habe an Protestaktionen teilgenommen, wurde von der Polizei drangsaliert, habe für ein Antikriegsplakat eine Arreststrafe
abgesessen – wer auch immer, aber ich trage auf keinen Fall die
Verantwortung für die Untaten des russischen Staates.« Solche
Einstellungen vertreten die Leute umso eifriger, als sie von ein-
flussreichen Oppositionellen unterstützt werden. So erklärt etwa
die bekannte Politologin Jekaterina Schulmann, kollektive Verantwortung sei ein Merkmal traditioneller Gesellschaften, in denen
es den Begriff der Einzelpersönlichkeit noch nicht gegeben habe,
und eine humanistische Zivilisation kenne nur die individuelle
Verantwortung.[2] Intellektuelle wie Karl Jaspers oder C. G. Jung,
die in den 1940er Jahren betonten, dass jeder Vertreter der deutschen Nation sich selbst erforschen und seine eigene (wenigstens
politische) Schuld anerkennen müsse, finden dagegen kaum Erwähnung.

Je länger der Krieg dauert, desto fürchterlicher ist der Schmerz
der Ukrainer und desto stärker ihr Hass auf den Feind, der sie mit
verbrecherischem Terror überzieht. Oft wird dabei – verständli-
cherweise – kein Unterschied zwischen Putin-Wählern und Putin-Gegnern gemacht, zwischen Leuten, die ukrainischen Flüchtlingen helfen, und solchen, die an Z-Paraden teilnehmen (der
lateinische Buchstabe Z gilt als Symbol für die »Befreiung« der
Ukraine). Entsprechend verstärken sich Stockholm-Syndrom
und Ressentiment vieler »guter Russen«, die sich durch die schrof-
fe Ablehnung von Menschen, deren Land von russländischen
Truppen besetzt wird und dem Erdboden gleichgemacht werden
soll, verletzt und ungerecht behandelt fühlen. So kann es passieren, dass sie, tief gekränkt wegen der angeblichen Herabsetzung
ihrer russischen oder russländischen Identität, plötzlich mit Leu-

---

2   Zum Beispiel hier: https://m.youtube.com/watch?v=UNdK7z6IdAg

ten in einem Boot sitzen, die zur Einnahme von Kyjiw aufrufen oder unter dem Hashtag #wirgemeinsam (#*myvmeste*) die Reihen hinter Russlands Präsidenten schließen.

Sergei Loznitsa, der ausgezeichnete ukrainische Dokumentarfilmer, geht in seiner Dankesrede für den Prix Cinéma France Culture am 21. Mai in Cannes so weit, Aggressor und Opfer in eins zu setzen: »Heute verlangen ukrainische ›Aktivisten‹, diese Filme [Loznitsas Filme »Maidan« und »Donbas«] in der demokratischen Europäischen Union nicht mehr zu zeigen. Es muss also mit Bedauern festgestellt werden, dass ihre Position in einigen Punkten mit derjenigen des russischen FSB übereinstimmt.«[3] Diese Einstellung ist auch typisch für Linke unterschiedlicher Ausrichtung, wie ich aus meiner privaten Korrespondenz weiß. Sie meinen, beide Regierungen (die russische und die ukrainische) seien am Krieg schuld, während das geplagte, ausgeraubte Volk auf beiden Seiten gar nichts damit zu tun habe. Indem sie den Krieg auf die Klassenfrage reduzieren, scheren sie diejenigen, die einen anderen Staat überfallen und dort ein Blutbad anrichten (die Russen), mit denjenigen, die sich auf dem eigenen Staatsgebiet verteidigen (die Ukrainer), über einen Kamm.

In der Ausnahmesituation eines barbarischen Krieges urteilen viele Russen »mit der richtigen Einstellung« weiterhin nach den Regeln aus Friedenszeiten und erblicken in dem Furor, mit dem einige Ukrainer alle Russen unabhängig von deren politischer Einstellung attackieren, eben jenen Nationalismus, den auch die Opfer russischer Propaganda zu sehen glauben und der zum Vorwand für die militärische Invasion diente. »Je mehr man mich wegen meiner Staatsangehörigkeit nervt, desto weniger Lust habe ich auf einen anderen Pass« – diese Haltung, ausgedrückt in einem Facebook-Post, taucht so oder ähnlich in den Äußerungen vieler Russen auf, die sich gegen den Krieg aussprechen, sich aber gleichzeitig vom Phantom der Russophobie alarmiert fühlen.

An die Stelle zahlreicher kategorischer Verurteilungen des rus-

---

3 https://www.svoboda.org/a/sergey-loznitsa-proiznes-vo-frantsii-rechj-protiv-boykota-russkoy-kuljtury-/31861048.html

sischen Krieges, die man im Februar und März lesen konnte, sind
nun verbitterte öffentliche Bekundungen der Liebe zur Heimat
getreten (quasi der ganzen Welt zum Trotz). Der Angriff auf Russland und die Russen, ob real oder eingebildet, gewinnt im Bewusstsein der Betreffenden ein Ausmaß, das den Terror, mit dem
die eigene Armee ukrainische Erwachsene und Kinder überzieht,
bei weitem übertrifft. Das eine wird vom anderen verdrängt.
Ein Blog-Eintrag des Journalisten Oleg Kaschin steht beispiel-
haft für diese Haltung: »Man kann beim Sturm auf Lissitschansk
der Barbarei verfallen, man kann in den Restaurants an den Pat-
riarchenteichen moralisch auf den Hund kommen, aber man kann
auch losziehen und blind vor Putin-Hass und Hilflosigkeit nicht
nur Putin, sondern alles Russische überhaupt bekämpfen. Menschen, die in ihrem Kopf Puschkin-Denkmäler zertrümmern –
passiert mit denen nicht etwas noch Schlimmeres als mit denen,
die Wohnviertel in Sewerodonezk in Trümmer legen?«[4]
   Eine andere Reaktion besteht darin, sich überhaupt nicht zum
Krieg zu äußern und stattdessen in überzogener Form über eine
seiner vermeintlichen Folgen zu klagen – das Verbot russischer
Kultur. So war es etwa beim Auftritt russischer Autoren auf dem
Internationalen Kulturforum Ende Juni in Belgrad (Evgenij Vo-
dolazkin, Pawel Bassinski und anderer).
   Eilige Versuche, der Bevölkerung das schwere Joch der Verantwortung zu ersparen, unternehmen auch Menschen, die durchaus
ihren Mut unter Beweis gestellt haben – oppositionelle Politiker,
oder genauer Leute, die unter dem ständigen Druck der Behörden seit Jahren einen Posten in der Politik anstreben. Ilja Jaschin,
ein Mitstreiter des 2015 ermordeten Oppositionellen Boris Nem-
zow, dem jetzt zehn Jahre Freiheitsentzug wegen Verbreitung
von »Fakes« über die Russländische Armee drohen, ist in den
letzten Monaten unter dem Vorwurf der »Diskreditierung der
russländischen Armee« bereits zu mehreren Ordnungsstrafen
verurteilt worden. Auf einer dieser Gerichtsverhandlungen Ende
Mai sagte er: »Die russische Armee wird von Leuten diskredi-

4   https://t.me/kashinguru/61971

tiert, die verbrecherische Befehle geben. Ich dagegen zolle den russischen Offizieren und Soldaten Respekt und möchte ihr Leben erhalten.«[5]

Öffentlich geäußerter Respekt gegenüber Okkupanten und Verbrechern, die ihre Schandtaten vor den Augen der Welt begehen (wenn auch nicht aus eigener Initiative, sondern auf Befehl), mag zwar befremden, aber überraschend ist er nicht. Aus den Reden und Auftritten von Jaschin und anderen angesehenen Politakteuren und Vertretern der Zivilgesellschaft sprechen allenthalben eine Verurteilung der Regierung und großzügiges Wohlwollen der Bevölkerung gegenüber – ohne jeden Hinweis darauf, dass es, wäre die Bevölkerung nicht beteiligt, weder diese Regierung noch diesen Krieg geben würde.

Ein weiteres Beispiel ist Julija Galjamina, eine unerschrockene Aktivistin, die noch vor dem Krieg eine Bewährungsstrafe für die Teilnahme an friedlichen Aktionen gegen Wahlfälschungen erhalten hatte. Wie Jaschin blieb sie nach Kriegsausbruch in Russland, verbrachte insgesamt einen Monat im Arrest und ist bereits von den Behörden gewarnt worden, dass ihre Bewährungs- in eine Haftstrafe umgewandelt werden könnte. Auch Galjamina verortet jegliche Verantwortung für Blutvergießen und Kriegsverbrechen bei der Staatsmacht und nimmt die Bevölkerung in Schutz: »Russland steht heute in den Augen der ganzen Welt als Aggressor da. Sicher, wenn wir von Putin sprechen, stimmt das auch. Doch die Schuld an den Ereignissen wird auf alle Russen übertragen. Ich verstehe die Gefühle der Menschen, die das tun, vor allem der Ukrainer. Ich möchte allerdings betonen, dass eine solche Haltung gegenüber den normalen Bürgern Russlands weder zum Ende der Spezialoperation beiträgt noch Russland aus der Spirale heraushilft, die unser Land immer wieder in die Diktatur führt.«[6]

---

5 https://mobile.twitter.com/Sota_Vision/status/1529387413587492864; am 9. Dezember 2022 wurde Jaschin von einem Moskauer Gericht zu einer Haftstrafe von achteinhalb Jahren verurteilt. Anm. d. Hg.

6 https://t.me/galyamina/2843; am 2. September 2022 wurde Galjamina vom Justizministerium in die Liste der »ausländischen Agenten« eingetragen. Anm. d. Hg.

Mitarbeiter aus Alexej Nawalnys Stab sprechen ebenfalls beharrlich von Putins Armee statt von der russischen. Verständlich, hoffen sie doch auf Regierungsposten im »schönen Russland der Zukunft«[7] nach Putin. Kein russischer politischer Akteur möchte seine potentiellen Wähler zu womöglich traumatischer Selbsterforschung nötigen und damit Stimmen riskieren, selbst wenn er glaubt, das sei eigentlich notwendig. Die letzten Vertreter der unterdrückten Opposition leben weiter im Vorkriegsmodus, als wäre nicht klar, dass sich seit dem 24. Februar alles von Grund auf verändert hat. So läuft nach wie vor der Wahlkampf für die Kommunal- und Regionalwahlen am 11. September, aber die Kandidaten, die noch naiv genug sind, sich aufstellen zu lassen, werden individuell ausgeschaltet: Man verurteilt sie zu Arreststrafen, zwingt sie durch Strafverfahren zum Verlassen des Landes oder schließt sie unter einem Vorwand von der Wahl aus.

»Wir sind Geiseln des Putin-Regimes, wir leiden unter ihm. Man darf uns dafür nicht zur Verantwortung ziehen, das wäre unfair!« So könnte man eine verbreitete Stimmung unter progressiven Russen zusammenfassen. Nicht weniger verbreitet ist es, korrupte europäische Unternehmen und gerissene europäische Politiker zu beschuldigen – mit deren Milliarden für Putins Gas würden Raketen gekauft, aber unter den Sanktionen litten die russischen Bürger. Der Soziologe Grigori Judin vertritt diese These in einem Artikel in der *Neuen Züricher Zeitung* besonders vehement: »Leider sind nicht die Russen das Problem. Das Problem ist, dass Wladimir Putin allzu gut verstanden hat, wie die moderne Welt funktioniert – er hat die Schwächen und Hebel erkannt, die man bedienen muss, um sie zu lenken. Die Gesellschaftsordnung, die er in Russland aufgebaut hat, ist eine radikale Version des modernen neoliberalen Kapitalismus, in dem die Gier herrscht, in dem das Maß aller Dinge der persönliche Wohlstand

---

7 Den Begriff hat Alexej Nawalny im Jahr 2018 für die Zeit nach seinem hypothetischen Wahlsieg geprägt; als wichtigsten Aspekt nannte er ein erstklassiges Bildungssystem. Der Begriff wurde zu einem geflügelten Wort vor allem bei Oppositionellen, die es mit unterschiedlichem Inhalt füllen. Anm. d. Ü.

ist – und Zynismus, Ironie und Nihilismus das rettende Gefühl von leichter Überlegenheit verleihen.«[8]

Aus diesem Blickwinkel hat der Krieg gegen die Ukraine seinen Ursprung nicht in Russland, sondern im kapitalistischen Westen. Mehr noch, ihm verdanken sich auch die Folgen des Krieges, von der Gefahr weltweiter Hungersnöte und steigender Benzinpreise bis zu hohen Inflationsraten in den entwickelten Ländern. Nach den Worten des in Russland sehr bekannten Politologen Wladimir Pastuchow »liegen die Gründe für all diese Disproportionen, diese Störungen, darunter Hungersnöte, starke Belastungen durch Migration und andere Herausforderungen der westlichen Zivilisation vonseiten der Peripherie, keineswegs in Russland; Russland ist selbst ein Ergebnis dieser Prozesse. Wir sind die Peripherie des globalen kapitalistischen Systems. In der Peripherie klingt alles viel lauter, viel extremer.«[9]

Kurz, auch Kriegsgegner in den Medien und sozialen Netzwerken schläfern das Bewusstsein der Russen eher ein, indem sie die Last der Verantwortung von ihnen nehmen, statt Instrumente und Institutionen für eine spätere Neuorientierung vorzubereiten. So etwa ein Anführer der Libertären Partei, Michail Swetow: »Ihr müsst euch für nichts schämen. Die Russen sind nicht schuld daran, dass Putin mit dem Geld aus Europa und den USA die Macht usurpiert hat. Der Krieg und Putins Diktatur haben dieselben Auftraggeber. Sie überweisen Putin jeden Tag Geld für die in Russland gestohlenen Ressourcen.«[10]

Sicher, in Russland lassen sich auch zahlreiche Stimmen der Reue, des Schmerzes und des Bedauerns über Fehler und Versäumnisse der letzten 30 Jahre hören: Man habe nicht in gebotenem Maße auf die Vernichtung der Zivilbevölkerung in Tschetschenien und Syrien reagiert, auf die wachsende Repression im

8 https://www.nzz.ch/feuilleton/ukraine-der-westen-und-die-russen-sitzen-im-selben-boot-ld.1690885?reduced=true. Ü. Jennie Seitz, Ruth Altenhofer. Original: https://meduza.io/feature/2022/07/01/uvy-delo-ne-v-russkih
9 https://www.svoboda.org/a/vladimir-pastuhov-tsel-etoy-voyny-voyna/319262 50.html
10 https://t.me/mrlibertarian/1361

Inneren, die vielen politischen Prozesse, die Unterdrückung bestimmter Ethnien wie Inguschen oder Krimtataren, man habe
sich nach 2014 an der kulturellen Aneignung der Krim beteiligt,
ganz zu schweigen davon, dass einige heute bekannte Putin-Geg-
ner früher für Geld oder Auszeichnungen mit der Regierung zu-
sammengearbeitet und ihre Position gefestigt haben. Aber der
Wunsch, die Last der Verantwortung von Hand zu Hand zu werfen wie eine heiße Kartoffel, ist doch stärker.

So machen Russen, die nach Kriegsausbruch emigriert sind, den
Dagebliebenen den Vorwurf, sie würden weiter Steuern für einen
terroristischen Staat zahlen, während die Dagebliebenen die Emi-
granten beschuldigen, sie seien aus Feigheit in ein bequemes Leben geflüchtet. Eine Sonderposition nehmen Vertreter der zahlreichen kleinen Ethnien in der Russischen Föderation ein, die
sich wegen ihrer schlechten Lebensbedingungen besonders häufig als Vertragssoldaten melden. Ihr Anteil an den in der Ukraine
Gefallenen ist überproportional hoch ist – die meisten Leichen-
transporte, von denen offiziell die Rede ist, gehen nach Dagestan
und Burjatien. Sie entdecken den Diskurs über Dekolonisierung
für sich und argumentieren, sie seien nicht etwa ethnische Russen,
sondern seinerzeit von Russen dominiert und assimiliert worden.
Es trifft sie sehr, wenn die ethnische Zugehörigkeit von Soldaten,
die Gräueltaten in der Ukraine begehen, plötzlich zum Thema
wird, wenn diese also nicht mehr als Russen, sondern als Kalmü-
cken oder Tschetschenen präsentiert werden.

Einige Russen wiederum sind froh, auf diese Weise die Schuld
an Kriegsverbrechen auf die vermeintliche Barbarei nichtslawi-
scher Ethnien schieben zu können. In den sozialen Netzwerken
heißt es gekränkt: »Ein Kalmücke hat dem ukrainischen Soldaten
die Genitalien abgeschnitten, aber schuld sind wieder mal wir Russen!« Selbst intelligente, gebildete Menschen scheinen manchmal
zu vergessen, dass die Wurzel des Bösen in der imperialistischen
Ideologie der »russischen Welt« steckt, die sich die »Verteidigung« alles Russischen auch außerhalb der Russischen Föderation
auf die Fahnen geschrieben hat. Sie stellen die Realität auf den

Kopf, indem sie zum Beispiel behaupten, Russland sei von Tschetschenen besetzt. »Die Tschetschenen leben schon lange nicht mehr unter russischer Besatzung. Eher ist es umgekehrt, sie zwingen Russland ihren Terror auf und treiben praktisch unbegrenzt Tribut von Russland ein«, schreibt Sergej Parchomenko in einem Streit auf Facebook über die Verantwortlichen für den Krieg.

Die staatliche Propaganda wiederum lässt Russen keine Chance, sich reinzuwaschen, denn sie erklärt alle Bürger der Russischen Föderation zu Russen, unabhängig von ihrer ethnischen Zugehörigkeit. Etliche Videos im Netz zeigen strahlende Jugendliche oder Leute in Nationaltrachten, die ihre unterschiedlichen Ethnien aufzählen (ich bin Tatarin, ich bin Lesgine, ich bin Mordwine), um dann im Chor auszurufen: Wir sind Russen! Oft inszeniert man diese Szene vor dem Hintergrund des Buchstabens Z. Auch Putins Pressesprecher Dmitri Peskow hat sich zu dem Thema geäußert: »Ein echter Russe schämt sich nie dafür, Russe zu sein; wer so etwas sagt, der ist kein Russe.«[11]

Alle diese deprimierenden Beobachtungen sagen mir, dass zu einem wirklich neuen Russland noch ein weiter Weg zurückzulegen ist – selbst wenn Putin morgen sterben sollte.

Die Teilmobilmachung, die in Russland sieben Monate nach dem Überfall auf die Ukraine ausgerufen wurde, schreckte die Bewohner der Russischen Föderation dann doch aus ihrer Vogel-Strauß-Haltung auf. Vielen wurde erst jetzt bewusst, dass im Nachbarland ein Krieg geführt wurde, der sie direkt betraf. Doch die Erkenntnis blieb unvollständig und vage. Vor allem Frauen unterschätzten das wahre Ausmaß des Grauens an der Front und schickten ihre Männer eilig zu den Wehrersatzämtern, nach dem Motto: Gehst du uns jetzt verteidigen oder nicht? Traf dann schon wenige Wochen später die Nachricht vom Tod des Familienernährers ein, waren sie fassungslos: »Wie hätte ich denn ahnen können, dass er umkommt!« Es gab aber auch Leute, die in blinde

11 https://www.kp.ru/video/871653/

Panik verfielen, innerhalb von wenigen Tagen zum Schleuder-
preis Wohnung oder Firma verkauften und überstürzt zur nächsten Landesgrenze aufbrachen.

Die Preise für Flugtickets nach Armenien oder in die Türkei
erreichten groteske Höhen. Tagelanges Ausharren an der Grenze
ohne Essen und Wasser, das Feilschen um einen Platz in der War-
teschlange (etwa vor der Einreise nach Georgien und Kasachstan),
aufgelöste Arbeitsverträge, fieberhafte Wohnungssuche, Über-
nachtungen in kommunalen Einrichtungen, Stress mit nicht funktionierenden Kreditkarten – solche einschneidenden Erfahrungen
machten im vergangenen Herbst Hunderttausende von Russen.
In Almaty, wo ich zurzeit lebe, konnte man täglich neue Geschichten von Leuten hören, die vor der Mobilmachung geflohen
waren. Da ließ zum Beispiel jemand sein Auto in der Dutzende
Kilometer langen Schlange vor dem Grenzübergang stehen und
pilgerte zu Fuß los; den Autoschlüssel hatte er ein Stückchen ab-
seits vergraben und mit einem Zeichen versehen, damit sein Vater
ihn ausbuddeln und das Auto zurückfahren konnte. In den nächsten Tagen verwandelte sich der betreffende Straßenrand in einen
Abtritt, und der Vater musste sich durch die Exkremente Hunder-
ter von Leuten wühlen, um an die Autoschlüssel zu kommen. Ein
anderer junger Mann ist während des Arbeitstages direkt aus dem
Büro zum Bahnhof geflohen und in den erstbesten Zug gestiegen,
begleitet von den Verwünschungen seiner älteren Verwandtschaft,
er sei ein Feigling und Verräter.

Für die meisten Flüchtenden war die elementare Angst um das
eigene Leben ausschlaggebend; nur bei wenigen wurde daraus ein
bewusster Protest gegen eine mögliche Mittäterschaft bei Kriegsverbrechen und Massenmord. Sobald Putin das Ende der Teilmobilmachung verkündete (wobei er wohlweislich keinen entsprechenden Erlass unterzeichnete), atmeten die meisten Geflohenen
auf und kehrten nach Russland zurück. Womöglich werden sie in
ein paar Wochen, bei der nächsten Einberufungswelle, aufs Neue
fliehen (ich kenne jemanden, der bei jedem Gerücht über eine be-
vorstehende Mobilmachung ins Ausland fuhr).

Die Teilmobilmachung, absurd und unrechtmäßig wie alles

heutzutage in Russland – es wurden auch chronisch Kranke, Väter mehrerer Kinder und ältere Männer eingezogen –, führte hier und da zu Protesten vor allem von Frauen (die lautesten gab es wohl in meiner Heimatregion Dagestan) und zu Aufständen von Mobilisierten, die ohne Vorbereitung, ohne Munition und Winterkleidung an die Front verfrachtet wurden. Erstaunlicherweise betrachten die meisten russischen Männer den Einberufungsbefehl regelrecht als Fatum und ziehen ergeben in die Schlacht. Dabei bräuchten sie ihn schlicht nicht entgegenzunehmen und würden damit juristisch bloß eine Geldstrafe riskieren – sich im Wehrersatzamt nicht zu melden und Befehle von oben nicht zu befolgen ist für diese Männer jedoch schrecklicher als der Tod und die Teilnahme an der Okkupation eines anderen Landes. Allerdings würde sich niemand von ihnen so ausdrücken. Den stündlichen Horror in der Ukraine betrachten die Einberufenen nicht als militärische Aggression, sondern als Verteidigung urrussischen Territoriums gegen Ansprüche der NATO. Und auch gebildete Hauptstadtbewohner, denen die Dinge klar sein müssten, sagen zu mir: »Wenn sie mich ziehen, gehe ich hin, gekniffen wird nicht.«

Wer es sich erst nach seiner Meldung im Wehrersatzamt anders überlegt, wird deutlich härter bestraft. Aber auch bis zu zehn Jahre Haft wären doch besser, sollte man meinen, als an der Front verheizt zu werden. Trotzdem verweigern sehr wenige den Einsatz. Einige Jungs verstümmeln sich, um nicht in die Ukraine zu müssen, trinken Essig oder brechen sich Arme oder Beine, aber auch das sind eher Ausnahmen. Die Mobilmachung holt sich die Mutlosesten und Verwundbarsten – Männer aus der tiefen Provinz, Bewohner verarmter Siedlungen und Dörfer, Vertreter aussterbender ethnischer Minderheiten. Geködert werden sie mit Almosen wie einmaligen Geldsummen oder Hilfe bei der Rückzahlung von Hypotheken, aber auch hier betrügt der Staat seine Leibeigenen und lässt sie gnadenlos im Stich. Die »Verteidiger« bekommen häufig nicht einmal ihren Sold und müssen sich obendrein ihre Ausrüstung auf eigene Kosten oder mit Hilfe privater Initiativen selbst beschaffen. Schon auf dem Weg an die Front sterben Leute an Erfrierungen, Alkoholmissbrauch und Herzinfarkt. Das schafft ein weiteres ethisches Problem für russische Kriegsgegner, ob sie noch im Land leben oder schon emigriert sind. Darf man Mitleid mit den »kleinen Leuten« haben, die der Staat als Kanonenfutter verheizt? Sollte man versuchen, ihre Lage zu verbessern? Oder ist es richtiger, ihnen jedes Mitgefühl zu verweigern, da sie es sind, die Unschuldigen Leid und Tod bringen?

Dieses Dilemma gewann geradezu explosive Bedeutung, als ein Moderator des unabhängigen TV-Kanals *Doschd*, der, in Russland verboten, seit Juli 2022 in Lettland sendete, in einer Live-Sendung dazu aufrief, notleidenden Mobilisierten zu helfen und über ihre Probleme zu berichten. Nach empörten lettischen Reaktionen wurde *Doschd* die Sendelizenz entzogen. Das wiederum rief in der russischen liberalen Öffentlichkeit einen Sturm der Entrüstung hervor: Für Humanismus und Mitgefühl dürfe man nicht bestraft werden. Das offizielle Russland sprach schadenfroh von Zensur und Unfreiheit in Europa, die gegen den Krieg auftretende Intelligenz begann sich mit neuem Elan zu streiten und demonstrierte wieder einmal ihre unterschiedlichen Haltungen und ihre Zersplitterung. Wieder einmal wurde deutlich, dass es auch progressiven Russen zum Teil extrem schwerfällt, ihre Fehler einzugestehen und sich ihren eigenen Problemen zuzuwenden, statt andere anzugreifen – der Wahrheit und nicht dem eigenen Verbrecherstaat gegenüber loyal zu sein. Wie schwer ist es offenbar, bestimmte Gewohnheiten aufzugeben: sich permanent gekränkt zu fühlen, sich für den Nabel der Welt zu halten, über die ständige Zurücksetzung und Unterdrückung von Russen zu klagen. Und wie schwer fällt es, wenigstens einmal damit anzufangen, für die eigenen Äußerungen und Handlungen Verantwortung zu übernehmen.

Kein anderes Land ist schuld an dem, was vorgeht. Niemand hat die Einberufenen mit Gewalt in die Wehrersatzämter gezerrt. Ohne Schengenvisum kann man überleben, nach dem Volltreffer einer Rakete im eigenen Wohnhaus nicht. Natürlich ist Mitleid mit infantilen Mördern zulässig, dazu hat jeder das Recht. Doch ihnen beizustehen ist zumindest amoralisch. Unterdessen vermehren sich die Unklarheiten und inneren Konflikte in den oppositionell eingestellten Schichten Russlands. Und manchmal kommen Zweifel auf, ob diese Einstellung tatsächlich in Opposition zur offiziellen staatlichen Überzeugung steht, die man so formulieren könnte: »Wir sind groß, wir dürfen alles.« Oder ob das nicht zwei Seiten der einen Medaille sind, die imperiale Ideologie heißt.

Dass es diese Zweifel und diese Verwirrung gibt, ist bereits eine Diagnose. Und die große Frage ist, wie wir aus dieser Lage wieder herausfinden.

August/Dezember 2022

Aus dem Russischen von Christiane Körner

Oksana Dutchak
Das Haus, in dem eine Frau wohnt

Es ist Ende März, ich stehe mit meinen beiden Kindern und dem Hund stundenlang in einer Schlange an der polnischen Grenze. Auf der anderen Seite verbringen wir mehrere Stunden in einem Zeltlager. Es wurde von Freiwilligen errichtet, hier bekommen die Kinder Spielzeug und Süßigkeiten. Wir warten auf das Auto, das uns weiterbringen soll – dorthin, wo wir eine vorübergehende Unterkunft vereinbart haben. Während dieser Zeit muss ich meine Gereiztheit unterdrücken und Journalisten abweisen, die unsere Geschichte hören wollen. Die Geschichte, wie wir zu Geflüchteten wurden.

Vor einem Monat wachten wir in Kyjiw von den Explosionen auf und fuhren sofort zu unseren Eltern in die Westukraine. Nachdem wir ein paar Wochen lang aus dem Küchenfenster den Militärstützpunkt angestarrt hatten, beschloss ich, mit den Kindern weiterzufahren, nach Westen. Ich hatte mehrere Kilo Gewicht verloren – der ständige Luftalarm, das Wissen, dass sich zweihundert Meter entfernt ein »legitimes militärisches Ziel« befand, raubte mir den Schlaf. In diesen Wochen wurde mir klar, dass ich mein Zuhause verloren hatte.

Nach dem 24. Februar 2022 mussten viele Menschen in der Ukraine ihre Häuser, Städte und Dörfer verlassen. Etwa sieben Millionen Menschen sind innerhalb der ukrainischen Grenzen vertrieben worden, etwa ebenso viele sind ins Ausland geflohen – vor allem Fauen. Auch wenn diese Zahlen sehr ungenau sind, so zeigen sie doch, dass es sich um die größte erzwungene Umsiedlung von Menschen in Europa seit dem Zweiten Weltkrieg handelt.

Verlorenes Zuhause, zerstörte Mauern

Durch ihren Status als Geflüchtete innerhalb der Ukraine und den vorübergehenden Schutz für Vertriebene im Ausland haben ukrainische Frauen Anspruch auf eine gewisse Unterstützung durch den Staat und internationale Organisationen. Allerdings kann dieser Status kein Zuhause ersetzen. Irgendwo zu Hause sein bedeutet ja oft nicht einfach nur ein Dach über dem Kopf zu haben, sondern vielmehr über ein Netzwerk von Unterstützung und sozialen Beziehungen zu verfügen und ein geregeltes Alltagsleben zu führen. Dieser Alltag stützte sich auf eine Infrastruktur und auf Institutionen, die einen großen Teil der Betreuungsarbeit übernahmen.

In der Ukraine hat die Betreuungsinfrastruktur, bestehend aus Kindergärten, Schulen, Krankenhäusern und sozialen Einrichtungen, die den Frauen zur Verfügung stehende Zeit, die in der modernen Gesellschaft durch die Ungleichheit der Geschlechter »aufgefressen« wird, zumindest teilweise ausgeglichen. Zeitmangel ist einer der Hauptfaktoren für den ungleichen Zugang von Frauen zu materiellen Ressourcen. Frauen in Elternzeit verlieren berufliche Kontakte und Routinen, ganz zu schweigen von einigen Jahren fehlender Entwicklungsmöglichkeiten. Und selbst wenn sie später auf den Arbeitsmarkt zurückkehren, liegt die Verantwortung für die Kinder (wie auch für die Betreuung anderer Familienmitglieder) automatisch bei ihnen. Dies resultiert in einer »Mutterschaftsstrafe« – ein von der Sozialforschung eingeführter Terminus für die fast durchgängige Beobachtung, dass Frauen mit Kindern weniger verdienen als Frauen ohne Kinder. Bei Männern existiert dieses Muster nicht. Genderstereotype und Vorurteile wirken zusätzlich verstärkend. »Haben Sie ein schlechtes Gewissen, weil Ihr Mann Elternzeit nimmt, während Sie arbeiten?«, fragte mich einmal eine Journalistin. Meinem Mann hätte sie diese Frage niemals gestellt. Ein Vater, der mit seinem Kind zum Arzt geht oder es vom Kindergarten abholt, ganz zu schweigen von der Teilnahme an Elternabenden und Feiern, sorgt in der ukrainischen Gesellschaft noch immer für Verwunderung.

Zweifellos gab es mit der Betreuungsinfrastruktur in der Ukraine große Probleme. Die neoliberale Regierungspolitik hat diese Infrastruktur ständig »optimiert«, was zu einer Verringerung der Zahl der Einrichtungen und der zugehörigen Plätze geführt hat. Die andere Seite der Medaille, über die in der Ukraine nur selten gesprochen wurde, ist die extrem schlechte Entlohnung derjenigen, wiederum meist Frauen, die in den Betreuungseinrichtungen arbeiten. In kaum einem anderen Bereich wurden vor dem Krieg so niedrige Löhne gezahlt.

Vor dem Krieg haben meine Kolleginnen und ich die Arbeitsbedingungen in ukrainischen kommunalen Kindertagesstätten untersucht. Wir sprachen mit Frauen, die dort als Erzieherinnen, Assistentinnen und Leiterinnen tätig waren, befragten sie über ihre Arbeit, ihr Gehalt, ihr Leben und ihr Überleben. Es wäre wohl übertrieben zu sagen, dass sie alle ihren eigenen alltäglichen Krieg führten, indem sie sich zwischen dem Bezahlen der Stromrechnung und dem Schuhkauf für ihre Kinder oder zwischen Medikamenten und gesunder Ernährung entscheiden mussten. Doch nach mehreren Gesprächen mit den Arbeitnehmerinnen, insbesondere mit alleinerziehenden Müttern, überwältigte mich der Zorn. Die Kindertagesstätten, eine der größten Stützen der Frauen in der Ukraine, konnten sich nur durch diese entwertete Arbeit über Wasser halten, durch diesen täglichen Versuch, irgendwie mit dem knappen Geld über die Runden zu kommen.

Die russische Invasion hat viele ukrainische Frauen sogar dieser Unterstützung beraubt. Jetzt sind Millionen von ihnen zwangsweise alleinerziehende Mütter – der Krieg hat sie gezwungen, ihre Männer, Familien und Freunde zu verlassen und mit den Kindern in sichere Länder zu fliehen. Zu Hause wurden in einem halben Jahr Krieg bereits hunderte Schulen, Kindergärten und Krankenhäuser zerstört. Anfang August vernichteten russische Raketen in nur einer Nacht alle Schulen in der Stadt Apostolowe in der Region Dnipropetrowsk.

Die Falle der (unsichtbaren) Arbeit

Auf der Flucht vor Krieg, Lebensgefahr und Zerstörung geraten Frauen mit Kindern in eine finanzielle Notlage. Um Geld zu verdienen, brauchen sie nicht nur einen Arbeitsplatz, woran es in der Abwärtsspirale der Wirtschaftskrise grundsätzlich mangelt, sondern auch Zeit – zumindest ein paar gesicherte Stunden am Tag. Für Frauen, die pflegebedürftige Kinder oder Erwachsene in ihrer Familie haben, sind ein paar gesicherte Stunden am Tag bereits Luxus. Schließlich leisten die Frauen in der Gesellschaft den Großteil der unsichtbaren Arbeit – sie wird in den eigenen vier Wänden oder in einer neuen Unterkunft verrichtet. Ohne diese Arbeit wäre das tägliche Überleben all derjenigen, die sich noch nicht oder nicht mehr selbst versorgen können, ganz unmöglich.

Die staatliche und kommunale Kinderbetreuung, die ihren Aufgaben schon vor dem Krieg nicht in vollem Umfang gerecht werden konnte, platzt in einer Krisensituation aus allen Nähten. Die Vertreibung innerhalb des Landes bedeutet, dass sich die Frauen an einem neuen Ort in die Betreuungsinfrastruktur integrieren müssen. Während ältere Kinder von den lokalen Behörden eingeschult werden müssen, sind Mütter kleinerer Kinder oft gezwungen, mit ihnen zu Hause zu bleiben, da es schon vor dem Krieg nicht genug Kindergartenplätze gab. Praktisch bedeutet dies, dass vielen von ihnen der Weg zu einer stabilen Beschäftigung und damit die Möglichkeit, für sich und ihre Familien zu sorgen, für lange Zeit versperrt ist.

In meinen sozialen Netzwerken finden sich jetzt nicht nur Nachrichten über den Krieg und Aufrufe, Geld für die Armee zu spenden, sondern auch Bitten um Hilfe für vertriebene Frauen. Hier ist eine Frau mit drei Kindern in eine halb verlassene Hütte in einer sichereren Region gezogen und sammelt Geld, um Brennholz für den Winter zu kaufen. Dort wird ein Teppich gesucht, der zumindest den Boden wärmt, auf dem das Baby krabbelt. Irgendwo in einer Frontstadt sind noch vier Generationen von Frauen, die wegen der bettlägerigen Urgroßmutter nicht wegkönnen – Arbeit gibt es nicht, das Geld reicht nicht einmal für das Nötigste. Jemand versucht, Strickwaren oder Selbstgekochtes zu verkaufen oder Maniküre zu Hause anzubieten – die wenigen Möglichkeiten, Geld zu verdienen, wenn man ein Baby auf dem Arm hat. Aber wie viele Kundinnen lassen sich finden, wenn der heimische Markt ganz auf das Überleben im Krieg umstellt? Wie viele handgefertigte Produkte werden in einer Gesellschaft benötigt, in der viele Menschen nicht einmal genug Geld für Lebensmittel haben, in der Millionen ihr Zuhause verloren haben?

Natürlich gibt es Überlebensstrategien für vertriebene Frauen mit Kindern. Diejenigen, die zumindest über eine gewisse Zeit frei von Betreuungsarbeit verfügen, versuchen, unter den Bedingungen einer katastrophalen Krise auf dem Arbeitsmarkt wenigstens irgendeine Arbeit zu finden. Es gibt zwar staatliche Unterstützung, aber sie ist nicht ausreichend, vor allem nicht für Menschen, die alles verloren haben. Sie kommt oft zu spät, und niemand weiß, wie lange sie angesichts eines langwierigen Krieges und der Zerstörung der Wirtschaft noch geleistet wird. Vertriebene Frauen können bei lokalen Behörden, internationalen Organisationen und Wohlfahrtsverbänden humanitäre Hilfe erhalten. Viel Unterstützung kommt von der Freiwilligenbewegung. Allerdings können all diese Hilfen nicht auf Dauer funktionieren – mit humanitärer Hilfe lässt sich kein Haus wieder aufbauen.

Alte und neue Probleme etablierter Systeme

Von den Millionen geflüchteter ukrainischer Frauen landen die meisten in Polen, in Deutschland und in Moldau. Viele versuchen, so nah wie möglich an der verlassenen Heimat zu bleiben oder in ein Land zu gehen, das Neuankömmlingen umfangreiche Unterstützung bietet. Auch wenn sie in Länder gekommen sind, die viel Erfahrung mit der Aufnahme von Geflüchteten haben – die verlorenen Verbindungen lassen sich nicht gleich wieder herstellen, und der Zugang zur Betreuungsinfrastruktur ist schwierig. In vielen Ländern wird ebenfalls seit Jahren eine neoliberale »Optimierungspolitik« der Betreuungseinrichtungen betrieben, und die niedrigen Gehälter führen zu chronischem Personalmangel.

Deutschland, mit dessen Erfahrungen ich nun persönlich vertraut bin, bietet vermutlich die größten Unterstützungs- und Integrationsleistungen in der Region. Aber schon vor der Ankunft der ukrainischen Geflüchteten fehlten in vielen deutschen Kindergärten und Schulen Plätze und Personal. Zurzeit gibt es einen großen Mangel an Lehrern, die in den Bildungseinrichtungen arbeiten und den neu angekommenen ukrainischen Kindern Deutsch beibringen könnten. In weniger wohlhabenden Ländern wie Polen und Moldau, die im Verhältnis zu ihrer Bevölkerung die meisten Geflüchteten aus der Ukraine aufgenommen haben, werden all diese Probleme durch den Mangel an Ressourcen zur Unterstützung der Menschen und des Integrationssystems noch vervielfacht.

Die Schule meines Sohnes ist seit mehreren Monaten nicht in der Lage, vier freie Stellen mit Lehrkräften zu besetzen. Wartelisten für Kindergartenplätze zum Zeitpunkt der Geburt oder sogar noch während der Schwangerschaft sind in EU-Ländern keine Seltenheit. Von ukrainischen geflüchteten Frauen ist immer wieder zu hören, dass sie mehrere Monate im Voraus einen Arzttermin vereinbaren müssen.

Die Moderatorin eines Chats zur Unterstützung ukrainischer Familien, die mit Kindern in einer deutschen Stadt zurechtkommen müssen, kann ihre Ohnmachtsgefühle nicht verbergen: »Und jetzt stellen Sie sich vor, dass 12 000 Menschen, von denen fast die Hälfte Kinder sind, neu in eine Stadt kommen, in der schon letztes Jahr einige tausend Plätze in Kindergärten und Krippen fehlten. Hier ist einfach alles überlastet.« Das enorme Ausmaß der Vertreibung kann selbst in gut etablierten Systemen Chaos verursachen.

Stundenlanges Anstehen für Dokumente, bürokratische Teufelskreise – mit all dem fertigzuwerden ist selbst für diejenigen, die keine Kinder oder hilfsbedürftige Verwandte haben, eine Herausforderung. Wer sich dazu noch um andere Familienmitglieder kümmern muss, gerät irgendwann an den Rand seiner Kräfte, manche sind dem Nervenzusammenbruch nah. Eine meiner neuen

Bekannten muss jeden Tag um fünf Uhr morgens aufstehen, um ihre Hausaufgaben für den Integrationskurs zu machen, bevor sie ihre Kinder zur Schule bringt. Viele, die zurückkehren wollen und keine Dokumente der ukrainischen Schule mitgenommen haben, müssen nachmittags Lehrerin spielen und versuchen, mit ihren Kindern den ukrainischen Lehrplan nachzuholen. Das ist auch meine Erfahrung: Während mein Mann in seinen Pausen bei der Armee den Zoom-Unterricht mit unserem älteren Sohn übernimmt, arbeite ich mit dem jüngeren den ukrainischen Lehrplan durch. Hinzu kommt das Mikromanagement diverser Aufgaben und Angelegenheiten in vier Schulchats (zwei ukrainische und zwei deutsche), die Hausarbeit und meine eigene Arbeit. Ewige Begleiter sind chronischer Schlaf- und Zeitmangel.

In Deutschland muss man Integrationskurse besuchen, wenn man Sozialleistungen erhält. Um an einem Integrationskurs teilnehmen zu können, müssen die Frauen jedoch zumindest ein paar Stunden am Tag frei haben. Ist für ein Kind noch kein Kindergartenplatz gefunden oder ist es noch nicht eingeschult, ist auch der Weg zu den Kursen versperrt. Oder die Frauen suchen sich irgendwie einen Ausweg. So ließ meine neue Freundin beispielsweise zwei Kinder im Grundschulalter mehrere Wochen lang täglich allein zu Hause. Solche Fälle sind keine Seltenheit.

Dauerhaft im Provisorium

Die »Richtlinie zum vorübergehenden Schutz«, die die EU-Länder erstmalig aktiviert haben, hat zu vielen Diskussionen geführt. Sie drehten sich hauptsächlich um die Kritik an der ungleichen Behandlung ukrainischer Geflüchteter und Geflüchteter aus anderen Ländern in Hinblick auf ihren Status.

Ukrainische Staatsangehörige konnten bereits seit Juni 2017 ohne Visum für 90 Tage in die Mitgliedsstaaten der EU einreisen. Heute wird ihnen auch ohne Asylverfahren vorübergehender Schutz gewährt. Wenn ich die Geschichten von Frauen aus Syrien oder Afghanistan höre, die genauso wie wir vor einem Krieg geflohen sind, kann ich ihre Empörung gut verstehen. Nach monatelangem Ausharren in Lagern unter schwierigsten Bedingungen, nach den Nachrichten über Dutzende von Menschen, die bei dem Versuch, europäische Länder zu erreichen, auf dem Meer ums Leben kamen, nach den beschämenden Zuständen an der belarussisch-polnischen Grenze haben sie allen Grund, empört zu sein. Bitter ist nur, dass sich diese Empörung manchmal nicht gegen die »Festung Europa«, sondern gegen ukrainische Geflüchtete richtet.

Aber auch Politik und Gesellschaft der Ukraine werden durch diese schmerzliche Erfahrung ihre vorurteilsbehaftete Einstellung gegenüber Geflüchteten aus anderen Regionen der Welt ändern müssen. Ich hoffe, dass ich von Ukrainern künftig seltener die Frage höre: »Warum wollen die eigentlich alle nach Deutschland? Warum gehen die nicht in die Nachbarländer?« Ich hoffe, dass seltener mit dem Finger auf Geflüchtete gezeigt wird, die ein iPhone besitzen. Eine Bekannte von mir, ebenfalls Geflüchtete, erzählt mit einem gewissen Erstaunen von der Kommunikation mit Syrern im Integrationskurs und stellt fest, dass wir viel mehr mit diesen Menschen gemeinsam haben, als sie dachte. Leider sehe ich aber auch, dass viele durch ihre eigenen Erfahrungen als Geflüchtete ihre Vorurteile gegenüber Menschen aus anderen Ländern eher noch verstärken als sie zu überwinden.

Hinter dem vorübergehenden Schutzstatus, den ukrainische Geflüchtete beanspruchen können, verbirgt sich jedoch eine weitere Frage, nämlich die Dauer der Befristung. Neben einem möglichen institutionellen Rassismus, der eine Rolle dabei spielen mag, dass Menschen aus nichteuropäischen Ländern keinen solch beispiellosen Schutz erhalten, scheint man in den europäischen Institutionen zunächst davon ausgegangen zu sein, dass die Ukrainerinnen früher oder später (vermutlich sogar eher früher als später) zurückkehren werden. Seit offensichtlich ist, dass sich der Krieg über Monate oder sogar Jahre hinziehen kann, erhält die Frage des vorübergehenden europäischen Schutzes eine neue Brisanz. Vor dem Hintergrund eines noch nie da gewesenen Krieges müssen die gravierenden infrastrukturellen Mängel behoben werden. Man kann sich nicht einfach darauf zurückziehen, dass die »Welle« bald abebben und zurückrollen wird. Wenn der politische Wille vorhanden ist, werden die reicheren Länder diese Probleme lösen. Die weniger wohlhabenden Länder können unter diesem Druck in eine langwierige Krise geraten.

Auf dem Hof einer deutschen Grundschule regen sich die ukrainischen Mütter darüber auf, dass ihre Kinder seit einem Monat die Schule besuchen und immer noch keinen Deutschunterricht haben. Unsere Lehrerin ist wie wir auch erst kürzlich mit ihrem jüngeren Sohn aus der Ukraine gekommen. Ihr älterer Sohn dient in der Armee, und ihr Mann ist bei der Polizei. Sie versucht, den Kindern all das beizubringen, was sie selbst gerade im Integrationskurs gelernt hat. Von einem »Eintauchen« in die deutsche Sprache, wie es die Eltern erwartet haben, kann natürlich nicht die Rede sein. Ein Teil des Problems ist der chronische Mangel an qualifizierten Lehrkräften, an denen plötzlich ein nicht zu deckender Bedarf besteht. Aber die Rhetorik der Schulleitung, die als mechanische Stimme aus einer Übersetzungsapp tönt, trägt nicht gerade zum Verständnis bei: »Vielleicht brauchen Ihre Kinder gar kein Deutsch, weil Sie ja bald nach Hause zurückkehren.« Die Frauen aus Mariupol und Kramatorsk fragen verhalten: »Nach Hause?« »Wir kommen aus Mariupol, wohin sollen wir denn zurück?«, beschwert sich eine von ihnen fast weinend nach dem Treffen mit dem Direktor bei anderen Müttern.

Die Schulleitung verweist auf das ukrainische Konsulat – Gerüchten zufolge ist die Integration ukrainischer Kinder in Deutschland aus Sicht des Konsulats nicht nötig. Wir treffen uns mit dem Direktor und lassen ihm über einen Dolmetscher erklären, dass wir wollen, dass unsere Kinder richtig Deutsch lernen. Ob die Gerüchte wahr sind, wer woran schuld ist oder welche systemischen Probleme oder Krisen zu dieser Situation geführt haben, ist eine andere Frage. Es ist jedoch evident, dass viele ukrainische Geflüchtete keinen Ort mehr haben, an den sie zurückkehren könnten. Ihr Zuhause existiert physisch nicht mehr – ein Dach über dem Kopf, eine Infrastruktur, in die sie integriert waren, ihr tägliches Leben, ihre Unterstützungsnetzwerke, das gibt es alles nicht mehr für sie. Einige, die nach 2014 aus der Ostukraine in die von der Regierung kontrollierten Teile der östlichen Regionen oder in die Kyjiwer Vororte geflohen sind, erleben den Verlust ihres Zuhauses schon zum zweiten Mal. Für viele von ihnen wird die Vertreibung dauerhaft sein. Sie müssen sich ein neues Zuhause aufbauen.

Unterstützung und Selbstorganisation

Meine Erfahrung mit dem deutschen Förder- und Integrationssystem beginnt mit den Dokumenten. Zuerst muss man mit zwei Kindern mehrere Stunden lang Schlange stehen, um einen Termin für die Anmeldung ein paar Tage später zu bekommen. Wir bekommen einen Terminzettel und kehren nach ein paar Tagen zurück. In einer Schulturnhalle müssen nacheinander vier Warteschlangen absolviert werden – das dauert sieben Stunden. Ich bewundere die grenzenlose Geduld meiner Kinder und mache mir – wie auch jetzt noch – Sorgen, welchen Einfluss diese Erfahrung wohl auf sie haben wird. In einer Situation zu sein, in der man keine andere Wahl hat, als zu warten und sich zu gedulden, ist nicht die Lektion, die ich ihnen in diesem Alter gewünscht hätte.

Freiwillige, die Ukrainisch, Russisch oder Englisch sprechen – aus Deutschland, Russland, Belarus, dem Iran, den USA, Georgien und anderen Ländern –, helfen den Menschen beim Ausfüllen der Formulare und dolmetschen bei den Gesprächen. In der Turnhalle haben sich zahllose Frauen mit Kindern eingefunden. Die Kinder sind laut und unruhig, der Lärm lässt nicht einen Moment nach. Freiwillige Helfer versuchen, die Kinder zu füttern und zu unterhalten. In einer provisorischen Kinderecke gibt es Spielzeug und Buntstifte; eine hochschwangere Deutsche liest den Kindern ein Buch vor, und obwohl niemand Deutsch versteht, folgen die Augen der aufmerksamsten Kinder den bunten Illustrationen. Einige lernen Gleichaltrige kennen und spielen mit ihren neuen Freunden, rasen zwischen den Stühlen herum, auf denen müde Erwachsene hocken. Großmütter, Schwestern,

Freundinnen und ältere Kinder versuchen, die Jüngeren zu beschäftigen. Neben mir sitzen drei Familien aus der Ostukraine, die aus einem Übergangslager zur Registrierung gebracht wurden. Drei Generationen – fünf Erwachsene und acht Kinder vom Kindergarten- bis zum Teenageralter. In diesem Wirrwarr ist schwer auszumachen, wer wessen Mutter, Tante oder Großmutter ist. Sie werden von allen, die noch Kraft haben, gefüttert, unterhalten und »erzogen«. »Ich hatte Arbeit, eine Wohnung – jetzt habe ich nichts. Jetzt bin ich ein Niemand«, höre ich Gesprächsfetzen.

Dies ist eine typische Szene aus den Anfängen des Lebens als Geflüchtete. Und doch muss niemand mit all diesen Problemen und Herausforderungen allein sein. Die Frauen können sich externe und interne Unterstützung holen. Extern ist die Hilfe der lokalen Gemeinschaften, der Freiwilligen. Sowohl in der Ukraine als auch im Ausland setzte mit dem Beginn der groß angelegten Invasion eine umfangreiche Mobilisierung von Freiwilligen ein. Den Menschen wurden vorübergehende Unterkünfte, Hilfe bei der Erledigung der Formalitäten, Dolmetschen, Beratungen, Begleitung und vieles mehr angeboten.

In der deutschen Stadt, in die ich kam, wurden Telegram-Chats zu verschiedenen Fragen organisiert: von der Wohnungssuche über Rechtsberatung bis hin zu Beratungen für Haustierbesitzer und einem separaten Chat für Familien mit Kindern. Die Fragen im Chat für Familien mit Kindern drehen sich vor allem um die Betreuungsinfrastruktur: Wie findet man einen Kindergarten- oder Schulplatz? Wo findet man einen ukrainisch- oder russischsprachigen oder überhaupt irgendeinen Kinderarzt, der noch Termine vergibt? Welche kostenlosen Freizeitangebote gibt es für Kinder? Wo kann man als Familie das Wochenende verbringen? Eine ganze Reihe von Organisationen und Initiativen bot Hilfe bei der Kinderbetreuung an – sowohl in der Ukraine als auch im Ausland. Natürlich ist so eine Hilfe in der Regel unregelmäßig oder selten, z. B. ein Malzirkel, wohin man die Kinder einmal pro Woche für ein paar Stunden bringen kann. All dies zusammen gab den Frauen jedoch die Möglichkeit, Luft zu holen, sich zu orientieren und sich einigermaßen einzuleben – erste Schritten hin zu einem neuen Alltag.

Eine weitere – interne – Quelle ist die Aktivierung bestehender und die Schaffung neuer Unterstützungsnetzwerke. Wer bei Verwandten untergekommen oder mit ihnen zusammen geflüchtet ist, wer sich mit Freundinnen auf den Weg gemacht hat oder ihnen hinterhergefahren ist, konnte damit rechnen, dass ein Teil der Betreuungsarbeit von diesen Menschen übernommen wird. Ich vermute, dass die Unmöglichkeit, zusammen mit Verwandten zu fliehen – aus welchen Gründen auch immer –, viele Frauen mit kleinen Kindern davon abhält, an einen sichereren Ort zu ziehen.

Als ich hier in Deutschland ein paar Mal in eine andere Stadt fahren musste, habe ich meine Kinder bei einer Freundin gelassen, die ich zufällig wiedergetroffen hatte. Wir sind nicht zusammen geflüchtet. Ich war unglaublich erleichtert, dass wir wie durch ein Wunder in derselben Stadt gelandet waren. Die Angst davor, was passieren könnte, wenn etwas schiefläuft, wenn ich oder eines der Kinder ernsthaft erkranken, wenn andere unvorhergesehene Umstände eintreten, dass es niemanden gibt, der dann für mich einspringen könnte, und einfach die Erkenntnis, dass ich ganz allein für die Betreuung der Kinder zuständig bin – das war völlig neu für mich.

Mein Mann, mit dem ich mir die Betreuungsarbeit zu Hause geteilt hatte, war nicht bei mir, auch nicht die Großmütter, die die Kinder in den Ferien hätten nehmen, keine anderen Verwandten und Freunde, die im Falle höherer Gewalt hätten aushelfen können. Die Last der alleinigen Verantwortung für zwei Kinder und einen Hund war kaum noch erträglich.

»Heute bin ich mal eure Mama«, sagte meine Freundin zu meinen Söhnen, als ich auf Dienstreise fuhr und sie zum ersten Mal bei ihnen blieb. »Du bist nicht unsere Mama«, bekam sie mit kindlichem Ernst zu hören. »Gut, dann bin ich heute mal eure Babysitterin«, stimmte sie zu.

Nach mehreren Dienstreisen hatten sich die Kinder schon daran gewöhnt, dass die »Babysitterin« kam, und der Hund begrüßte sie freudig an der Tür. Meine Last war um ein paar Gramm leichter geworden. Auch wenn ich nicht oft auf solche »Sicherheiten« zurückgreife, ist allein die Erkenntnis, dass ich in dieser Situation nicht ganz allein bin, eine unglaubliche Erleichterung.

Unterstützungsnetzwerke werden auch in der Ukraine häufig genutzt – insbesondere von Frauen. Da in erster Linie von ihnen erwartet wird, dass sie sich um andere Familienmitglieder kümmern, knüpfen auch sie üblicherweise ein Netz – meist wiederum mit anderen Frauen. Wenn wir über die Arbeit, die Familie, den Alltag, Filme oder Bücher reden, uns im Park treffen, telefonieren oder Nachrichten austauschen, scheint es, als würden wir zwischen uns Fäden spinnen. Wenn der Kindergarten später öffnet, als die Arbeitsschicht beginnt, kann die Tochter von der Nachbarin gebracht werden; wenn dem Sohn in der Schule schlecht wird und man am anderen Ende der Stadt arbeitet, kann die Schwester schnell hinfahren. Ganz zu schweigen von den Großmüttern, die manchmal die Betreuung von Vorschulkindern fast vollständig übernehmen können. Natürlich gibt es auch Männer in diesem Puzzle – Partner, Großväter, Brüder –, aber in einer Gesellschaft mit geschlechtsspezifischen Zuweisungen haben sie einen viel geringeren Anteil.

Die Fähigkeit, ein solches Netz zu knüpfen, brauchten auch viele Geflüchtete, die ohne Verwandte oder Freundinnen ausgereist waren. Die Frauen lernen sich kennen – in den Notunterkünften, in den Warteschlangen staatlicher Einrichtungen, in den Kindergärten, Schulen, Vereinen, in die ihre Kinder gehen, auf den Spielplätzen. Das gibt ihnen nicht nur die Möglichkeit, Gesellschaft für sich und ihre Kinder zu finden, sondern auch, sich gegenseitig bei der Kinderbetreuung zu unterstützen. In der Schule, die meine Kinder besuchen, vereinbarten mehrere Frauen, die in der Nähe wohnten, ihre Kinder abwechselnd abzuholen. Die Mutter eines Mädchens rief mich kürzlich an, als ich auf dem Weg war, meinen Sohn von der Schule abzuholen, und bat mich, ihre Tochter zur Straßenbahn mitzunehmen und darauf zu achten, dass sie an der richtigen Haltestelle aussteigt. Ihr jüngeres Kind musste dringend zum Arzt. Am Anfang, als wir uns in einer fremden Umgebung wiederfanden, habe ich sogar beobachtet, wie diese Unterstützung durch Anfragen in sozialen Netzwerken und Chats gesucht wurde: »Hallo. Ich bin auf der Suche nach Eltern, mit denen ich abwechselnd die Kinder betreuen kann. Ich muss vormittags zum Deutschkurs.« Die typische Suchanfrage einer Frau.

Sowohl in der Ukraine als auch im Ausland überbrücken solche Verbindungen häufig die Lücken in der Betreuungsinfrastruktur und helfen in Notfällen. Sie halten den Alltag zusammen. Diese Netzwerke sind einerseits selbstverständlich, andererseits bieten sich den Frauen Chancen, neue Erfahrungen zu machen. Auch wenn die Netzwerke oft erzwungenermaßen entstanden und in das System der Ungleichheit zwischen den Geschlechtern eingewoben sind – immer geht es dabei auch um Solidarität. Allerdings kann diese Alltagssolidarität nur dabei helfen, inmitten von systemischen Problemen zu überleben, die sie aber nicht lösen kann. Für eine Lösung ist politische Solidarität erforderlich.

(Neu-)Aufbau

Zahlreiche Menschen haben die Ukraine jetzt verlassen, die meisten von ihnen im arbeitsfähigen Alter, junge Menschen, Kinder. Dieser Exodus biblischen Ausmaßes verläuft nicht linear – viele werden zurückkehren; einige derjenigen, die innerhalb des Landes vertrieben wurden, werden das Land wahrscheinlich noch verlassen. Ihr weiteres Schicksal wird von diversen Faktoren abhängen: vieles läuft darauf hinaus, ob es ihnen gelingen wird, dort, wohin der Krieg sie gezwungen hat, Fuß zu fassen.

Je länger der Krieg dauert, desto mehr Gründe gibt es zu bleiben. Ungeachtet der Signale ukrainischer Behörden, dass die Integration ukrainischer Kinder unerwünscht sei, ungeachtet der systemischen Probleme in den Aufnahmeländern, die das Chaos der Massenvertreibung nicht bewältigen können – früher oder später wird die Integration beginnen. Für einige hat sie bereits begonnen – Kinder wurden in Schulen mit funktionierenden Integrationsklassen oder in reguläre deutsche Kindergärten aufge-

nommen, Erwachsene besuchen bereits Integrationskurse. Mit
der Zeit werden wir uns immer besser in den lokalen Einrichtungen zurechtfinden, die Sprache immer besser erlernen. Unsere
Kinder werden neue Freunde finden und wir neue Freundinnen
und neue Unterstützungsnetze. Schon nach wenigen Monaten in
Deutschland habe ich festgestellt, dass es sich anfühlt, als käme
ich nach Hause, wenn ich in meine Mietwohnung zurückkehre,
auch wenn es nur ein vorübergehendes Zuhause ist.

Bei vielen steht das Heimweh dem Integrationserfolg im Wege.
Aus den Gesprächen in meinem Umfeld geht hervor, dass momentan fast alle planen zurückzukehren. Sogar diejenigen, deren
Städte in Trümmern liegen. »Ich dachte, wir würden in einem
Monat zurück sein«, seufzt eine Frau, die die Ukraine schon vor
einem halben Jahr verlassen hat. »Vielleicht noch überwintern,
aber dann können wir zurück«, sagt eine andere, die vor dem Krieg
aus Kramatorsk geflohen ist. Die dritte, ebenfalls aus der Ostukraine, erzählt, wie sie in einer deutschen Einrichtung in Tränen
ausgebrochen ist, als sie eine Schlange ukrainischer Geflüchteter
sah, die sich abmelden wollten – der Ort, aus dem sie kamen, war
schon befreit worden.

Für die Rückkehr vieler Menschen, die sich in den Aufnahmeländern integrieren und ein vorübergehendes Zuhause aufbauen,
müssen nicht nur ihre Heimatregionen befreit werden, es muss
auch dafür gesorgt werden, dass das Zuhause nicht nur ein Dach
über dem Kopf bedeutet, sondern dass sie sich dort auch ein ver-
nünftiges Leben aufbauen können. Die Interessen von Frauen,
insbesondere von Frauen mit Kindern, müssen berücksichtigt
werden. Damit sie ermutigt werden, die Grundlage für eine neue
Heimat und ein neues Leben in der Ukraine und nicht im Ausland zu suchen, muss der Wiederaufbau diese Grundlage schaffen. Zeit sollte als unbedingt notwendige Ressource begriffen
werden – besonders für Frauen. Eine hochwertige und zugängli-
che Betreuungsinfrastruktur – für Kinder, ältere Menschen und
pflegebedürftige Erwachsene. Nicht zuletzt nach dem Zustand
dieser Infrastruktur werden sie entscheiden, ob sie es sich leisten
können, im Land zu bleiben oder dorthin zurückzukehren.

Dabei ist auch wichtig zu verstehen, dass die ukrainischen Frauen angesichts der Dynamik der Kriegshandlungen bis zu deren Ende ein gewisses Maß an Stabilität und Integration erreicht haben werden – in den neuen Gemeinschaften, auf dem Arbeitsmarkt und in der Infrastruktur. Sie werden also eine Entscheidung treffen, die nicht nur auf ihren alten Erfahrungen des Lebens in der Ukraine, sondern auch auf ihren Erfahrungen im Ausland beruht, und diese Erfahrungen mit den Perspektiven vergleichen, die sie für sich und ihre Kinder in der Nachkriegsgesellschaft sehen. Ob die Perspektive des Wiederaufbaus für ukrainische Frauen eine Rückkehr attraktiv macht, wird von vielen politischen Entscheidungen und dem gesellschaftlichen Druck abhängen, der aus politischer Solidarität erwachsen kann. Es lässt sich jedoch fast sicher sagen, dass angesichts der systemischen sozioökonomischen Probleme, die wir vor dem Krieg hatten, weit weniger Frauen bereit sein werden zurückzukehren, wenn der Wiederaufbau nach dem Krieg kein Neuaufbau sein wird.

Aus dem Ukrainischen von Lydia Nagel

Angelina Kariakina
Die Stadt, die sich gewehrt hat

Nach meiner Ankunft in Mariupol stehe ich auf dem Bahnsteig und atme tief ein: Meeresluft und etwas anderes, ein leicht bitteres Aroma. Der Geruch des Meeres lässt mein Herz schneller schlagen – so muss wohl die Hoffnung, muss ein neues Leben riechen. Der andere Geruch ist nur mit Hilfe der Einheimischen zu erraten. Sie haben sich über ein halbes Jahrhundert lang daran gewöhnt: Asow-Stahl – eines der größten metallurgischen Kombinate Europas; mit einer Fläche von mehr als elf Quadratkilometern gleicht es einem riesigen Ungetüm, das Dampf und dunklen Rauch atmet. Aus einem anderen Blickwinkel – und sehen kann man es von vielen Punkten der Stadt aus – ist es eine von Wasser umgebene, mit Metallkonstruktionen und Rohren bedeckte Insel: Asow-Stahl ist sowohl Symbol und Herzstück der Wirtschaft der Stadt (mit Tausenden Arbeitsplätzen) als auch einer der größten Umweltverpester. Ein paar Monate später werden in einer der Werkhallen Arbeiten durchgeführt, danach wird verkündet, die Schadstoffemissionen seien reduziert worden. Aber davon weiß ich noch nichts. Es ist Ende April 2019. Ich weiß einfach gar nichts über die Zukunft – weder über meine eigene noch die der Ukraine noch die von Mariupol. Heute kann ich nur sagen, dass ich damals ein glücklicher Mensch war.

Damals kam ich zum ersten Mal seit Beginn des Donbas-Krieges in die Stadt, die den militärischen Interventionen Russlands 2014 und dem Beschuss 2015 standgehalten hatte. In den Vororten wird auch jetzt noch gekämpft, aber es gibt eine klare Frontlinie. Obwohl die Kämpfe kaum zwanzig Kilometer vom Zentrum entfernt sind, gilt Mariupol als sichere Stadt. Nach der Besetzung von Donezk teilten sich Kramatorsk und Mariupol die Verwaltung des gesamten Gebietes Donezk. Hier entstehen neue Verwaltungszentren, Parks und Plätze; Kunstfestivals und

Ausstellungen werden organisiert. Viele Menschen sind aus den besetzten Teilen des Donezker Gebiets und aus Donezk selbst, vor dem Krieg eine große und wohlhabende Stadt, nach Mariupol gezogen. Das Regiment Asow, das die Stadt seit 2014 verteidigt, ist in einer Stärke von etwa eintausend Soldaten hier stationiert. Auch sie leben sich ein, kaufen Wohnungen und gründen Familien. Sie, die Militärangehörigen, sind die neuen Einwohner Mariupols. Auch Bekannte von mir, Künstler, Freiwillige und Kuratoren, kommen hierher. Es ist die Blütezeit des Ruhms von Mariupol, einer Stadt der Hoffnung – der Hoffnung, dass es möglich ist, sich vor dem Krieg zu schützen, den Donbas wieder aufzubauen, in Freiheit und Sicherheit zu leben. Im Herbst 2019 wird Präsident Selenskyj beschließen, ein Investitionsforum in Mariupol zu veranstalten. Große ausländische Unternehmen, Vertreter der Europäischen Kommission, der Europäischen Bank für Wirtschaft und Wiederaufbau und der Weltbank sowie alle Botschafter der G7 sollen direkt in die Frontstadt eingeladen werden. Der Flughafen wird aus Sicherheitsgründen geschlossen, es gibt nicht genügend Züge, aber bis das Forum beginnt, werden 30 Kilometer neue Straße aus Saporischschja fertiggestellt sein. »Verschlafen Sie nicht die Ukraine, das Land der Möglichkeiten«, wird Selenskyj an die ausländischen Unternehmer und Politiker appellieren. Er steht auf einer Bühne, die man auf dem Platz vor dem Theater errichtet hat. Nirgendwo sonst in der Stadt können sich die fast 700 Forumsteilnehmern versammeln.

Mein Mann begleitet mich auf meiner Recherchereise nach Mariupol. Wir haben Freunde hier, die wir schon längst einmal besuchen wollten. Für ein paar Tage dürfen wir eine kleine Wohnung in einer Chruschtschowka nutzen. Auf der Fahrt durch die Stadt fällt uns auf, wie neu und sauber sie wirkt vor dem Hintergrund der üppig grünen Bäume: die weiß gestrichenen Bordsteine leuchten in der Sonne, die Namen von Geschäften, Apotheken, Banken und Postämtern strahlen besonders hell. Selbst gewöhnliche Häuser aus Sowjetzeiten, darunter unser grauer Plattenbau, wirken wie frisch gestrichen. Ende April sieht vermutlich immer alles sauber und hell aus. Aber mein Eindruck ist nicht falsch:

Hier wird wirklich ständig etwas eröffnet, gebaut, gestrichen. Ich war schon in vielen Städten des Donbas unterwegs, doch eine solche Energie und so viel Hoffnung habe ich nirgendwo gespürt. In einer bedeutenden Industrieregion brauchen nicht ganz so bedeutende Städte neben Ressourcen und Menschen auch eine Idee, um wieder aufleben zu können. In Mariupol war sie auf Schritt und Tritt zu spüren: Dies ist eine Stadt, die, wenn auch noch nicht den Krieg, so aber schon die Angst besiegt hat.

Wir werden von Mischa empfangen, einem »Neu-Mariupoler«, einem Freund und Kollegen meines Mannes. Mischa ist Leiter der Streifenpolizei der Stadt und des gesamten Donezker Gebiets. Er stammt ursprünglich aus Donezk und hat die Stadt während der russischen Aggression verlassen, weil er sich weigerte, unter der Besatzung zu leben – er wurde Kämpfer und Freiwilliger. Später ging er zur neu gegründeten Streifenpolizei. Sie sollte ganz anders werden als die alte, korrupte Miliz, die nach den Morden an Demonstranten auf dem Maidan 2014 völlig marode war. Mischa wurde keineswegs sofort Leiter in Mariupol – sein Weg war nicht einfach. Denn er liebt seine Arbeit fast bedingungslos und hasst das alte System, was gelegentlich Probleme machte. Wenn die Stadt versucht, ihn abzusetzen, starten Aktivisten aus Mariupol einen Flashmob zu seiner Unterstützung. Die Unterstützung eines Polizisten durch die Zivilgesellschaft, noch dazu im Donbas, ist ganz und gar außergewöhnlich. Aber das ist Mariupol, hier ist jetzt alles möglich. Mischa zeigt uns die Stadt mit so viel Stolz und Respekt, als wäre es seine Heimatstadt. Erst später wird mir klar, dass man auch Heimatstädte wählen kann. Und für viele Menschen ist Mariupol genau das geworden – eine Wahlheimat. Mischa geht mit uns zum »Regenbogenpark«, der gerade eröffnet wurde. Einige Beete werden gerade noch bepflanzt. Aber Tausende von bunten Tulpen blühen schon. Mit einem kindlichen Lächeln führt er uns von einem Blumenbeet zum anderen – rot, weiß, lila, rosa. »Moment, es gibt natürlich auch schwarze.« Die Köpfe der schlanken Pflanzen ähneln Kohle.

Spätabends am Dock der Asow-Werft, eine der größten in Ost-

europa. Um uns herum riesige Hafenkräne, die sich im Takt zu
einer Musik bewegen. Fasziniert stehen wir vor diesem Spektakel
und können uns nicht losreißen. Ein Kran-Ballett, eine Perfor-
mance des Festivals für zeitgenössische Kunst *Gogolfest*, das zum
ersten Mal in Mariupol stattfindet. Die Industriegiganten werden
von den Arbeiterinnen des Werks gesteuert – nur sie wissen, wie
man sie zähmt.

Dahinter liegt das Meer – wunderschön. Es tut mir leid um diese unterschätzte Schönheit. Die Küste des Asowschen Meeres
hatte im Gegensatz zur Schwarzmeerküste, die zur Erholung
und zur Kontemplation dient, schon immer eine utilitaristische
Bedeutung: sie dient den Fabriken, Häfen, Kombinaten. Warum
sollte man im Asowschen Meer baden, wenn es doch das Schwarze Meer gibt – größer, tiefer und sauberer? Aber seit der Annexion der Krim gibt es weniger Meer. Das Meer wurde wertvoller.
Das Asowsche Meer – sanft, seicht und nah – fand plötzlich eine
weitere Bestimmung. Es gab Hoffnung auf neue Ferienorte, reno-
vierte Strände und Piers. Wenn auch in der Nähe von Kränen und
Häfen.

Nach dem Ballett beginnt die Oper: biblische Motive, Wiedergeburt. Dutzende Künstler tanzen und singen in dem mit Wasser
gefüllten Dock, zum Schluss wird ein riesiges Kreuz auf der Bühne aufgestellt. Es soll die Wiedergeburt symbolisieren.

Zu Ostern fährt Mischa mit uns aus der Stadt hinaus, zu Sanitätern und Freiwilligen. Wir nähern uns Schyrokyne, einem einst
beliebten Ferienort in der Nähe von Mariupol. Seit 2015 wird hier
gekämpft, das Dorf ist bis auf das Militär seit langem menschen-
leer. Wir passieren Checkpoints. Spannung liegt in der Luft. Nach
nur einer halben Stunde ist man in einer anderen Realität. Welche
ist die echte? Gewöhnlich kann man sich an wichtigen Feiertagen
auf eine Waffenruhe verständigen. Schließlich wird Ostern auf beiden Seiten der Kontaktlinie gefeiert.

Heute ist Waffenruhe. Wir nutzen die Gelegenheit und treffen
uns mit Taira, einer freiwilligen Militärsanitäterin. Seit fünf Jahren
rettet sie Menschen an der Front. Ihre Gruppe von Sanitätern

nennt sich »Tairas Engel«. Im Zivilleben heißt Taira Julia, sie kommt aus Kyjiw, ist Designerin und Aikido-Trainerin. Seit ein paar Jahren lebt sie hier im Krieg. Ihre Gruppe bewohnt ein Privathaus in einer Datschen-Kooperative nicht weit von Schyrokyne. Der Eigentümer war einverstanden – wenigstens ist das Haus nicht unbeaufsichtigt. Auf der anderen Straßenseite liegt das Meer. Doch baden oder sorglos angeln, wie es hier jahrhundertelang möglich war, geht nicht mehr. Der Krieg hat uns das Meer genommen. Das kleine Asowsche Meer symbolisiert Gefahr, das große Schwarze Meer Unzugänglichkeit – es trennt uns von der besetzten Krim. Die Landschaft am Asowschen Meer ist unberechenbar. Jeden Moment können Schießereien beginnen.

Wir haben den Tisch im Hof gedeckt. Es gibt fast alles, was an diesem Feiertag auf einen ukrainischen Tisch gehört: Ostereier, Osterkuchen, Fleisch. Auch Taira ist eine »Neu-Mariupolerin«. Wir reden über den Krieg, darüber, dass er wohl nicht so bald enden wird, über die geretteten Menschen und dass sie Ärzte brauchen und Taira ihre Stellung nicht verlassen kann. Sie wisse nicht so recht, wie sie ins Zivilleben zurückkehren könne, sagt sie, und ich denke darüber nach, dass dieses Leben gar nicht so weit weg ist – nicht irgendwo in Kyjiw, sondern gleich hier in Mariupol, auf dem neuen Platz vor dem Theater, im Regenbogenpark, den Mischa uns gezeigt hat, in den neuen Cafés und auf den sauberen Prospekten. Aber auch der Krieg ist nicht weit, nicht irgendwo, sondern gleich um die Ecke.

Mischa bringt uns zu einem der Grenzposten. Gemeinsam inspizieren wir die Schützengräben, durchs Fernglas kann ich die Hügel sehen, hinter denen sich die Stellungen der von Russland kontrollierten Kämpfer befinden. Der Posten wurde von einem jungen Grenzsoldaten namens Stas eingerichtet. Auch er ist nicht von hier, arbeitet aber seit Jahren im Donbas. Wie Mischa und Taira ist auch er jetzt ein Gesicht des Donbas, des neuen Lebens. Stas erzählt scherzend von einem Beschuss im Hof seines Stützpunktes. Ich finde das nicht lustig, lächle aber, um das Gespräch nicht abbrechen zu lassen. Es ist eine Möglichkeit, die Angst zu überwinden. Auf dem Rückweg in die Stadt fährt Mischa uns auf

einen Hügel, von wo aus man ganz Mariupol und die Küste über-
blicken kann, und wir machen ein Erinnerungsfoto. Wir wollen
unbedingt den einheimischen Fisch probieren oder die griechische Küche kennen lernen – seit Jahrhunderten lebt hier eine große griechische Gemeinde. Aber Mischa besteht auf Schaschlik,
den es nur in einem kleinen Imbiss im Zentrum gibt. »Dafür stehen die Leute Schlange.« Wir warten geduldig, bekommen endlich den Schaschlik und bereuen es nicht.

»Mariupol ist isoliert. Es dauert lange, bis man hier ankommt. Es
gibt nicht viel Unterstützung von außen.« Diana Berg weiß sehr
gut, was russische Aggression bedeutet. Die Kuratorin und Aktivistin aus Donezk hat den »russischen Frühling« 2014 miterlebt,
als Russland im Donezker Gebiet Proteste gegen die Ukraine in-
szenierte, in Wirklichkeit aber Fremde in die Region brachte,
einen Teil der Einheimischen bestach und gegen die neue Regierung in Kyjiw aufhetzte. Die Behörden konnten sich nicht an
der Macht halten. Die gleiche Bedrohung schwebte lange auch
über Mariupol, aber jetzt ist sie vorbei. Diana verteidigt nicht nur
den ukrainischen Raum. Ihr progressives Kunstzentrum *TJU* organisiert Filmvorführungen, Theateraufführungen und unterstützt
LGBT-Aktivitäten und feministische Initiativen. Sie verkörpert
alles Lebendige, Freie, Revolutionäre, was eine moderne europäische Stadt bieten kann. Mariupol ist ihre neue Heimat. Es ist ihre
Hoffnung, sie ist seine.

Die von ihr gegründete Kunstplattform *TJU* liegt im Stadtzentrum, in der Nähe des Regionalmuseums, in einem Viertel
mit hügeligen Straßen und alten einstöckigen Häusern. Das Viertel strahlt etwas Warmes, Vertrautes und unerwartet Gemütliches
aus, was überhaupt nicht zu einer Industriestadt passt. Diana erzählt, wie sich ihr Zentrum allmählich belebte. Wie Fabrikarbei-
ter kamen, aber darum baten, nicht fotografiert zu werden, damit
auf der Arbeit niemand erfährt, dass sie sich »solche« Kunst angucken.

Ich kann mich von diesem Ort kaum trennen. Im Innenhof des
Museums stehen tausend Jahre alte Steinfiguren. In ihrer Gesell-

schaft scheint einem nichts Schlimmes passieren zu können. Und falls doch, würde man sich wehren – wie sie alle, wie Mischa, Taira, Diana.

Drei Jahre sind vergangen. Diese Stadt existiert nicht mehr. Diana hat zum zweiten Mal ihr Zuhause verloren. Sie musste die Stadt verlassen, zusammen mit ihrem Mann Sascha, und kam nur knapp mit dem Leben davon. Mischa, Stas und Taira haben die schreckliche russische Gefangenschaft mit Isolation, Folter und Erniedrigung überlebt und mussten danach in die Rehabilitation. Alle drei haben ernsthafte gesundheitliche Probleme. Mischa hat in der Gefangenschaft vierzig Kilo abgenommen. Sie erzählen nicht viel.

Russland hat die Stadt, die den stärksten Widerstand leistete, völlig zerstört. Mariupol wurde aus der Luft, vom Meer und von den Artilleriestellungen aus bombardiert. Die Stadt mit einer Bevölkerung von fast einer halben Million Einwohnern wurde mit einem solchen Hass verbrannt, als sollte an ihr ganz besonders grausam Rache genommen werden. Die russischen Bomben verschonten selbst diejenigen nicht, die sich in den Schutzräumen der Stadt vor Feuer und Hunger versteckt hatten – im Theater, in den Geburtskliniken, Krankenhäusern und Schulen. Es war nahezu unmöglich, unter dem schweren Beschuss Evakuierungen zu organisieren. Verwirrt, erschöpft, ohne Verbindung zur Außenwelt und auch nur irgendwelche Informationen, verließen die Menschen die Stadt, wie sie gerade konnten: Einige quetschten sich zu zehnt in einen PKW, andere gingen zu Fuß, mit Kindern und Tieren auf dem Arm.

Hunderte von Menschen aus Mariupol sehe ich später in Saporischschja, wo die Konvois mit den ersten Evakuierten eintreffen. Ich spreche mit einer Frau namens Aljona, die mit ihren beiden Töchtern im Teenageralter und dem kleinen Hund entkommen ist. Aljona entschuldigt sich für ihr Aussehen – ihre einst schneeweiße Daunenjacke ist schwarz vom Ruß, sie hat in den letzten Wochen über einem Feuer gekocht. Auch ihr Gesicht, die Finger und die Fingernägel sind schmutzig. Sie versucht zu erzählen, wie

sie die Stadt verlassen hat, bricht aber immer wieder in Tränen aus
und sucht nach Worten, um sich für irgendetwas zu rechtfertigen.
»Ich kann einfach nicht glauben, dass wir überlebt haben, ich
kann es einfach nicht glauben«, wiederholt sie.

Der wichtigste befestigte Schutzraum der Stadt war Asow-
Stahl, mit kilometerlangen Bunkern, die für einen Atomkrieg ausgelegt waren. Hier, in dieser Stadt in der Stadt, versteckten sich
sowohl Zivilisten als auch Militärangehörige. Die Verteidigerin-
nen und Verteidiger von Mariupol – das Regiment Asow, die Ma-
rineinfanterie, der Grenzschutz, die Nationalgarde und die Polizei – leisteten über einen Monat lang Widerstand. In der Anlage
gingen Munition, Medikamente, Lebensmittel und Trinkwasser
schnell zur Neige.

Mischa, der in der Stadt blieb, um der Zivilbevölkerung zu helfen, um Menschen zu evakuieren, Wasser und Lebensmittel zu
verteilen, wurde am Arm verletzt. Mein Mann und ich hörten seine seltenen Sprachnachrichten aus Asow-Stahl und wunderten
uns, wie munter er wirkte – obwohl er auch schreckliche Geschichten erzählte. Ältere Menschen, die während der Beschie-
ßung der Hochhausviertel in ihren Wohnungen in den oberen
Etagen festsaßen, sprangen aus den Fenstern, um nicht mehr leiden zu müssen. Aber er wusste, was er tat, er war von unglaublichen Menschen umgeben, er hatte keinen Grund zu zweifeln –
weder an sich noch an den Menschen in seiner Umgebung.

Von Asow-Stahl sind nur noch Steine übrig. Ein Ungetüm, das
die Verteidiger der Anlage bedeckt, um sie vor dem Feuer zu retten – so wird Kateryna, die Frau des Asow-Kommandanten De-
nys Prokopenko, Illustratorin, Asow-Stahl zeichnen. Ihr Mann
hatte die gesamte Garnison befehligt und persönlich mit den Russen über den Rückzug aus dem Werk verhandelt. Doch am Ende
ordnete die Regierung in Kyjiw an, dass die Verteidiger das Werk
verließen, um ihr Leben zu retten.

Zweieinhalbtausend Menschen geraten in russische Kriegsgefangenschaft oder besser gesagt in Geiselhaft. Für die Kriegsgefangenschaft gelten völkerrechtlich vereinbarte Regeln, an die sich
die russische Seite nicht gebunden fühlt. Mehr als fünfzig Vertei-

diger Mariupols kommen am 29. Juli im Donezker Gebiet ums Leben – nach der Bombenexplosion in einer Strafkolonie im russisch kontrollierten Oleniwka verbrennen sie in ihren Baracken bei lebendigem Leibe. Russland macht die Ukraine dafür verantwortlich.

Die Rückkehr der Asow-Stahl-Kämpfer aus der Gefangenschaft scheint in weite Ferne gerückt. Russland gewährt weder dem Roten Kreuz noch anderen humanitären Organisationen Zutritt zu ihnen. Am 21. September geschieht das Unwahrscheinliche: 215 Gefangene aus Asow-Stahl, darunter Mischa und die Garnisonskommandanten, kommen im Zuge eines Gefangenenaustauschs frei. Hunderte aber sind noch immer dort. »Für die Zukunft, für diejenigen, die die Gefangenen abholen werden: Sie brauchen etwas Süßes. Eine gute Zigarette, einen Kaffee oder eine Pepsi«, erinnert sich Mischa an eine einfache, alltägliche Sache, die ihm in dieser Nacht des Austauschs viel bedeutet hat.

So haben wir die Stadt noch nie gesehen – leer, zerstört, vom Tod durchtränkt. Mariupol ist keine Stadt der Hoffnung mehr. Nicht die Stadt, deren Dichtern und Schuhmachern der litauische Regisseur Mantas Kvedaravičius 2015/16 seinen Dokumentarfilm *Mariupolis* widmete. Als Kvedaravičius sich für den Alltag in Mariupol, in Frontnähe, interessierte, war die Zukunft der Stadt noch völlig ungewiss. Hier war alles wacklig und instabil – die Regierung wie die alten Straßen. Doch Kvedaravičius fand einige Konstanten in der Stadt: das Meer, eine Straßenbahnfahrerin, einen lokalen Fischer, einen Schuhmacher. Zu Beginn der Invasion kehrte er nach Mariupol zurück, um einen weiteren Film über die Stadt zu drehen. Kvedaravičius wird in Mariupol vom russischen Militär und Milizen der sogenannten Volksrepublik Donezk getötet. Er wollte mehrere Frauen, darunter Dianas Schwiegermutter, und ein kleines Kind aus Mariupol herausbringen. Seine Frau wird noch lange nach einer Möglichkeit suchen, seinen Leichnam zu überführen. *Mariupolis 2*, aus dem Material montiert, das Kvedaravičius aufgenommen hat, wird von ihr fertiggestellt. Der Film hat nach dem Tod des Regisseurs im Mai 2022 in Cannes Premiere.

In einem meiner Träume befinde ich mich in Mariupol. Ich bin froh, denn die Stadt ist für Ukrainer derzeit unzugänglich. Ich versuche, mir alles einzuprägen, was ich sehe – die Häuserwände, die kaputten Geschäfte, die Menschen auf der Straße: Sie tragen immer noch Winterkleidung und warme Schuhe. Über all das werde ich schreiben, auf jeden Fall. Ich überlege, wie ich zu Asow-Stahl komme, und plane die Route, doch plötzlich merke ich, dass mir zwei Männer folgen. Ich will nicht ins Gefängnis, will nicht in Gefangenschaft. Ich weiß nur zu gut, was dort passiert. Ich eile zum Bahnhof. Dort steht abfahrbereit der Zug Mariupol-Warschau. Die rettende Strecke. Ich steige in den Zug und merke sofort, dass ich träume. Von Mariupol fahren keine Züge mehr, erst recht nicht nach Warschau. Enttäuscht wache ich auf. Noch nie wäre ich so gern irgendwo hingefahren wie jetzt nach Mariupol. Eine Stadt, die für ihre Freiheit, ihr neues Leben, ihren Widerstand und ihre Hoffnung bestraft worden ist.

Jeden Tag schaue ich in den Telegram-Kanal *Gefallene, Erinnerung, Mariupol.* Hier sind 26 000 Menschen, täglich werden Dutzende Anzeigen mit Adressen und Fotos von Einwohnern der Stadt veröffentlicht: Tote, auf einem Hof Begrabene, Vermisste. Ich weiß nicht, was genau ich hier suche. Aber ich gebe »Nachimow-Prospekt« als Suchbegriff ein, wo wir vor drei Jahren übernachtet haben. Ich finde Anzeigen mit Fotos von lebenden, lächelnden Menschen – Frauen, Männer, ganze Familien. Alle sind tot oder vermisst – jemand wurde auf dem Weg zur Klinik von einer Mine getötet, jemand starb unter den Trümmern der Wand zur Nachbarwohnung (ein Granattreffer), jemand wurde vor den Fenstern seines Hauses begraben. Ich gebe »Nachimow-Prospekt« in die YouTube-Suche ein. Es gibt Videos, die von Einheimischen im Juni, Juli und August mit ihren Handys aufgenommen wurden. Fast alle Häuser sind beschädigt – einige teilweise, andere vollständig zerstört. In den Höfen kochen die Menschen über dem Feuer. Vor den Fenstern der Häuser, in kleinen Grünanlagen, sind die Gräber der Menschen, die dort lebten, die sich versteckten oder einfach nur vorbeiliefen. Es fällt mir schwer, diese Bilder zu betrachten, aber ich suche krampfhaft nach bekannten Orten, erkenne kaputte Kreuzungen, einen zerstörten Park, das beschädigte Verwaltungsgebäude mit einer separatistischen Flagge an der zerschlagenen Glasfassade. Ich finde Aufnahmen aus dem Regionalmuseum, Männer in russischer Militäruniform tragen Exponate heraus. Auch aus anderen Museen tragen sie das Wertvollste heraus, einen der größten Schätze von Mariupol – die Werke des aus Mariupol stammenden Künstlers Archip Kuindschi. Seine Gemälde werden aus dem Kunstmuseum entfernt, die nach ihm benannte Galerie wird komplett geplündert.

In dem Theater, wo am 16. März 2022 mehrere Hundert Menschen ums Leben kamen, soll es in der neuen Spielzeit wieder Vorstellungen geben. Ungeachtet der Aufschrift KINDER in Riesenlettern auf dem Vorplatz bombardierten die Russen das Gebäude, in dem vor allem Frauen und Kinder Zuflucht gesucht hatten. Auf diesem Platz stehen Autos mit Lautsprechern und Bildschirmen, über die Propagandafilme flimmern.

In Mariupol und im gesamten besetzten Gebiet findet die sogenannte Filtration statt, eine Überprüfung der Einwohner auf ihre »Zugehörigkeit« zur Ukraine. Unter Verdacht stehen Mitarbeiter staatlicher Institutionen, Journalisten und lokale Aktivisten. Überprüft werden Mobiltelefone, Tätowierungen am Körper, es finden »ausführliche« Verhöre statt. Viele Einwohner werden in Gefängnisse in den besetzten Gebieten oder nach Russland gebracht. Etliche verschwinden spurlos.

Meine Kollegin Iryna Lopatina, mit der ich in unserem »Reckoning Project«[1] zusammenarbeite, hat die Geschichte einer Familie aufgeschrieben, die von den Russen verschleppt wurde.

1   »The Reckoning Project – Ukraine Testifies« ist ein Dokumentationsprojekt, in dem sich Journalisten für ihre Recherchen auch juristisch fortbilden, damit ihre Reportagen und Interviews vor Gericht als Beweismittel für Kriegsverbrechen zugelassen werden können. Das Projekt wurde von der US-amerikanischen Kriegsreporterin Janine di Giovanni, dem britischen Journalisten Peter Pomerantsev und von der ukrainischen Journalistin Natalya Gumenjuk zu Beginn des Krieges ins Leben gerufen. Sitz ist Kyjiw. https://www.thereckoningproject.com/. – Die Reportage von Iryna Lopatina ist in *Vanity Fair* erschienen: https://www.vanityfair.com/news/2022/10/one-ukrainian-familys-harrowing-wartime-saga

Jewhen ist Kranfahrer und alleinerziehender Vater dreier Kinder – ein zwölfjähriger Junge und zwei Mädchen, sieben und neun Jahre alt. 2016 bis 2019 war er bei der ukrainischen Armee als Mechaniker angestellt, im Pass hatte er einen Stempel mit der Adresse der damals zuständigen Militäreinheit. Als die russische Invasion begann, versteckte er sich mit den Kindern in Kellern und verschiedenen Wohnungen. Mitte März fanden sie Schutz im Bunker eines Krankenhauses. Als Milizen aus der »Donezker Volksrepublik« am 7. April mit der Evakuierung des Bunkers begannen, wurde Jewhen entdeckt und die Familie zur »Filtration« gebracht. Er wurde verhört und geschlagen und landete in der Strafkolonie Oleniwka im Donezker Gebiet. Die Kinder kamen Wochen später in das Kindersanatorium Polyany in Swenigorod bei Moskau, das der Administration des russischen Präsidenten untersteht. Dort wurde ihnen mitgeteilt, ihr Vater könne sie nicht abholen, sie müssten sich entweder für ein Heim oder für eine Adoption entscheiden. Dem Jungen gelingt es, Kontakt zu Freunden seines Vaters aufzunehmen. Jewhen, aus der Gefangenschaft entlassen, schafft es, seine Kinder ausfindig zu machen und in Swenigorod vorstellig zu werden. Mit Unterstützung von Freiwilligen fahren sie nach Lettland, wo meine Kollegin sie interviewt hat.

Wie viele andere Familien konnten nicht zusammengeführt werden? Wie viele Eltern wurden nicht aus der »Filtration« entlassen? Wie viele Kinder wurden nach Russland gebracht?

Mariupol ist eine Zombie-Stadt. Sie lebt nicht, aber sie bewegt sich. Was wird jetzt mit ihr geschehen? Mit den zerstörten Fabriken, den ausgebrannten Wohnvierteln und der zerbombten Infrastruktur? Mit den Menschen, die in den Höfen, Grünanlagen und unter den Trümmern von Krankenhäusern begraben liegen? Ohne die Menschen, die der Stadt Hoffnung gaben, die ihre Hoffnung waren?

Wie viele Einwohner der Stadt während des Angriffs starben, könne erst nach ihrer Befreiung festgestellt werden, sagte der ukrainische Präsident Wolodymyr Selenskyj. Ihm zufolge sprechen wir von Zehntausenden Toten. Es gibt andere, erschreckendere, aber derzeit unbestätigte Zahlen, wonach 100 000 oder mehr Menschen umgekommen sein sollen. Nach Angaben der ukrainischen Behörden wurden 95 % des Wohnungsbestands der Stadt zerstört. Dennoch sollen mehr als 100 000 Menschen weiterhin in der Stadt leben, viele in Kellern oder in baufälligen Häusern. Der Winter 2022/23 bedeutet eine weitere Katastrophe für die Stadt, wo bereits im November die Worte »Wir frieren!« an den Häuserwänden auftauchten. Nach Schätzungen der ukrainischen Stadtverwaltung, die von anderen, ukrainisch kontrollierten Städten aus arbeitet, wird weniger als die Hälfte der in der Stadt verbliebenen Einwohner im Winter Heizung haben.

Wie es ihnen wirklich geht, darüber erfährt die Welt unmittelbar nichts. Mariupol ist komplett isoliert. Im Netz lassen sich Propagandavideos und -fotos aufrufen, die davon überzeugen sollen, dass das Leben in der Stadt weitergeht und Mariupol bald wieder aufgebaut wird. Besonders zynisch sieht aber das Gebäude auf dem Friedhof aus, dessen Errichtung die Besatzer selbst angeordnet haben. Auch das im Dezember zerstörte Theater, soll »zu neuem Leben erwachen«. Das Dasein in den Trümmern, inmitten einer menschengemachten Tragödie, gleicht noch immer einem postapokalyptischen Film – wie beim Sturm auf die Stadt. »Ich kann einfach nicht glauben, dass man dort existieren kann, nach allem, was passiert ist«, sagt mir ein Kollege aus Mariupol.

Angesichts der russischen Dystopie, die hier die Herrschaft übernimmt, muss ich immer wieder an die ukrainische Utopie einer Stadt der Hoffnung denken. Eines Tages werden wieder sie hier den Ton angeben: das Meer, die Arbeit, die Dichter und die Schuhmacher.

Aus dem Ukrainischen von Lydia Nagel

Nataliya Gumenyuk
Nach der Besatzung

Völlig durchweichte Bücher in russischer Sprache mit dem Bild
des lächelnden Dalai Lama liegen verstreut zwischen Broschüren
für Vertragssoldaten der russischen Armee und Exemplaren der
Zeitung *Komsomolskaja Prawda* im Hof einer Schule im Dorf
Jahidne bei Tschernihiw. Auf der verschlossenen grünen Tür die
Aufschrift KINDER. Es fällt ein kalter Aprilregen.

Wir erreichten Jahidne wenige Tage nach der Befreiung. Das
Dorf liegt an der Grenze zu Belarus und wurde am zweiten Tag
der Invasion von der russischen Armee besetzt. Vom 3. bis zum
31. März hielten die Russen dort nahezu die gesamte Bevölkerung des Dorfes, mehr als 360 Menschen, mit Gewalt fest – in
dem kleinen Keller der Schule. Die meisten von ihnen, 136 Personen, darunter 39 Kinder, wurden in den größten Raum gesperrt
und harrten auf 72 Quadratmetern aus. Die anderen saßen in den
vier kleineren Räumen. Zehn Menschen starben an Atemnot und
Krankheiten. Zehn Männer wurden während der Besatzung ermordet, einer gilt als vermisst.

Wir hätten eigentlich von Tschernihiw aus ins nur 15 Kilometer
entfernte Jahidne fahren sollen, das Dorf ist eigentlich ein Vorort.
Doch wegen der gesprengten Brücke über den Fluss Desna ist der
Ort praktisch unerreichbar. Wir müssen zurück nach Kyjiw, außerdem müssen wir tanken. Im Gebiet Tschernihiw gibt es noch
keinen Kraftstoff.

Einige Tage nach dem Abzug der Russen scheinen nur noch
alte Menschen dort zu sein. Die Jüngeren sind, sobald sie den Keller verlassen konnten, dorthin gegangen, wo es Strom und Wasser
gibt. Einige Häuser sind nur noch Ruinen.

»Sehr, sehr schlechte Menschen waren das hier. Ich war nicht
mit den anderen im Keller, ich durfte zu Hause bleiben. Das Auto
von denen stand bei mir im Hof – es sah aus wie ein Krokodil«,

sagt Walentyna Sysonenko, eine ältere Frau, in eine rote Decke gehüllt. Sie hat sie von einer humanitären Organisation bekommen, die als eine der ersten das Dorf erreichte. Walentyna schimpft vor allem über die »asiatisch« aussehenden Soldaten – Tuwiner, denen sie nicht aus dem Weg gehen konnte. »Die waren schon mittags betrunken, dauernd fragten sie nach Wodka oder Selbstgebranntem. Sie sind in den Laden gegangen. Kaugummis haben die gelutscht wie Bonbons. Die wussten nicht mal, was Asphalt ist«, klagt sie.

Die in Südsibirien gelegene Republik Tuwa ist eine der ärmsten Regionen Russlands mit einer der höchsten Mordraten, der höchsten Arbeitslosigkeit und dem höchsten Alkoholkonsum. Der russische Verteidigungsminister Sergej Schoigu stammt aus Tuwa. Einmal lud er den russischen Präsidenten Putin in seine Heimat ein und empfing den hohen Gast in einer Jurte mit goldenem Dach, die eigens zu diesem Anlass gefertigt worden war.

Von Tuwa sind es mehr als 5000 Kilometer bis Jahidne. Umso exotischer wirkt in dem ukrainischen Dorf das Buch *Dalai Lama. Der Geist des klaren Lichts*. Die Publikation ist dem 80. Geburtstag des derzeitigen Dalai Lama gewidmet, also fast zwei Jahre alt, im Vorwort geht es um die Bedeutung der Wiederherstellung des Buddhismus in Russland nach dem Zerfall der UdSSR, es folgt eine Liste von Leitlinien für ein rechtschaffenes Leben. In der autonomen Republik Tuwa bekennt sich der größte Teil der Bevölkerung zum Tibetischen Buddhismus. Handschriftliche Ziffern lassen vermuten, dass die Publikation aus der Armeebibliothek stammt.

Der Dalai Lama lächelt von einem Müllhaufen. Wo auch immer ich war, an allen Orten, an denen russische Soldaten stationiert waren, sehe ich diese Haufen wild durcheinandergeworfener Dinge – Essensreste, Kleidung, Tüten und Plastik. Dass die Russen ihre Stellungen überstürzt verlassen haben, ist verständlich, nicht aber, warum sie in den Gebäuden ein solches Chaos anrichten. Dort finde ich auch ein Exemplar der *Komsomolskaja Prawda*, eine der meistgelesenen Zeitungen in Russland. Die Sonderausgabe widmet sich der Erklärung und Begründung, warum die Russen in der Ukraine eine »Spezialoperation« durchführen. Auf der letzten Seite stehen die Namen der Journalisten und Redakteure, darunter die Auflagenhöhe: sieben Millionen Exemplare. Diese Zeitung werde ich auch in anderen befreiten Dörfern in verschiedenen Regionen der Ukraine finden. Sie ist buchstäblich zu einem Kriegsinstrument mutiert, das an die Soldaten verteilt wird und ihnen erläutern soll, warum sie kämpfen müssen, während sie ihrerseits ihre Anwesenheit mit Artikeln aus dieser Zeitung rechtfertigen.

»Sie haben uns Propaganda mitgebracht, diese Zeitungen haben sie stapelweise dort im Keller verteilt. Also haben wir mal reingelesen ... Da steht genau das, was sie machen – nicht bei uns in Jahidne, sondern überhaupt. Und über den Fotos steht: Fake, Fake, Fake. Was zum Teufel sollen das denn für Fakes sein, wenn wir diese Fakes gerade miterleben, was denn für Fakes?« Tamara Matjuchas Erinnerungen sind noch frisch. Auch sie hat einen Monat im Keller der Schule verbracht, bei ihr im Raum wurden 35 Personen festgehalten, acht davon Kinder im Alter von zwei bis sieben Jahren, einer war ihr Enkel. Sie hat praktisch die ganze Zeit in einer Ecke gesessen und konnte ihre feuchte, durchgeschwitzte Kleidung nicht wechseln. Der März war kalt, trotzdem war es in dem kleinen Raum stickig. Nach draußen zur Toilette durften sie nur einmal am Tag. Ihr Essen kochten die Gefangenen selbst – die Dorfbewohner hatten um Erlaubnis gebeten, sich selbst zu organisieren und über einem Feuer am Ausgang zu kochen. Manche durften für zwanzig Minuten nach Hause, um das Notwendigste zu holen. Tamara konnte nirgends hin – ihr Haus war während der Kämpfe abgebrannt.

»Einer von denen kommt zu meinem Mann, steht da und heult: Mein Bruder ist gestern hier umgebracht worden, sagt er. Ich gehe zu ihnen und sag ihm: Guter Mann, wer hat euch denn hergebeten? Warum seid ihr gekommen, du und dein Bruder? Haben wir euch etwa eingeladen? Dein Bruder wurde umgebracht, aber ja wohl nicht von uns beiden. Das mal als Erstes. Zweitens: Warum seid ihr überhaupt hier? Sind wir etwa nach Russland gekommen und haben euch umgebracht? Alles bombardiert und zerstört? Was wollt ihr von uns? Was haben wir euch getan? Ich stehe hier, abgebrannt. Einen Monat lang konnte ich nicht mal die Unterwäsche wechseln, ich als Frau. Bin ich etwa gekommen und habe deine Mutter angezündet? Nein, sage ich ihm, du bist hergekommen und hast alles verbrannt und zerstört. Ich bin jetzt obdachlos, mit siebzig. Ich hatte ein normales Leben, reich war ich nicht, aber ich hatte einen Teppich, Geschirr, Kühlschrank, Fernseher. Und du stehst da und heulst. Das habe ich ihm alles gesagt und gedacht: Soll er schießen. Aber er hat sich nur eine Zigarette angezündet und ist gegangen.«

Wir gehörten zu den ersten Journalisten, die nach Jahidne kamen. Aus den Dorfbewohnern brach der Schmerz förmlich heraus. Wochen später werden sie alles vergessen wollen, von dem journalistischen Ansturm erschöpft. »Ich habe schon allein den japanischen Journalisten drei Interviews gegeben«, sagt eine Mutter, deren Sohn von den Besatzern erschossen wurde.

Erst ein paar Monate später, als ich mit jüngeren Mitgliedern der Gemeinde sprechen kann, die gezwungen waren, mehr mit den Russen zu kommunizieren, und die sich an mehr erinnern, erst im Gespräch mit ihnen werde ich erfahren, dass in den frühesten Berichten über Jahidne zwar immer wieder die Tuwiner erwähnt wurden – unter denen es für die Morde an ukrainischen Zivilisten Verantwortliche gab –, dass die Bewohner im Keller der Schule aber von Einheiten ethnischer Russen bewacht wurden. Oben im Gebäude befand sich der Armeestab der Besatzer. Die Tuwiner waren in den Häusern des Dorfes einquartiert. Zugleich machten russische Soldaten den Menschen im Keller ständig Angst, dass die Tuwiner kommen und die Mädchen vergewaltigen würden. Die russischen Kommandanten behandelten ihre Landsleute aus Tuwa wie Menschen zweiter Klasse. Hauptverantwortlich dafür, dass die Menschen im Keller eingesperrt wurden, waren zwei Kommandanten mit den Rufnamen »Spinne« und »Ahorn«. »Ahorn« gehörte zu denjenigen, die aufrichtig an Nazis in der Ukraine glaubten. »Du hast keine Luft zum Atmen, im Wald gibt es genug Bäume, da kannst du dich aufhängen«, sagte er zum Beispiel, wenn jemandem schlecht wurde.

Neben der 55. separaten motorisierten Schützenbrigade (stationiert in Kysyl, Tuwa) sind russische Soldaten des 228. motorisierten Schützenregiments (stationiert in Jekaterinburg) dafür verantwortlich, dass die Menschen im Keller der Schule festgehalten wurden. Dies wurde von Journalisten bestätigt. Ermittler fanden Dokumente über Kommandoposten und Kontrollpunkte von Einheiten des Zentralen Militärbezirks der Russischen Föderation in den Gebieten Tschernihiw, Sumy und teilweise Kyjiw, die im März besetzt waren.

✳✳✳

Fünfzehn Kilometer von Jahidne entfernt liegt das Dorf Lukaschiwka. Die Zerstörungen an der dortigen Himmelfahrtskirche wurden zu einem der Symbole dieses Krieges. Die Russen hatten ein Waffen- und Munitionslager in der Kirche versteckt, die daraufhin von der ukrainischen Armee heftig beschossen wurde. Davor lagen ein zertrümmerter russischer Militärlastwagen und der Kadaver einer Kuh, die von einer Granate getötet wurde. Als wir im April dort ankamen, drängten sich die Dorfbewohner unweit der zerstörten Kirche, um von den Freiwilligen humanitäre Hilfsgüter zu erhalten.

Ljudmyla Kussok erzählt, wie ihr Schwiegersohn und ihr Enkel, die aus Tschernihiw gekommen waren, nur knapp überlebten. Im Gegensatz zu Jahidne, wo es keine ukrainischen Soldaten gab, waren in Lukaschiwka in den ersten Kriegstagen ukrainische Soldaten aus dem Gebiet Sumy stationiert. Damals waren sie noch schlecht ausgerüstet, hatten nicht genügend Waffen und waren schon zahlenmäßig nicht in der Lage, den Besatzern Widerstand zu leisten. Es wurde beschlossen, sich kämpfend zurückzuziehen. Laut Ljudmyla Kussok schaffte es einer der Soldaten nicht rechtzeitig heraus und blieb bei ihrer Familie im Keller. Zu der Zeit wurde im Dorf gekämpft, und die Menschen versteckten sich in den Kellern. Obwohl der Soldat in Zivil war, nahmen die Russen ihn mit, zusammen mit Ljudmylas Enkel und Schwiegersohn.

»Wir haben ihnen gesagt, mein Enkel ist sechzehn, obwohl er in Wirklichkeit schon siebzehn war. Er und mein Schwiegersohn wurden abgeführt. Sie mussten sich auf der Straße in eine Reihe stellen, man hat ihnen die Augen verbunden, und sie mussten sich hinknien. Den Soldaten haben sie einfach erschossen, kaltblütig – das hat mir mein Enkel später erzählt«, berichtet Ljudmyla. Ihre Verwandten wurden freigelassen.

»Ich habe nicht gesehen, wie er getötet wurde. Ich hatte die Augen verbunden, aber ich habe den Schuss gehört und dann die Leiche gesehen«, bestätigte später Oleksandr Kussok, ihr Schwiegersohn.

Nach Angaben der Einheimischen hielten sie den Russen, der geschossen hatte, im Dorf für den Kommandanten, den Befehlshaber der Russen. Er trug eine Lederjacke mit einem Hammer-und-Sichel-Abzeichen. Nach den Bestimmungen des humanitären Völkerrechts muss der Leiter einer Einheit seine Soldaten aufhalten, wenn sie gegen die Regeln und Gebräuche des Krieges verstoßen. Die Tötung eines Gefangenen durch den Kommandanten selbst ist ein Kriegsverbrechen.

Einem anderen ukrainischen Soldaten – Jaroslaw, genannt »Kuba« – gelang es, sich zu verstecken und zu überleben. Er war verwundet. Im Haus einer alten Frau namens Marusja lagen Krücken, die sie dem verwundeten Soldaten gab. Sie behauptete, er sei ihr Enkel. Hätten die Besatzer die Wunden des Mannes bemerkt, sie hätten ihn töten können. Im April trafen wir Marusja nicht an, da sie nach der Befreiung von Verwandten in eine sicherere Region gebracht worden war. Jaroslaw kam Ende des Sommers nach Lukaschiwka zurück. Als Kämpfer der Antiterroroperation (ATO) hat er die schrecklichsten Schlachten des Krieges im Donbas miterlebt: um den Donezker Flughafen 2014 und um Debalzewe im Februar 2015. Die Familie von Großmutter Marusja hatte er gleich in den ersten Tagen Kriegstagen kennengelernt. Er wurde beim Rückzug auf dem Feld verwundet und schaffte es gerade noch, einen Bauernhof zu erreichen. Dort übernachtete er und fand ein Fahrrad, mit dem er zu dem bekannten Haus fuhr. Die Familie zerschnitt seine Kleidung, die Wäsche der ukrainischen Streitkräfte verbrannten sie. Einmal kamen acht Russen in das Haus. Als sie die gelb-blau gestrichene Säule auf der Veranda sahen, sagte einer: »Irgendwie gefallen die mir nicht«, aber dann begann der Beschuss und sie ließen die Familie in Ruhe.

Großmutter Marusja hat die Besatzung überlebt. Jaroslaws Rückkehr hat sie jedoch nicht mehr erlebt, sie starb vorher.

Insgesamt wurden von den 286 Häusern in Lukaschiwka 31 vollständig zerstört, eines davon gehörte der Familie Horbonos. Dort war kein Stein auf dem anderen geblieben. Ein Kollege, ein Fotograf, freundete sich mit der Familie an und holte schließlich junge Leute aus Kyjiw in das Dorf, die beim Wiederaufbau halfen. Jetzt kümmert sich ein Stand-up-Comedian um das Haus. Aber sie wurden mit dem Wiederaufbau nicht rechtzeitig vor dem Winter fertig, so dass Familie Horbonos den Winter bei Nachbarn verbringen wird. Weil einige Dorfbewohner wegen des Krieges weggezogen sind, können andere in ihren Häusern wohnen.

Das Gebiet Tschernihiw war gleich zu Beginn des großen Krieges knapp einen Monat lang besetzt. Aber die Erfahrung der Besatzung bestimmt das Leben der Menschen in den bereits befreiten Gebieten immer noch stark.

✻✻✻

Das rechte Ufer des Gebiets Cherson war fast neun Monate lang unter russischer Herrschaft. Diejenigen, die die Stadt verlassen konnten, blieben entweder in Mykolajiw, das ständig unter Beschuss lag, in Odessa und vor allem in Krywyj Rih. Diese Industriestadt, in der vor dem Krieg etwa 600 000 Menschen lebten, hat 75 000 Binnenvertriebene aufgenommen. Etwa 25 000 von ihnen kamen aus dem Donbas, Menschen, die sich mit Bedacht entschieden haben wegzugehen und ihre Sachen mitgenommen haben. Sie sind aus einer ähnlichen Industrieregion zugezogen und haben daher zumindest eine gewisse Chance auf einen Arbeitsplatz. Aber die Mehrheit – 50 000 – kam aus den Dörfern des besetzten Gebietes Cherson, überwiegend Bauern, die ihre Häuser und Gärten nie zuvor verlassen hatten. Als die Kämpfe in den Dörfern begannen, flohen sie mit Fahrrädern, mit Booten – was sie gerade hatten.

Cherson war das einzige Gebietszentrum, das während der umfassenden Invasion besetzt wurde. In den ersten Wochen, als nur einfache Soldaten der russischen Armee in Cherson einmarschiert waren, demonstrierten die Einwohner gegen die Besatzung. Das russische Militär war ihnen zahlenmäßig unterlegen, doch dann trafen Spezialeinheiten, die für die Auflösung von Demonstrationen ausgebildet sind, in der Stadt ein.

Während man Cherson im März und April noch irgendwie verlassen konnte, waren die Ausfahrten ab Mitte Mai nahezu komplett blockiert. Am einzigen Kontrollpunkt zwischen dem unbesetzten und dem besetzten Gebiet durch das Dorf Wasyliwka im Gebiet Saporischschja stand man mehrere Tage an.

Sammelpunkt und Anlaufstelle in Krywyj Rih ist das »Haus des Volkes« – das ehemalige Haus der Kultur. Dort leisten Freiwillige psychologische Hilfe, Sozialdienste registrieren Menschen, die Arbeit suchen, wenn auch ohne Hoffnung auf Erfolg – die meisten Betriebe in der Stadt haben die Produktion eingestellt, da ständig Beschuss droht und kaum noch Rohstoffe transportiert werden können.

Ein Saal fungiert als Kleiderkammer. Im April kamen täglich etwa tausend Binnenvertriebene in das »Haus des Volkes«. Inzwischen ist die Zahl zurückgegangen – nicht, weil sich die Lage verbessert hätte, sondern weil weniger Menschen flüchten können.

Tanja sucht nach einer Baseballmütze für ihren sechsjährigen Sohn. Sie kommt aus Wysokopillja, das im März eingenommen wurde. Die zierliche blonde Frau möchte nicht fotografiert werden, anfangs fühlt sie sich sichtlich unwohl bei dem Gespräch, aber es ist ihr wichtig, ihre Geschichte zu erzählen. »Dieser Rucksack auf meinem Rücken ist alles, was ich mitnehmen konnte«, beginnt sie. Tanja ist 28 Jahre alt und leidet an rheumatoider Arthritis, wegen der Entzündungen fällt ihr das Laufen schwer. Sie glaubt, dass sie sich die Krankheit vor einigen Jahren zugezogen hat, als sie in Großbritannien Erdbeeren gepflückt hat, um einen

Kredit abzubezahlen. Als sie sich im März 2022 wegen des ständigen Beschusses in einem feuchten Keller aufhalten musste, verschlimmerte sich ihre Krankheit. Daher kam Tanja aus der Besatzung sofort ins Krankenhaus.

»Stellen Sie sich vor, die Frau des Chefarztes hat warme Suppe gekocht und für mich mitgegeben, als sie von meiner Situation erfuhr. Einmal, als die Straßenbahn wegen Alarm stehenblieb, stiegen wir in der Nähe eines Schuhgeschäfts aus. Ich ging hinein und konnte nicht widerstehen, ein paar Turnschuhe anzuprobieren. Wegen meines Rheumas finde ich nicht so einfach passende Schuhe, aber die passten wie angegossen. Ich konnte sie mir nicht leisten, aber eine Angestellte des Ladens gab 250 Hrywnja dazu, eine andere Kundin auch noch mal 250. Ich habe mich so geschämt, aber ich war auch sehr dankbar. Ich hätte nie gedacht, dass die Menschen so gut sein können«, lächelt Tanja. In Krywyj Rih ist sie mit ihrem Sohn, ihrem Mann und ihrer älteren Mutter. Für Letztere ist es besonders schwer, sie hat ihr ganzes Leben in ihrem Haus und Garten verbracht. Als sie flohen, ließen sie die einzige Kuh bei den Nachbarn zurück. Später erfuhren sie dann von den Nachbarn, dass die Kuh während eines Beschusses umgekommen war. Die Mutter kann von nichts anderem mehr reden.

Den Sommer über hatte Tanja eine Gelegenheitsarbeit, jetzt nicht mehr. Im September wurde Wysokopillja befreit, aber im Winter können sie nicht in das Dorf zurück. Ein großer Teil von Wysokopillja ist zerbombt – der Ort lag fast sechs Monate direkt an der Frontlinie. Es gibt dort keine Heizung, kein Gas, kein Wasser. Sie werden in Krywyj Rih bleiben. Die Familie kann auch nicht ins Ausland gehen – Tanja ist nicht in der Lage, sich allein um ihren Sohn und ihre Mutter zu kümmern, das macht ihr Mann, und wegen des Kriegsrechts dürfen Männer die Ukraine nicht verlassen.

Anna Latyschyna kann nirgendwohin zurückkehren. Sie stammt aus dem besetzten Kachowka am linken Ufer des Gebietes Cherson, von wo sie mit ihrer großen Familie geflohen ist: Eltern, Kinder, Schwiegertochter und Enkelin. Auf die Frage, wie viele Kinder sie habe, antwortet Anna, es seien achtundsechzig – so viele

Kinder leben in dem Wohnheim in Krywyj Rih, das zu einer Unterkunft für Binnenvertriebene geworden ist. »Sie sind für mich alle wie meine eigenen«, sagt Anna. Sie hat hier ganz natürlich eine Führungsrolle übernommen. In Kachowka war sie Bauleiterin, sie kann gut organisieren und zeigt nicht gern Schwäche, gibt nicht gern zu, dass sie selbst gelitten hat.

Die meisten Ukrainer, die ich kennenlerne, mit Ausnahme der ältesten, versuchen, sich zurückzuhalten, muntern mich sogar auf, es ist ihnen wirklich unangenehm, bemitleidet zu werden. Sie sind keine Opfer, die bedauert werden müssen, sondern Menschen, die ihr Zuhause, ihre Familie, ihr Land verteidigen und Unterstützung und Solidarität erwarten.

Anna betont, dass sie seit Beginn des Krieges nicht geweint habe – bis zu dem Moment, als sie in den russischen Propagandamedien ein Video aus dem besetzten Kachowka sah: »Ich habe vierzehn Jahre lang am Bau meiner Stadt gearbeitet. Und dann sah ich auf einmal die rote Sowjetflagge, Wegweiser und Schilder in russischer Sprache. Das war hart. Jetzt ist mir klar, dass ich nicht so bald zurückkann.«

***

Im November, fünf Tage nach der Befreiung Chersons durch die ukrainische Armee, feiern die Bewohner der Stadt auf dem zentralen Platz der Freiheit: sie bilden Sprechchöre zur Unterstützung der Streitkräfte, machen Fotos mit Uniformierten und suchen vor allem nach Mobilfunkempfang.

»Ich bin zum ersten Mal wieder auf dem Platz, um ins Internet zu gehen und mich über Neuigkeiten zu informieren. Zuhause – Arbeit – zuhause, sonst war ich nirgendwo. Außerdem hatten wir so viele Patienten, wir waren völlig fertig, wenn wir abends nach Hause gekommen sind«, sagt Olha. Sie arbeitet als Verbandsschwester in einem lokalen Krankenhaus. Die ganze Zeit hat sie versucht, jedweden Kontakt mit den Russen möglichst zu vermeiden, auch im Krankenhaus. Wenn das nicht ging, beschränkten sich die Gespräche auf einen einfachen Wortwechsel: Die russischen Soldaten sagten, sie seien gekommen, um »die Ukrainer von den Nazis zu befreien«. Die Ukrainer antworteten: »Hier gibt es keine Nazis, oder sollen wir das sein?« Diesen Dialog habe ich in allen Städten und Gemeinden gehört: in den Gebieten Charkiw, Sumy, Tschernihiw und jetzt auch Cherson und Mykolajiw. Ansonsten versuchten die Zivilisten, sich von den Besatzern fernzuhalten, um kein Risiko einzugehen.

In den besetzten Städten und Gemeinden suchte das russische Militär zunächst nach ehemaligen Veteranen und nahm sie alle fest. Nach dem humanitären Völkerrecht können ehemalige Militärangehörige, die keine Waffen besitzen, nicht als Kombattanten betrachtet werden und haben das gleiche Recht auf Schutz wie alle anderen Zivilisten auch. Doch darum scheren sich die Russen nicht. Alle wurden festgenommen und gefoltert. Die nächsten auf der Liste waren Angehörige der Sicherheits- und Rechtsschutzorgane: Polizei, Staatsanwälte, Feuerwehrleute, Rettungskräfte, im Prinzip alle, die in staatlichen Einrichtungen und Behörden arbeiteten. Diejenigen, die blieben, versuchten daher, das Haus möglichst nicht zu verlassen, oder änderten ihren tatsächlichen Wohnsitz – sie zogen zu Verwandten und Bekannten.

Das Verlassen der besetzten Gebiete an sich ist schon ein Risiko, denn alle Zivilisten müssen eine Kontrolle, die sogenannte Filtration an den Checkpoints absolvieren. Das Konzept der Filtration wurde von den Russen während des Tschetschenienkrieges eingeführt. Jetzt, während des russischen Krieges in der Ukraine, werden die Menschen kontrolliert, ob sie aus den besetzten Gebieten oder aus dem aktuellen Kriegsgebiet in das von der ukrainischen Regierung kontrollierte Gebiet oder nach Russland gehen. Im Prinzip handelt es sich um eine Suche nach illoyalen Einwohnern. Wenn eine Person verdächtig wirkt, kann sie mehrere Tage lang festgehalten oder verhaftet und in ein Gefängnis gebracht werden, wo sie auch gefoltert werden kann. Es gab Fälle, in denen der Grund für die Verhaftung eine Tätowierung war – egal, was für eine.

»Ich habe zwölf Stunden nur damit zugebracht, meinen Handyspeicher zu löschen, bevor ich Cherson verlassen habe. Einfach alles zurückzusetzen wäre verdächtig gewesen. Damit das möglichst organisch wirkt, muss man alles manuell löschen, einzelne Fotos, die gesamte Korrespondenz, so, dass sie nicht wiederhergestellt werden kann, ganz viele Kontakte löschen, einige umbenennen«, sagte mir der Menschenrechtsaktivist Oleksij, der im zweiten Kriegsmonat ausgereist war.

Anna Wassyliwna, von Beruf Zahnärztin, erwähnt, dass sie Fotos von ihrem Bruder löschen musste, der im Dezember 2022 starb. Das letzte Mal hatten sie sich in traditioneller ukrainischer Kleidung fotografiert, auf einem Festival zum Tag der Unabhängigkeit.

Eine gelbe Maske und ein blaues T-Shirt, ein blau-gelber Kugelschreiber oder eine Autogarage, in den Farben der ukrainischen Flagge gestrichen – all das kann Grund für eine Verhaftung sein. Seit Beginn des Krieges haben wir, ein Team von Journalistinnen und Rechercheuren von »The Reckoning Project«, in Aussagen von Überlebenden und Opfern zahlreiche Fälle von Folter während der Besatzungszeit dokumentiert. Alle verliefen sehr ähnlich: Die Menschen wurden abgeführt, der Kollaboration mit den ukrainischen Behörden beschuldigt, in einer stickigen Zelle festgehalten, in der Kälte, sie bekamen so gut wie nichts zu essen, wurden immer wieder zu Verhören geholt, geschlagen und mit Elektroschocks traktiert.

Diejenigen, die in den besetzten Gebieten geblieben sind, überlegen, wo es sicherer ist – in der Stadt oder auf dem Land. Auf den ersten Blick scheint es auf dem Land schwieriger zu sein – die Bewohner der einzelnen Häuser sind sehr sichtbar, die Nachbarn kennen sich gut, und für bewaffnete Personen ist es einfacher, in ein Haus auf dem Dorf zu gelangen als in eine Wohnung in einem Hochhaus. Auf dem Land gibt es weder Apotheke noch Krankenhaus, und mit dem Auto von einem Ort zum anderen zu fahren ist gefährlich.

In der Stadt kann man in der Wohnung bleiben. Aber in den letzten Monaten haben die Besatzungstruppen zum Beispiel in Cherson immer häufiger präventive Durchsuchungen in Privatwohnungen durchgeführt. In der Stadt gibt es keine Möglichkeit,

Wasser aus dem Brunnen zu schöpfen, mit Holz zu heizen oder Nahrung aus dem Garten zu holen. Aber selbst für diejenigen, denen ein ukrainisches Gehalt überwiesen wurde, war es nicht immer einfach, auch nur das Notwendige zu kaufen.

»Wir bekamen das Geld überwiesen und konnten es nur mit hohen Gebühren abheben, das waren zehn bis fünfzehn Prozent, um Bargeld zu bekommen. Aber manchmal gab es Möglichkeiten. Zum Beispiel brauchte jemand Geld auf der Karte und gab uns dafür Bargeld, mit dem wir im Laden oder auf dem Markt bezahlen konnten. Die Preise waren unglaublich hoch. Hähnchenschenkel, die früher 100 Hrywnja gekostet haben, kosteten auf einmal 280«, berichtet Olha aus dem Krankenhaus in Cherson.

Wenn ich während der monatelangen Besatzung im Süden der Ukraine Gelegenheit hatte, mich zu erkundigen – bei meinen Journalistenkollegen vor Ort, bei Leuten, die noch dort sind oder die Verwandte haben, die noch dort sind –, wenn ich sie fragte, wie es dort aussah, war ich zunächst sogar überrascht, dass die Menschen nicht über das russische Militär redeten, sondern über den Mangel an Waren, Medikamenten und die steigenden Preise.

Für Ukrainer, die nicht in den besetzten Gebieten gelebt haben, sieht die Besatzung aus wie auf den Bildern mit den Ermordeten in Butscha und den Massengräbern in Isjum. Im Kyjiwer Gebiet sind tatsächlich etwa 3000 Menschen umgekommen, die meisten von ihnen wurden hingerichtet. Auf dem Friedhof von Isjum gibt es 440 Gräber.

Doch man sollte sich von Sätzen wie »So schrecklich wie in Butscha war es bei uns nicht«, den ich in den Dörfern der Gebiete Tschernihiw und Charkiw oft gehört habe, nicht täuschen lassen. Denn wenn ich eine Weile mit den Menschen geredet hatte, stieß ich in jedem Dorf auf eine Frau, deren Mann in den Keller geworfen oder erschossen wurde, weil er auf der Straße telefonierte, eine alte Militäruniform hatte, in der er zum Angeln ging (was in ukrainischen Dörfern oft der Fall ist), oder deren Auto während der Evakuierung beschossen wurde, und die Ältesten nannten den Namen eines Sohnes, Bruders oder Vaters von jemandem, der in einem nahegelegenen Wald ermordet aufgefunden wurde.

»Einer pro Dorf« scheint nicht viel zu sein. Aber das Schlimme ist, dass es praktisch um jedes Dorf, jede Kleinstadt, jedes Gehöft geht. Ebenso gab es in diesem Krieg keinen Tag, an dem nicht jemand gestorben wäre.

Millionen von Menschen in den besetzten Gebieten – Charkiw und Tschernihiw, Luhansk und Mykolajiw, Donezk und Saporischschja – hatten nicht nur die täglichen Strapazen zu ertragen, die es bedeutete, sich nicht frei bewegen und arbeiten zu können und keinen Zugang zu ausreichend Lebensmitteln und Medikamenten zu haben. Sie lebten auch in einem Zustand permanenter Angst.

Fachleute, die sich um die Behandlung von Traumata bemühen und uns Journalisten vermitteln, wie wir mit Menschen kommunizieren können, die Schlimmes durchgemacht haben, warnen vor einer Art Abstufung des Leids. Das Grauen mancher Verbrechen – Folter oder Mord – mindert nicht den Schmerz, den eine Person empfindet, die scheinbar weniger Schlimmes durchgemacht hat.

Wir zählen den Krieg in Tagen, in der Dauer der Besatzung einer bestimmten Region. Für die einen ist es ein Monat des Grauens, für andere drei, für die Einwohner von Cherson neun. Aber vor allem ist es für viele nicht die Vergangenheit, sondern die Gegenwart und für andere eine mögliche Zukunft, wenn es nicht gelingt, sie zu schützen.

Aus dem Ukrainischen von Lydia Nagel

Kateryna Iakovlenko
Vorsicht, gefährliche Bäume

Könnte man über Wörter stolpern, so könnte ich keinen Kilometer laufen, ohne mir blaue Flecken zu holen. Über Krieg und Verlust zu schreiben, wenn es um das eigene Zuhause, den eigenen Körper und das eigene Leben geht, ist eine Herausforderung. Vielleicht sollte man damit besser warten, bis kein Blut mehr fließt und die Verluste klar benannt sind, aber ich habe mich anders entschieden, ich möchte meinem Trauma selbst einen Namen geben. Ich habe mich entschieden loszugehen, über meine Erfahrungen zu stolpern und zu versuchen, diesen Weg mit Hilfe von Wörtern, Bildern und Gesten zu bewältigen, auf der Suche nach denen, die mir am besten zu passen scheinen.

Der Krieg gegen die Ukraine begann im Frühjahr 2014, als Russland die Krim annektierte und Teile der Ostukraine einnahm, darunter auch die Stadt, in der ich geboren wurde. Am 23. Februar, dem sogenannten Tag der Vaterlandsverteidiger, beschloss Russland, alle anderen Gebiete einzunehmen. Meine neue Heimatstadt – Irpin, ein Vorort von Kyjiw – erlebte den Krieg als eine der ersten. Der russische Vaterlandsverteidiger drang in mein Heimatland ein.

Am 18. März wurde meine Wohnung durch einen Granattreffer zerstört. Alles, was sich darin befand, verbrannte. Am 26. August 2022 eröffnete ich zwischen den zerstörten Wänden eine Ausstellung. Für einen Tag.

Der Krieg, wie jede patriarchale Struktur, versucht zu nehmen, zu zerstören, zu demütigen, zu beleidigen, zu negieren, zu unterwerfen, zu vergewaltigen, und am Ende, wenn all das scheitert, zu töten. Die Kunst kann sich dem widersetzen, mit Strategien der Unterstützung, der Empathie und der Solidarität.

***

Eine Taube saß in meiner Wohnung und blickte durch den zerstörten Raum zum offenen Fenster der Nachbarn, aus dem der Duft von Brot und Gewürzen herüberwehte. Aus meinem Fenster drangen vor ein paar Monaten noch Rauch und Staub. Jetzt war nur noch Staub übrig. Nachdem die Freiwilligen die verbrannten Wände gereinigt und den Müll meiner ehemaligen Sachen beseitigt hatten, verflüchtigte sich der unangenehme Geruch fast ganz, nur im unteren Stock nistete noch ein Rest. Das Feuer hatte die Wände nicht beschädigt, aber sie hatten den Brandgeruch aufgenommen, ein Geruch, den ich seit der ersten Begegnung mit meiner Ruine nicht mehr loswurde.

Durch den Beschuss wurde die Stadt Irpin zu 75 % zerstört. Es gibt noch kein Konzept für den Wiederaufbau, obwohl die Arbeiten bereits begonnen haben. Einige Häuser sind so katastrophal zerstört, dass man sie nur noch abreißen kann. Ihre Bewohner sind obdachlos, einige leben in Waggons der ukrainischen Eisenbahn unweit des Bahnhofs. Unser kleines Haus mit nur vier Stockwerken hatte offensichtlich Glück – trotz der starken Zerstörung kann es wohl wiederhergestellt werden. Allerdings müssen wir dafür entweder das Ende des Krieges abwarten oder aus eigener Kraft anfangen, ohne eine offizielle Finanzierung. Vielen ist klar, dass jeder Windstoß im Herbst, jeder Regenguss ihre Häuser nur noch mehr beschädigen wird. Außerdem besteht die Gefahr, dass Vögel Samen hereintragen und eine Pflanze oder ein Baum in der Wohnung Wurzeln schlägt. Meine Erinnerung wird sich mit neuem, sprießendem Leben überziehen, und für mich wird darin vielleicht kein Platz mehr sein.

Als ich eintrat, flog die Taube weg. Gehört meine Wohnung jetzt ihr? Einen Augenblick lang fragte ich mich, ob ich sie fortan um Erlaubnis bitten muss, hereinkommen zu dürfen.

Heute bin ich nicht als Eigentümerin und Bewohnerin gekommen, sondern als Kuratorin einer Ausstellung über Traumata und das Leben danach. Für einen Tag werden meine leeren Backsteinwände, die kaputte Decke und der mit Wachstuch bedeckte Boden zu einem Ausstellungsraum für zeitgenössische Kunst. Die gesamte Wohnung ähnelt in ihrem jetzigen Zustand der Installation des in Dnipropetrowsk geborenen sowjetischen Künstlers Ilya Kabakov *Der Mann, der aus seiner Wohnung in den Kosmos flog* (1982). Sein Werk handelt von der Ausweglosigkeit, den fehlenden Handlungsmöglichkeiten und dem Versuch, die Grenzen eines totalitären Regimes zu überwinden. Beim Versuch, dieses Regime zurückzuholen und die Menschen seiner erstickenden Tyrannei zu unterwerfen, wurde meine Wohnung zerstört.

Aber meine Nachbarn und ich haben uns für das Leben entschieden – deshalb bin ich wieder da.

Mit der Zerstörung meiner Wohnung änderte sich mein Verhältnis zur Zeitlichkeit. Anfangs lebte ich nur von einem Tag auf den anderen. Dann wurde der Planungshorizont weiter, umfasste eine Woche und schließlich einen Monat. Ich hatte Angst, für ein Jahr zu planen, und konnte die Zukunft nicht in Jahren messen. Vielleicht, weil diese Zukunft sich während des Brandes abzuzeichnen begann. Wir bauen schon jetzt daran, wir müssen uns schon jetzt ein Leben vorstellen, das aus der Asche entsteht. Gerade jetzt ist es wichtig, zu träumen und vorauszudenken. Und warum sollten wir uns nicht bereits jetzt inmitten der Utopie sehen? Wir schaffen die künftige Welt, tragen die Verantwortung für sie, wir sind selbst der Stoff, aus dem sie ihre Netze webt und uns in eine ideale Welt lockt. Aber sie wird nicht möglich sein, wenn wir heute erstarren. Das Trauma selbst zwingt uns zum Handeln.

Statt auf Veränderungen zu warten, taten sich meine Nachbarn zu einer Eigentümergemeinschaft zusammen und gaben eine unabhängige Expertise zum Zustand des Hauses in Auftrag. Architekten wurden mit der Planung betraut, Handwerker für die Bauarbeiten eingestellt. Nach langen Debatten bekam das Haus einen Namen: Phoenix-Irpin. Ich denke dabei nicht nur an ein aus den eigenen Ruinen errichtetes Gebäude, sondern auch an die Tränen des Vogels, die dank ihrer erneuernden Kraft sogar tödliche Wunden heilen.

Als mir die Idee kam, in meiner Wohnung eine Ausstellung zu machen, fragte ich mich, wie man überhaupt von einer Ruine erzählen könnte, mit welchen Bildern sich nicht nur die Tragödie

vermitteln, sondern auch Raum für eine mögliche Erneuerung
schaffen ließe. In der ukrainischen Kultur spielt das Bild des Baumes eine sehr wichtige Rolle. Natur und Kultur erwachsen allerdings nicht aus Trieben, sondern aus – oftmals tragischen – Geschichten und Biografien. Ausladende, mächtige Bäume waren
schon immer ein Symbol für Freiheit und den Kampf um die eigenen Rechte. Beim Nachdenken über die Ausstellung nahm das
Bild des Baumes immer mehr Raum ein. Ich fand Werke von
Künstlern, die es aufgreifen und von neuem Leben erzählen. Doch
eigentlich war es andersherum – die Werke haben mich gefunden,
mich getröstet und beruhigt.

Auch Bäume durchleben Traumata. Starke Winde, Tempera-
turschwankungen, strenge Fröste oder Schädlinge, die das Holz
anfressen, können den Baum verletzen. Die Reaktion auf solche
Verletzungen sind »Tränen«: Der Baum produziert Harz, eine
klebrige Substanz, die austritt und die Wunden des Baumes heilt.
Als Kind habe ich Bäume weinen sehen, meist waren es Obstbäu-
me, Kirschen und Aprikosen. Es gab wohl kein Kind, das die ho-
nigfarbene zähe Flüssigkeit nicht gekostet hätte. Sie schmeckte
ein wenig bitter, wie alle Tränen.

Meine Gedanken kreisen um das Bild des Baumes, Symbol
für das Leben, und seine Tränen: Was kann gesellschaftliche Traumata heilen? Was kann dieses Harz sein, das Risse und Brüche
verklebt?

Bei der Vorbereitung der eintägigen Wohnungsausstellung hatte ich auch historische Vorbilder im Kopf. Im ukrainisch-sowje-
tischen Kontext der sechziger bis achtziger Jahre spielten Ausstellungen und Veranstaltungen in Wohnungen eine große Rolle. Ob
in Odessa, Kyjiw, Lwiw, Charkiw und Dnipro (bis 2016: Dnipropetrowsk) oder auch in anderen Städten – Wohnungen waren ein
geschützter Raum für Künstler und Schriftsteller, die eine andere
Kultur als den sozialistischen Realismus vertraten. In den Wohnungen der späten sechziger Jahre entstand eine neue ukrainische
Kunst- und Menschenrechtsbewegung, die in den siebziger Jahren gewaltsam unterdrückt wurde: Einige der Aktivisten wurden
getötet, andere inhaftiert, einige konnten die Sowjetunion verlas-

sen, andere wurden zum Schweigen gebracht, wieder andere zerbrachen. Nur wenige setzten ihren stillen Kampf fort. Als der ideologische Kampf nicht um soziale Rechte, sondern um Geist und Körper geführt wurde, waren die Wohnungen der Künstler der sechziger Jahre zweifellos ein politischer Raum. Das Haus, in dem sich meine Wohnung befindet, wurde in den frühen Nullerjahren gebaut. Nichts schien es mit der Erinnerung an Sowjetzeiten zu verbinden. Doch die Gewalt und der brutale Krieg, den Russland entfesselt hat, stehen in einem direkten Zusammenhang mit dem unverarbeiteten imperialen und sowjetischen Erbe.

Ich hätte Pech gehabt, weil ich mein Zuhause verloren habe, höre ich manchmal. Aber haben diejenigen, bei denen die Russen eingebrochen sind und alles auf den Kopf gestellt haben, bei denen sie eine verminte Kühlschranktür oder durcheinandergeworfene Habseligkeiten zurückgelassen haben, etwa Glück gehabt? Ein Mädchen aus einer Nachbarstraße hatte definitiv kein Glück – sie wurde von einem russischen Panzer überrollt.

Echtes Glück hatte meine Freundin – in ihre Wohnung waren »höfliche« Russen eingebrochen. Sie hinterließen keine Bomben, sondern nahmen nur ein paar Dinge mit und verstreuten die Unterwäsche in der Wohnung. Auf dem Tisch fand sie einen handgeschriebenen Zettel »Entschuldigung«. Das humanitäre Völkerrecht erkennt derlei nicht an – »Entschuldigung« muss zur Verantwortung gezogen werden.

Wir haben lange darüber gesprochen, warum sich das Eindringen in den privaten Raum und das Durchwühlen von Sachen wie ein Vergewaltigungsversuch anfühlt. Auch wenn die Wohnung und der private Raum nicht mehr da sind, wird diese Erfahrung auf der körperlichen Ebene als Missbrauch ebendieses Körpers empfunden. Die Kontrolle über das Alltagsleben, die Liebe, Körperlichkeit und Sexualität waren für die Sowjetunion wichtig, dadurch ließen sich die Herrschaftsmethoden immer mehr verfeinern. Das heutige Russland macht es sich leichter: Es nimmt uns einfach unser Leben – mit Raketen und Artillerie.

In den sechziger Jahren ersetzte die Wohnung die fehlenden

Institutionen. Man konnte die staatliche Zensur umgehen und einen sicheren Raum für den Austausch von Gedanken schaffen, die öffentlich zum Schweigen gebracht wurden. Wohnungen boten einen Zufluchtsort für eine Kultur, die anders nicht existieren konnte.

In meiner Wohnungsausstellung ging es zum Teil auch um alternative Institutionalität – um das Bedürfnis, ein kulturelles Fundament zu schaffen, auf dem der Prozess des Wiederaufbaus stattfinden kann. Die Ausstellung bot einen Raum, in dem sich Stille und Leere materialisieren und von früheren Erfahrungen des Widerstands gegen das Imperium erzählen können.

Meiner Intuition folgend habe ich Künstlerinnen und Künstler zur Teilnahme eingeladen und Werke ausgewählt, die durch eigene Erfahrungen zu einer neuen Art und Weise finden, über Zerstörung, Akzeptanz und Wege aus dem Trauma zu sprechen. Sie handeln von der Zukunft, die bereits eingetreten ist. Statt auf einfache Sujets und Dokumentarserien zu setzen, ging es mir darum, Erfahrungen emotional und visuell erzählbar zu machen, was definitiv die größte Herausforderung war. Gesten, Bilder und Handlungen können mitunter verlorene Wörter und die Sprache ersetzen. Ich wollte, dass die Ausstellung nicht nur von meinen Erfahrungen erzählt, sondern uns alle berührt und anspricht, ungeachtet unserer verschiedenen Ansichten und Erlebnisse. Es gibt keine wichtigen und weniger wichtigen Erfahrungen. Das Gefühl der Sorge um alle anderen verfolgt mich, ich kann nicht anders, als die Zukunft in diesem Sinne zu denken: inklusiv, als Entwurf, der die verschiedensten Perspektiven einbezieht und die vielfältige Gegenwart symbolisiert.

Wir leben in einer visuellen Epoche, wir verfolgen den Krieg online, wir sehen den Tod fast in Echtzeit – da ist eine Ausstellung in einem ausgebrannten Raum an sich schon ein starkes emotionales und visuelles Statement. Das fehlende Dach, die lebendigen Schatten, die den Raum täglich und stündlich verändern, die Vögel und Schmetterlinge, die während der Werkschau hereinflogen – all das veränderte die Ausstellung und die Werke selbst. Und das Sonnenlicht, das eine immer wieder neue Spannung erzeugte und die Werke auf verschiedene Weise akzentuierte, unterstrich die Kraft der Kunst in dunklen Zeiten besser als jede künstliche Beleuchtung. Melancholie, Sehnsucht und die Schönheit des Augenblicks kommen in diesen Strahlen zum Ausdruck, die mit den Sonnenflecken auf den zerstörten Mauern spielten. So wurde der Raum selbst zum wichtigsten Werk der Ausstellung: als gestaltendes Element und erfüllte Leere.

Ich könnte die Ausstellung mit der Grundstimmung des Films *Akira Kurosawas Träume* vergleichen – der Traum als Grenzzustand vor dem Tod, die Fähigkeit, zu träumen und diese Träume als Wahnvorstellung vor sich zu sehen.

⁂

Das erste Werk, für das ich mich entschied, war Anna Zvyagintsevas *Einen Stock pflanzen*. Ein dünner Stock steht einsam in einer üppigen Sommerlandschaft. Gewidmet ist es ihrem Großvater, der im Gebiet Riwne in der Westukraine lebte und ebenfalls Künstler war. Jeden Sommer verbrachte Zvyagintseva bei ihm, umgeben von der ländlichen Natur. Die Bauern bauten Zäune aus Weidenruten – kahlen Ästen von Bäumen, die manchmal anwuchsen, grün wurden und ausladende Baumkronen entwickelten.

Bei der Recherche in den Archiven ihres Großvaters fand die Künstlerin eine handschriftliche Notiz: »Wie ein Baum ohne Blätter steht meine Seele in den Feldern« – eine Zeile aus einem Gedicht des ukrainischen Schriftstellers der sechziger Jahre Dmytro Pawlytschko, die ihr Großvater offenbar in einem für ihn wichtigen Moment notiert hatte. Das Zitat spricht von Einsamkeit, aber auch von der Suche nach sich selbst.

Ich hatte befürchtet, dass die Werke vom Raum absorbiert werden und der Raum ihnen Interpretationen aufzwingen könnte, die nicht impliziert sind. Der Raum beeinflusste die Arbeiten tatsächlich, aber auch das war ein organischer Prozess – die Werke schienen mit den abblätternden Wänden und dem Boden zu verwachsen. Wie die Spuren von Glas, die sich im Badezimmer spiegelten.

Einige Ausstellungsbesucher bemerkten einen hellen Kreis auf
dem Foto und dachten, er gehöre dazu – er erinnerte an den
Mond. Aber nach ein paar Stunden war er verschwunden. Was
war geschehen? Den weißen Fleck hatte ein Sonnenstrahl erzeugt,
der durch das zerstörte Dach fiel und verschwand, als sich der
Himmel zuzog.

Für mich ist Zvyagintsevas künstlerische Praxis eine Offenle-
gung des Verborgenen, sie kann Zerbrechlichkeit und Empfind-
lichkeit meisterhaft vermitteln. Und was könnte empfindlicher
sein als eine schmerzliche Erfahrung? Zvyagintseva lässt oft andere zu Wort kommen, aber durch sie spricht sie auch über sich
selbst. Das ist meiner Arbeit sehr ähnlich – ich schreibe oft über
Künstler, Kulturschaffende oder einfach über Menschen. Wenn
ich Interviews mache, bleibe ich hinter den Fragen verborgen.
Mein Zimmer ist ein typischer Zufluchtsort, aber während der
Ausstellung ist es für jeden zugänglich, alle Wunden liegen offen.

***

In der ersten Woche der Invasion saß ich am Fenster. Anders als
früher konnte ich mich am Anblick des grünen Saums auf der anderen Straßenseite nicht freuen. Später, als ich Irpin längst verlassen hatte, irrte ich durch andere Städte und Straßen, ohne zu verstehen, in welcher Zeit ich war. Irgendwann bemerkte ich, dass die
Bäume Knospen trieben, und dann blühten plötzlich die Linden –
es war schon Juni. Den August spüre ich immer in der Luft, er
riecht ganz anders. Die Kiefernwälder von Irpin sind immer grün.

Jetzt kann man sich in der Stadt und im Park schon wieder frei
bewegen, das Gebiet wurde von Minen geräumt. Aber im Wald
ist es noch gefährlich. Wenn man durch den Waldgürtel von
Kyjiw nach Irpin fährt, fällt der Blick auf die verstümmelten Kie-
fernstämme, noch nicht alle wurden weggeräumt. Manche Wald-
abschnitte sind mit grellen Bändern abgesperrt: Durchgang verboten – Gefahr. Auf den Collagen des Künstlers Sasha Kurmaz
ist auch ein Baum zu sehen, der durch den Beschuss verbrannt ist.

Kurmaz begann als Graffiti-Künstler und Fotograf, arbeitete

zu subkulturellen Topoi, aber später dominierte das Thema Macht und Gewalt sein Werk. Ihn interessiert, wie Tyrannei in unser Alltagsleben eindringt und die Macht über das Individuum übernimmt. Wie Aggression und Hass reproduziert werden und wie sie gestoppt werden können. Wie Gewalt die Umwelt prägt und was ihre Natur ist, deren Teil wir ja alle sind.

Kurmaz dokumentiert die Spuren des Krieges, zerstörte und verstümmelte Landschaften – ein weiterer Beweis der Aggression und der Verbrechen der russischen Armee. Seine Serie besteht nicht nur aus Fotografien, sondern auch aus Zeichnungen, Karten und Texten. Schicht um Schicht, Sujet um Sujet wird das Ausmaß dieses Krieges sichtbar, der jeden persönlich betrifft. Der Krieg ist mehr als ein Bild in den sozialen Netzwerken, mehr als ein Post des Präsidenten auf Instagram. Er ist größer als unser Territorium, denn seine Folgen – beschleunigter Klimawandel, Hunger, wirtschaftliche und geopolitische Krisen – sind tiefgreifender, als wir es uns jetzt schon vorstellen können. Krieg bleibt nie ein lokales Ereignis.

Im März 2022 eröffnete in Berlin eine Ausstellung junger Kunst – Kurmaz' Installation *The Temple of the Transfiguration*, die er ein Jahr lang vorbereitet hatte, wurde vor dem Eingang der alten Berliner Akademie der Künste am Hanseatenweg aufgestellt: eine Kiosk-Kirche, aus der Metallkarosserie eines alten sowjetischen Lastwagens gefertigt, auf dem Dach eine orthodoxe Kirchenkuppel. Das Werk erzählt vom Einfluss dieser Kirche, von ihrer aktiven Beteiligung an den Kriegszügen und Militäraktionen der Russischen Föderation. Kurmaz konnte die Eröffnung der Ausstellung nicht miterleben, er war in Kyjiw. Die Invasion hatte begonnen, unterstützt von der orthodoxen Kirche, die russischen Soldaten Unterschlupf gewährte und sie mit Geld und Waffen versorgte.

In meiner Wohnung gab es keine Ikonen, aber ein kleines goldenes Kreuz, mit dem ich als Kind getauft worden war. Wie meine anderen Dinge wurde es von der orthodoxen Kirche verbrannt, die die Diktatur der Gewalt unterstützt.

***

Das Motiv der Wiedergeburt, das Anna Zvyagintseva in ihrem
Werk aufgreift, findet sich auch in der Textilinstallation von Tamara Turlyun. »Das ist der Anfang von Bäumen, so sieht ein Haufen Stämme aus« lautet der Satz in Siebdruck auf den weißen Vorhängen, die sie für die Ausstellung in meiner Wohnung genäht hat.
Ein Satz aus einer früheren Serie ihrer Arbeiten, einer Scheren-
schnittcollage. Zentrales Motiv ist ein Baum, der durch Beschuss
umstürzt und sich in eine Ansammlung von Kreuzen verwandelt.
Aus den Ästen faltete sie Särge aus Papier. Doch wenn sie auf
die Erde fallen, haben sie die Chance, ein neues Leben zu beginnen.

Der Friedhof von Irpin ist voll von frischen Gräbern. Die Erde
hatte noch keine Zeit abzukühlen. Kreuze und Friedhofsblumen
füllen den Wald. Es ist schwer vorstellbar, wie viele Gräber noch
auf diejenigen warten, die zynisch in Höfen, Gärten und mitten
auf der Straße verscharrt wurden.

»Wenn das Haus wieder aufgebaut ist, werde ich dir eine Wand
weißen«, sagt Tamara Turlyun, als sie hereinkommt. Wir lernen
uns erst jetzt persönlich kennen. Tamara, die sich für Malerei
und dekorative Kunst interessiert, war 2021 zusammen mit anderen Künstlern und Freiwilligen an der Restaurierung des Mosaiks
von Ada Rybachuk und Volodymyr Melnychenko im Kyjiwer
Busbahnhof beteiligt. Die Wiederentdeckung der Moderne der
sechziger Jahre, die Frage, wie sich ein Dialog mit den Künstlern
der Generationen vor uns herstellen lässt, ist ein Phänomen der
Post-Maidan-Zeit. Das Bewusstsein für Überlieferung und die
Notwendigkeit, Traditionen weiterzugeben, zieht sich durch Ta-
maras Arbeiten. Auch das Weißen von Wänden ist eine Kunst
und eine Tradition aus alten Zeiten. Die ukrainischen Städter
praktizieren diese Technik schon lange nicht mehr, aber auf alten
Archivfotos sieht man geweißte Wände, die mit Blumen und
Pflanzen bemalt sind. Durch die Archive spricht eine ganze Kul-
turschicht aus der Vergangenheit zu uns.

***

Das Thema Archiv ist mir wichtig. Seit acht Jahren beschäftige ich mich mit der Geschichte der ukrainischen Kunst, die noch immer nicht umfassend beschrieben ist. Doch die Archive brennen. Sie brennen wie die Felder, wie die Häuser, wie unser Kulturerbe. Alles verstummt für immer. Es gibt keine Möglichkeit mehr, über die Vergangenheit zu sprechen.

In der Ausstellung wollte ich auch das einzige »überlebende« Werk meiner Sammlung zeigen – eine kleine Zeichnung des Künstlers Roman Mykhailov, die ich im Sommer vor zwei Jahren erworben habe. Mykhailov war in Montenegro und schrieb, dass er ein Bier zeichnen würde, wenn ihm jemand das Geld für dieses Bier überweist. Und so hatte ich vier Dosen montenegrinischen Alkohol auf Papier. Als der Künstler zurückkam, konnte er mir die Zeichnung lange nicht übergeben, dann bin ich weggegangen. Die Zeichnung lag in meiner Ablage – das hat sie gerettet.

Ich denke oft über die Zufälligkeit der Geschichte nach: darüber, von welchen Objekten und Kunstwerken wir ausgehen, wenn wir über die Geschichte der Kultur sprechen. Ist es nicht purer Zufall, dass ausgerechnet diese Artefakte überlebt haben? Was wäre, wenn auf einmal andere Werke auftauchten? Würden wir unsere Kunstgeschichte dann umschreiben?

Wenn ich die intellektuelle Geschichte der Ukraine heute betrachte, wird mir klar, dass all diese weißen Flecken und das fehlende Wissen kein Zufall sind. Sie sind das Ergebnis eines wahnwitzigen Wunsches, eine Kultur zu zerstören, die an etwas Utopische und Imaginäres appelliert. Es ist das Bestreben, sich nicht nur die Gegenwart, sondern auch die Vergangenheit anzueignen und zu unterwerfen. Zum Kurator des Archivs zu werden. Aber welche Werke wertvoller sind oder die größte Bedeutung haben, darum geht es jetzt nicht mehr. Wert und Bedeutung liegen allein darin, sie vor der Vernichtung zu bewahren.

Roman Mykhailov, der aus Charkiw stammt, kennt Zerstörung nicht nur vom Hörensagen. Einmal fertigte er eine Serie von Arbeiten – Papierbögen, die er angezündet hatte. Der Künstler erlaubte dem Feuer, Bilder zu zeichnen, und nahm sich selbst aus dem Prozess heraus. Auch hier geht es um den Zufall – ein unkontrollierbares Element hinterließ auf seine Weise Spuren. Und tut es immer noch. Wir sind nur Zeugen und archivieren diese Folgen, diese Aschereste und Spuren des Verbrannten, wenn überhaupt etwas davon übrigbleibt.

✳✳✳

Einer von Kurosawas Träumen handelt von einem Pfirsichgarten, der abgeholzt wurde.

»Wir werden nie wieder zu euch kommen.«

»Warum nicht?«

»Deine Familie ... hat alle Pfirsichbäume in dem Garten gefällt.«

»Wie kann man feiern, wenn die Bäume gefällt sind?«

»Pfirsiche kann man kaufen. Aber wo kann man einen ganzen Garten voller Farben kaufen? Ich habe diesen Garten geliebt.«

Unsere zerstörten Häuser sind ein ähnlicher Garten. Es ist ein Sujet unseres Traums, den wir durch den Krieg verloren haben.

Als ich über meine Wohnungsausstellung nachdachte, erinnerte ich mich an eine Ausstellung, die 1993 in einem verlassenen Gebäude der Kyjiwer Mohyla-Akademie stattfand. Ihr Thema: die Reproduktion von Gewalt, das zerstörte kulturelle Erbe, aber auch das Leben, das sich gegen die Tyrannei durchsetzt. Eines der Hauptwerke war eine Installation von Anatol Stepanenko, einem Künstler aus Irpin: inmitten von Ruinen pflanzte er einen Baum, und auf die angrenzende Wand wurde Filmmaterial über revolutionäre Ereignisse projiziert.

Wie Bäume aus verlassenen Gebäuden sprießen, hat mich schon immer fasziniert. Ich erinnerte mich an verlassene Kirchenruinen und Verteidigungsanlagen, an Bäume, die unbeugsam dem Wind standhielten. Es ist bezeichnend, dass auch die von Stepanenko organisierte Ausstellung dem verlassenen Raum neues Leben gab. Kurze Zeit später entstand hier die Galerie des Soros-Zentrums für zeitgenössische Kunst.

Im Gegensatz zu den meisten anderen eingeladenen Künstlern stellte Stepanenko eine seiner früheren Serien vor. Seine künstle-

rische Laufbahn begann in den 1970er Jahren, ihren Höhepunkt
erreichte sie in den frühen 1990ern, als er den Zusammenbruch
der Sowjetunion und die Entstehung eines neuen Staates miter-
lebte. Heute verstehe ich, dass er mit seiner Installation in der
Mohyla-Akademie nicht nur den zerstörten Raum, sondern auch
das Land im Übergang reflektierte. Er stellte sich den Übergang
in den neuen Staat als Transformation der Landschaft vor. Für
seine Installationen und Ausstellungen suchte er sich herunterge-
kommene Gebäude und arbeitete an einem Archiv der Alltags-
dinge, die nie zuvor in einem Museum stehen durften.

Wenn ich über die aktuelle Situation nachdenke, erinnere ich
mich an die vergessenen Werke aus den 1990ern, die wir nicht verstanden haben. Jetzt sind sie sehr lebendig. Stepanenkos Werke
fügen sich in den modernen Kontext ein, denn sie handeln auch
von einer dynamischen und beunruhigenden Zeit, die sich in den
kleinen Details des Alltags zeigt. Heute ist er 75 Jahre alt, seine
Familie sind die Hunde. Er sagt, er habe während des russischen
Angriffskrieges schreckliche Dinge gesehen.

Ich wurde 1989 in diese Zeit der Brüche und Widersprüche
hineingeboren. Zusammen mit dem kulturellen Erbe wurden uns
zahllose nicht artikulierte und nicht verarbeitete Erfahrungen
mitgegeben. Und nun muss meine Generation nach Auswegen suchen, die Knoten entwirren und überlegen, wie wir mit den un-
bearbeiteten Traumata und nun auch mit unseren neuen Erfahrungen umgehen können. Wir werden standhalten. Aber keine
Gesellschaft scheint bereit, mit solch starken Emotionen wie
Angst, Verzweiflung und Euphorie gleichzeitig zu leben. In der
Ukraine erleben wir zum zweiten Mal innerhalb von dreißig Jahren einen tiefen Umbruch, einen Paradigmenwechsel, den An-
bruch einer neuen Zeit.

Stepanenko war fünf Jahre alt, als er den Spross eines Ahorn-
baums sah, der aus der Erde drängte. Seine Mutter strich ihm
über den Kopf und sagte, dies sei jetzt sein Baum. Ich weiß nicht,
ob sich der Junge seiner Verantwortung damals bewusst war, aber
er kümmerte sich um den Baum und beobachtete, wie aus dem
kleinen Spross ein mächtiger Ahorn wurde, der mitten im leeren

Nachkriegsraum von Irpin wuchs. Der Ahorn sah den Wiederaufbau, er erlebte Tschornobyl und den Zusammenbruch der Sowjetunion, und er musste die russische Invasion mitmachen. Er
befand sich auf der ersten Verteidigungslinie von Kyjiw. Als der
Frühling kam, sah er heftigen Artilleriebeschuss und brennende
Häuser.

Der Künstler beobachtete seinen Ahornbaum die ganze Zeit
aus den Fenstern seines Hauses. Am 24. Februar 2022 versteckte
er sich im Keller und verbrachte dort die Zeit der Besatzung Ir-
pins. Im Frühling, als alles grün wurde, kam er hoch, um auf einem Feuer Essen zu kochen. Wegen der schweren Kämpfe gab
es in der Stadt weder Strom noch Gas. Er sagt, er hätte mehrmals
sterben können, aber das Schicksal habe ihn verschont. Er hatte
Glück, sein Haus blieb heil, während ringsum alles zerstört wurde. Der Ahornbaum stand noch, aber diesmal ohne Blätter.

»Ich sehe darin etwas Symbolisches«, sagt der entmutigte, er-
schöpfte Künstler. Er steht in meiner zerstörten Küche und wählt
einen Platz für seine Arbeit aus. Normalerweise braucht er mehr
Zeit, um ein Werk in einem bestimmten Raum zu arrangieren,
er bezieht die Umgebung und die vorhandenen Materialien mit
ein. Aber vor zwei Monaten haben meine Nachbarn die gesamte
Asche entfernt und den Boden mit Wachstuch ausgelegt, damit
der Regen nicht in die Wohnung darunter eindringt. Ringsum ab-
geblätterte Wände und Regenwasserpfützen. Das zerstörte Dach
hängt ordentlich befestigt an den Ziegelwänden, bemüht, nicht
herunterzufallen. Niemand von uns, weder ich noch die Künstler, wagt es, diese Stille und den Frieden zu stören, die in den
Ort der früheren Dinge eingezogen sind.

Stepanenko hatte eine Installation aus Fenstern geplant, er sammelt schon lange Holzläden von alten Häusern. Aber dann brachte er eine andere Serie – über ein Archiv: verschiedene Fundstü-
cke, kombiniert mit sehr persönlichen Artefakten. Er, der in den
1990er Jahren in Räumen gearbeitet hat, die niemandem gehörten, kam und ging, während ich in meiner Wohnung mit den
Kunstwerken stand und nicht mehr wusste, was für ein Raum das
jetzt sein sollte: War es noch meine Wohnung oder waren diese

Wände zu einer Galerie geworden? War es noch ein privater Raum, oder war er seit dem 18. März öffentlich?

Wem gehört meine Ruine, frage ich mich, wenn ich Nachrichten von Unbekannten erhalte, die mich bitten, ihnen die Ausstellung zu zeigen, und nicht wissen, dass es sich um eine Wohnung in einem vierstöckigen Gebäude handelt, dessen Eingang verschlossen und dessen Grundstück eingezäunt ist, und die auch nicht wissen können, dass es in dem Haus gerade kein Wasser, keinen Strom und kein Gas gibt.

Meine Fenster sind jetzt weit geöffnet – der häufigste Besucher ist der Wind. Die Tür steht auch offen – aber niemand darf die Wohnung ohne meine Erlaubnis betreten. Mein Eigentum, egal wie leer, verbrannt, zerstört oder politisch relevant es auch sein mag, bleibt mein Eigentum.

Die Einzigen, die nicht um Erlaubnis bitten, sind die Vögel und Schmetterlinge, sie fliegen in meine Wohnung, ohne meine Zustimmung abzuwarten. Die Sonne fällt durch das zerstörte Dach und wärmt mit dünnen Strahlen meinen Hinterkopf. Dieser Kontrast von Schönheit und Schmerz ist kaum auszuhalten. Die Ruine besitzt immer noch einen Wert, auch wenn sie jetzt vom Feind entwertet ist. Ich habe dort sechs Stunden lang gestanden, es gab keine Möglichkeit, sich zu setzen. An den Geruch von Staub habe ich mich gewöhnt. Aber nach dem langen Stehen tat mir allmählich der Rücken weh. Ich wollte weg, ich zweifelte und hatte Angst, diesen Raum irgendwem zu zeigen – als würde die ganze Welt meine innersten Geheimnisse erfahren, all meine Narben und Wunden sehen können. Aber ich bin geblieben. Die Neugier hatte mich gepackt: Was ist das für ein Raum, was hat er jetzt mit mir zu tun? Was ist diese Ruine?

Ich wusste, dass mich dieser Raum nicht mehr loslassen würde. Er würde mir überallhin folgen, mir im Traum erscheinen, in meinen Erinnerungen und Geschichten auftauchen, bis ich ihm einen Namen gebe.

***

Alle meine Texte und Arbeiten der letzten Zeit würde ich als Suche und Sammlung eines Vokabulars bezeichnen: Wie kann man über eine Ruine sprechen und was ist sie letztendlich? Mit dieser Suche bin ich nicht allein, und ich glaube, dass in dieser Vielfalt die Stärke unseres künftigen Wörterbuchs liegt, das wir nach dem Ende des Krieges zusammenstellen werden.

Die Frage nach der Position und dem Standpunkt, von dem aus man über ein Trauma sprechen kann, ist auch für Mark Chagodaev wichtig. Ob jemand, der die Tragödie nicht direkt miterlebt hat, sich darüber äußern sollte? Seit September 2021 studiert er Kunst in Wien. Wie viele von uns hat er den Krieg online verfolgt. Aber auch ich, die ich mitten im Kampfgebiet war, habe die Aktualisierungen des Nachrichten-Feeds verfolgt. Inwiefern unterscheiden sich meine Erfahrungen von seinen oder anderen? Gibt mir das ein besonderes Recht, darüber zu sprechen?

Chagodaev ist damit genauso verbunden wie wir alle. Im Frühjahr holte er seine Mutter und seinen Bruder aus Kyjiw nach Wien und half ihnen, sich dort einzuleben. Während dieser Zeit wurde seine Wohnung unter Wasser gesetzt. Der Gedanke an sein Zimmer, das er früher schon für Ausstellungen genutzt hat, lässt ihn nicht los. Für meine Ausstellung rekonstruierte Mark Chagodaev aus dem Gedächtnis das Interieur seiner Wohnung, die geflutet wird – die kuratierte Version einer lokalen Katastrophe: Der Blick ist von oben in den Raum gerichtet – der Künstler scheint alles zu beobachten, kann aber nichts tun. Hilfloses Zusehen durchdringt die Arbeit: Wie kann man etwas retten, wenn man Tausende von Kilometern entfernt ist?

Ich glaube, dieses Gefühl hatten viele. Die ersten Fotos meiner Ruine sah ich auch in einem Viber-Chat des Hauses, das Foto wurde meinen Nachbarn von Bekannten aus einem anderen Haus geschickt. Später besuchte Sasha Kurmaz, der in der zerstörten Stadt fotografierte, auch mein Haus – in einer privaten Instagram-Führung zeigte er mir die zugeschütteten Eingänge und verbrannten Wände. Kurmaz konnte zur Tür gelangen, indem er über das Dach kletterte, das die Treppe zu meiner Etage blockierte. Aber eigentlich wusste ich schon, als die Lokalnachrichten über ein Haus berichteten, in das Trümmer eingeschlagen waren, dass es meins war. Ich hatte keine rationale Erklärung, warum ich das dachte, meine Sprache war leise und spärlich, ich hatte Angst, es laut auszusprechen, dachte, wenn ich es ausspreche, wird es wahr. Letztendlich war es auch wahr. Auch das Schweigen und die Stille materialisierten sich, in Form von abgeblätterten Wänden und Löchern.

***

Als die Künstlerin Katya Buchatska, deren Arbeit ebenfalls in der Ausstellung vertreten war, Buchstaben zum Drucken fand, begann sie, Sätze über den Verlust der Stimme in den Sand zu drucken, Sätze darüber, dass alle Bilder und Wörter ihre Bedeutung verloren haben. Dass man in großen Buchstaben KINDER auf den Asphalt schreiben kann, das Gebäude daneben aber trotzdem vom rücksichtslosen Feind zerstört wird. Weil er sich nicht an die Regeln hält, weil es seine Strategie ist zu töten. Jedes Mal, wenn Katya Buchatska etwas geschrieben hatte, spülte das Wasser die Wörter weg, und sie schrieb immer wieder von Neuem. Neue Sätze, die danach fragten, wie man sprechen kann und ob nicht doch irgendetwas Bedeutung hat.

Ja, ein Trauma entblößt einen Menschen, er oder sie wird wie dieser Weidenstock, der einsam im leeren, kahlen Raum feststeckt. Ich weiß nicht, ob jemand helfen kann, aber es ist wahrscheinlich an der Zeit zu entscheiden, ob aus diesem Stock neues Leben entstehen wird oder nicht. Momentan verspüre ich neben der Leere eine quälende Einsamkeit, obwohl Hunderte und Tausende von Menschen bereit sind zu helfen. Die Zivilgesellschaft, die Kultur, die gegenseitige Unterstützung und Empathie – vielleicht gleichen sie ja dem Harz der Bäume. Ein solcher Klebstoff kann auch die Arbeit mit Archiven, die Entwicklung von Institutionen und die Unterstützung von kulturellen Initiativen sein. Meine Ausstellung sollte die Zerstörung des kulturellen Erbes zeigen, die Gewalt, die jeden Spross und jede Initiative entwurzelt; eine Gewalt, die Kontrolle und Diktatur etablierte und jetzt zurückkehrt, um neue Ruinen zu schaffen. Doch in erster Linie ging es darum, Worte zu finden, mit denen man diese Verlusterfahrung beschreiben kann, und darum, wie man die Worte nicht verliert, den gegenseitigen Respekt und die Dankbarkeit gegenüber all jenen, die sich jeden Tag gegenseitig helfen.

Der Refrain besteht aus dem Wort »Danke«, das der Künstler Stanislav Turina auf Servietten geschrieben hat. Es ist weniger ein Kunstwerk als eine Geste, die er jeden Tag wiederholt, indem er Zettel mit dem einfachen Wort »Danke« verteilt. Das ist seine Art, sich zu solidarisieren, Unterstützung und Einigkeit zu zeigen. Gerade in der Solidarität sehe ich diese starke emanzipatorische Kraft, die Berge versetzen kann. Gerade solche Bekundungen von Solidarität und Fürsorge können der Klebstoff werden, der es, wie Harz, ermöglicht, die eigenen Wunden zu heilen. So erneuert sich die Gesellschaft. Durch solche Manifestationen der Fürsorge heilen auch meine Wunden. Vielleicht sind das genau die Worte, nach denen wir so sehr suchen. Sie haben eine unglaubliche Kraft, obwohl Worte und Bilder durch die Gewalt, die sie entwertet, gerade so sehr auf die Probe gestellt werden.

So stolpern wir und fallen über die Wörter. Aber sowohl die Wörter als auch die Bilder führen, wie meine Ruine, zu Solidarität, Dankbarkeit und Unterstützung. Das ist es, was uns trotz des Krieges bleibt. Das ist der feste Boden, auf dem wir stehen und aus dem wir wachsen.

Aus dem Ukrainischen von Lydia Nagel

II Die Aufnahme der Veränderung

III Orientierungsversuch

Yuriy Hrytsyna
»Nobody will come« – *Bildohnmacht in Zeiten
des gestreamten Krieges*

Viktor Onysko (1982-2022)
gewidmet, einem, der handelte.

Am 4. April 2022 postet Yulia Danylevska aus dem von Russland besetzten Cherson auf Facebook ein Bild, das sie am gleichen Tag gemalt hat. Es ist »allen Lebewesen gewidmet, für die Hilfe zu spät gekommen ist«. Der Titel: »Nobody will come«. Auf dem Bild ist ein Aquarium zu sehen, drei tote Fische schwimmen darin.

Das Bild ist für mich eine der stärksten künstlerischen Reaktionen auf diesen Krieg. Gerade weil es das Offensichtliche, das bereits so oft Gesehene – zerstörte Gebäude, fliehende Menschen, monströse Panzer – vollkommen ausblendet. Stattdessen spricht das Bild von dem, was dieser Krieg bewirkt. Von den Prozessen, die in Gang gesetzt wurden und im Stillen, in den Köpfen der Menschen und hinter den verschlossenen Türen ihrer Wohnungen ablaufen. Hunderte Haustiere mussten hinter diesen Türen sterben, verlassen während der hastigen Flucht. Für viele Menschen in eingekesselten, bombardierten Städten kam jede Hilfe zu spät. Über das Schicksal vieler anderer, die in Gefangenschaft geraten oder auf den okkupierten Territorien geblieben sind, wissen wir nichts. Es gibt keine Bilder, die von ihrem Leid und ihrem Tod erzählen. Das Bild von Yulia Danylevska spricht von alledem, ohne es darzustellen.

Das ist die größte Frage dieses Krieges: Muss es Bilder von etwas geben, damit es als real wahrgenommen wird? Was bewirken diese Bilder? Führen mehr Bilder zu einem besseren Verständnis von etwas, was man sowieso schon zu verstehen meint? Können Bilder den Verlauf des Krieges ändern?

Diese Fragen sind keinesfalls neu, sie werden jedoch bei jedem

Krieg aufs Neue gestellt. Es erscheint kaum möglich, sie jetzt, während der Krieg noch andauert und sich langsam, aber stetig ausweitet und verändert, zu beantworten. Man sollte jedoch einen Versuch unternehmen zu verstehen, warum diese Fragen unabweisbar sind.

»Dieser Krieg wurde begonnen, um gesehen zu werden«, behauptet der Zwischentitel eines fünfstündigen anonymen Montagefilms *Den Krieg schauen* aus dem Jahr 2018. Der Satz bringt eine Erkenntnis auf den Punkt, die für die erste Phase des russisch-ukrainischen Krieges – sie dauerte von 2014 bis 24. Februar 2022 – zentral ist. In gewisser Hinsicht war es ein Krieg, bei dem es nicht nur um Okkupation ging, sondern auch um die Produktion von Kriegsbildern, die den Zuschauern ins Haus geliefert werden sollten. Gemeint waren in erster Linie russische Zuschauer. Aber die Adressaten saßen auch anderswo auf der Welt, geliefert wurde an alle, die bereit waren, die Propagandalogik der russischen Bildermaschine zu übernehmen oder sich von ihr einschüchtern zu lassen. Die Bilder sollten mehrere Jahre lang in der Gesellschaft zirkulieren, um Ressentiments zu nähren, bis diese stark genug waren, um im Februar 2022 ihre finale Mobilisierungswucht zu entwickeln. Von russischen Medien wurde das Bild der Post-Maidan-Ukraine als Neonazi-Staat gezeichnet – ein Staat, der einen Völkermord begeht an den Menschen im Donbas, die mit der Politik der neuen Kyjiwer Regierung nicht einverstanden waren. In Ermangelung von Beweisen wurde stets die angeblich »russophobe« ukrainische Geschichtspolitik als Hauptgrund für die Wut der Protestierenden im Donbas angeführt. Letztendlich wurde das »Verhindern der Geschichtsumschreibung« zu einem der wichtigsten Gründe, mit denen man später die verdeckte Einmischung des russischen Militärs im Frühling 2014 erklärte. Aus Russlands Sicht ging es immer schon um die Frage, welche Bilder der Geschichte in der ukrainischen Gesellschaft dominieren werden – die des vermeintlichen Sowjetnachfolgers Russland oder des souveränen Staates Ukraine. Am Ende führte Russland den Krieg, um die Bilderhoheit, die vertraute russlandzentrierte Ikonografie der »Brudervölker«, wiederherzustellen.

Die Bilder von 2014 aus dem Osten der Ukraine sind nach wie vor dieselben Bilder, mit denen man in Russland den großen Krieg im Jahr 2022 erklärt, begründet und rechtfertigt – dieser Krieg bedeutet Rache und Revanche Russlands an dem Gegner, den man in den Bildern des Jahres 2014 erst geschaffen hat. Obwohl die meisten Aufnahmen aus den Kriegsgebieten im Osten der Ukraine seit 2014 in den sozialen Netzwerken erstmals veröffentlicht und dann verbreitet wurden, war ihre Wirkung um ein Vielfaches stärker, wenn sie das russische Staatsfernsehen aufgriff. Das Internet wurde zu einem Archiv, in dem russische Journalisten nach Material suchten, um dieses dann durch ihre Berichterstattung zu interpretieren. Nicht die Bilder formten das Narrativ, sondern es sind die Bilder, die nach dem vorgeschriebenen Narrativ ausgewählt wurden. Sie sollten nicht für sich sprechen, sondern gemäß ihrer Deutung gesehen werden.

Obwohl der russisch-ukrainische Krieg in eine neue Phase eingetreten ist, hat sich die Grammatik der Kriegsbilder nicht wesentlich verändert. Nach wie vor gibt es in diesem Krieg drei Arten von Kameraleuten, somit auch drei Typen von Erzählern – den Zivilisten, den Journalisten und den Soldaten. Der Zivilist ist oft als Erster vor Ort – er findet sein Haus zerstört, seine Familie verwundet. Oder er ist ein Zeuge, der den Krieg aus der Distanz wahrnimmt – als erschreckendes, aber auch faszinierendes Schauspiel. Der Journalist braucht den Zivilisten und seine Bilder für seine Geschichte, obwohl er den Anspruch hat, schärfere, tiefgründigere, mithin professionellere Bilder zu liefern. Der Journalist ist stets näher dran und weiter voraus, er überblickt das gesamte Bild. Doch der wichtigste Bildermacher des Krieges ist der Soldat. Er erzeugt die Situation, die vom Zivilisten und vom Journalisten aufgenommen wird. Er entscheidet darüber, wann ein Ereignis beginnt und wann es endet.

In diesem Krieg werden ununterbrochen Bilder produziert, viel mehr Bilder, als jemals gesehen werden können. Augenzeugen machen Fotos mit ihren Smartphones, Journalisten fotografieren mit professionellen Kameras, Überwachungskameras laufen weiter, im Himmel fliegen die Drohnen – die gespendeten etwas tiefer, die Militärmodelle etwas höher –, und darüber die Flugzeuge und die Satelliten. Die meisten dieser Bilder werden verschwinden, viele sind nicht für das menschliche Auge gedacht. Auf einmal scheint es, als müsse man zwischen zwei Gattungen von Bildern unterscheiden – den narrativen und den forensischen. Die narrativen Bilder erzählen kraft ihrer Ästhetik und Thematik eine Geschichte, die den Zuschauer zum Handeln bewegen soll. In den narrativen Bildern steckt der Glaube, dass es ein definitives Bild vom Krieg gibt, welches ein Ende des Grauens bewirken kann. Der ganze Fotojournalismus wird damit zu einer Art Testlauf – es werden ständig Kombinationen ausprobiert, auf der Suche nach dem einen, entscheidenden Bild, das die Wende herbeiführen soll.

Forensische Bilder schauen in die Vergangenheit, sie wissen, dass das Ereignis, mit dem sie sich befassen, bereits stattgefunden hat und abgeschlossen ist. Sie befassen sich mit den Tatsachen – einer Explosion, einer Leiche, dem Verschwinden von Menschen oder ganzer Städte. Sie wissen, dass jede Hilfe zu spät gekommen ist. Wenn es einen Sinn für ihre Existenz geben soll, dann vielleicht diesen – Gerechtigkeit. Oder Rache. Beides ist langsam und braucht Jahre.

Im kollektiven Gedächtnis vermischen sich beide Arten von Bildern. Man ist von dem Bildstrom mitgerissen, es gibt kein Entkommen, keine Pause. Nach jedem Raketeneinschlag öffnen die Menschen ihre Telegram-Apps. Schon bald erscheinen die ersten Bilder. Man hat Angst, dass, wenn man in den Bildern wiedererkennbare Gebäude oder Landschaften sieht, diese Bilder als Hilfe für den nächsten, präziseren Beschuss verwendet werden können. Oft sieht man deshalb nur eine unheimliche Wolke, eine Rauchsäule, eine verpixelte Stadt im Hintergrund. Dies ist das aufs Wesentliche reduzierte Bild des Krieges – ein Bild des Todes. Nach wenigen Minuten folgen die ersten Fotos der Leichen. Ein paar Stunden vergehen, und wir wissen ihre Namen. Links auf ihre Profile in sozialen Netzwerken werden veröffentlicht. Diese Bilder und alles, was nach diesen Bildern kommt, ist unsere Form der Teilnahme an diesem Krieg. Auch wenn Raketen nicht in unserer Stadt einschlagen, ist dieses Ereignis jederzeit denkbar, vorstellbar, möglich. Das kollektive Betrachten und Teilen dieser Bilder gleicht einer Kommunion, es ist eine Teilhabe an dem Schmerz des ganzen Landes. Es wird oft behauptet, dass die Flut der Bilder die Betrachter abstumpfen kann. Doch wenn man sich bereits inmitten dieser Realität befindet, haben die Bilder des Krieges eine andere Funktion – sie bereiten einen auf das vor, was noch kommt. Sie erzählen dem Betrachter, was ihm bereits passiert ist.

Es wird noch viele von diesem Krieg produzierte Bilder geben. Was lässt einen Menschen zur Kamera greifen und eine Aufnahme beginnen? Ist es das Gefühl der Surrealität, wenn das Gewohnte sich plötzlich in das Unbekannte, grotesk Verzerrte verwandelt? Deine Wohnung wird zu deinem Grab, dein Körper wird zerrissen, du verschwindest. Wird die Kamera als eine Art Schutzschild verwendet, um sich diesen Metamorphosen zu widersetzen? Oder ist es vielmehr das Gefühl der Ohnmacht, das den Akt des Bildermachens in eine Art Trost verwandelt?

Erst nach dem Besuch von Bundeskanzler Olaf Scholz in Butscha, so heißt es, sei ernst zu nehmende Militärhilfe aus Deutschland angelaufen. Als ob man mit eigenen Augen sehen, vor Ort sein muss, um die Lage zu erkennen und den Tatsachen unwiderruflich Glauben zu schenken. Das griechische Wort Autopsie bedeutet »mit eigenen Augen sehen«. Vielleicht wurden die westlichen Politiker aus diesem Grund zu den Massengräbern in den Kyjiwer Vororten geführt, wo man ihnen ausführlich erläuterte, was dort geschehen war. Butscha, Irpin und andere befreite Orte waren gewissermaßen der Ground Zero dieses Krieges, sein endgültiges, unauslöschliches Bild. Ein Bild von dem, was kommen wird, wenn der Krieg verloren oder vergessen ist. Ein Bild, stellvertretend für alle Bilder aus Orten, wo keine Kamera hinkommt. Oft sind die Bilder das Einzige, was von einem Tatort bleibt – im Mariupol wurden seit der Okkupation die zerbombten Häuser systematisch abgerissen. Die Ruinen existieren nur noch als digitale Bilder in dem Kollektivgedächtnis der Ukrainer.

Die Bilder, die die ukrainischen sozialen Netzwerke füllen, können in Genres unterteilt werden:

Zunächst sind da die Bilder der Gefallenen: ein Foto aus dem Zivilleben oder in Militäruniform, eine kleine Erinnerung, Fotos vom Begräbnis, manchmal auch eine Kontoverbindung – für die Unterstützung der Hinterbliebenen.

Dann die Bilder der zerstörten Städte, Folge der jüngsten Anschläge.

Schließlich die Bilder der Leichen – meist sind es die Leichen des Feindes. Wir haben uns daran gewöhnt, Leichen anzuschauen. In gewisser Weise ist das Bild einer Leiche kein Tabubruch, sondern die ultimative antimilitaristische Aussage. In den ersten Tagen nach dem 24. Februar waren die Leichen russischer Soldaten ein wichtiges Zeugnis – die Kriegsmaschine kann aufgehalten werden, der Feind ist sterblich.

Es gibt die Bilder der Vermissten, Vorkriegsbilder.

Aufnahmen, meistens von Drohnen gemacht, die Zerstörung der feindlichen Panzer zeigen. Diese Bilder werden mit Euphorie wahrgenommen, sie sollen Trost spenden, Hoffnung geben.

Aufrufe zu Spendenaktionen, ein Bild vom Gerät, das gekauft werden soll, später ein Bild von der Übergabe an die Soldaten. Ihre Gesichter sind meistens verdeckt. Alles, was wir sehen, sieht auch der Feind.

Irgendwann werden alle diese Bilder ausgewertet. Es gibt bereits jetzt viel zu viele. Der Strafverfolger des Internationalen Strafgerichtshofs, Karim Khan, spricht von einer Flut der Information und von der Angst, dass man irgendwann aus einem »Feuerhydranten trinken« muss. Jetzt werden Beweismittel in riesigen Cloud-Archiven gesammelt. Nicht jedes Bild kann verwertet werden – ein forensisches Bild muss klar definierten Kriterien entsprechen. Viele werden irgendwann verworfen. Bis dahin wird aber alles gesammelt. Im Haager Gerichtsprozess wegen des Abschusses der MH17 über dem Osten der Ukraine wurden fünfhunderttausend Bilder und Videos ausgewertet. Die kontinuierlich wachsende Zahl der Zeugnisse und Beweismittel aus dem Krieg ist unvorstellbar, doch archivierbar.

Es gibt immer noch die andere Seite – das Ungesehene, das Verborgene. Bilder, an die man nicht herankommt. Bilder, die versteckt werden. Bilder, die beseitigt worden sind. Bilder, die es gar nicht gibt. Bilder, die nur in privaten Telegram-Kanälen geteilt werden, in die man nur mit Einladung reinkommt. Bilder, deren Existenz man vermutet, aber nicht nachweisen kann. Vielleicht sind genau das die Bilder, die diesen Krieg beenden?

Muss man unbedingt Bilder für alles haben? Bei der Belagerung von Mariupol wurden als Erstes gezielt die Kommunikationsanlagen zerstört und damit der Mobilfunk lahmgelegt. Nachdem eine Art Bildervakuum über die Stadt verhängt worden war, ließ sich die Zerstörung unbeobachtet fortsetzen. Mstyslav Chernov und Evgeniy Maloletka waren die einzigen professionellen Fotojournalisten, die im belagerten Mariupol Bilder gemacht haben. Ihre Bilder waren beinahe die einzigen, die zu jener Zeit die Bildschirme weltweit erreichten. Die Fotos und Videos vom Bombardement der Geburtsklinik in Mariupol wurden in den sozialen Netzwerken ausgiebig diskutiert und seziert. Für die andere Seite waren sie natürlich Inszenierung, Fake. Nichts sollte das Bildverbot gefährden. Nach zwanzig Tagen wurden die Fotografen aus der Stadt evakuiert. Man musste unbedingt verhindern, dass sie in Gefangenschaft gerieten und unter Folter ihre eigenen Bilder als Fake denunzierten. Sie sollten in der freien Welt Zeugnis ablegen. Doch das reichte nicht. Ihre Bilder konnten Mariupol nicht retten.

Fotografen kommen immer zu spät, Bilder sind immer der Nachhall eines Ereignisses. Dank der Textnachrichten in Hausgemeinschafts-Chats wusste man von den Gräueltaten in Butscha, lange bevor die Stadt befreit wurde. Vom langsamen Verschwinden Mariupols berichteten Hunderte von Augenzeugen, denen die Flucht gelungen ist. In Gesprächen mit Menschen, die den Krieg aus unmittelbarer Nähe erlebt haben, wird eins spürbar – ein generelles Misstrauen gegenüber den Bildern als einem Medium, das die Erfahrung des Krieges adäquat wiedergeben kann. Vielmehr wurde das Wort, das gesprochene und das geschriebene, als das Feld gesehen, in dem die Trauma-Verarbeitung und

die Formulierung der Zukunft möglich und sinnvoll ist. Ukrainische Dichter und Dramatiker waren die Ersten, die ein umfassen-
des Zeugnis ablegten, das weit über die tagesaktuelle Berichterstattung hinausging.

Wenn man lange genug nach Bildern gräbt, findet man Bilder
für alle vorstellbaren Situationen. Man findet Selfie-Videos, in deren Verlauf die Person, die gerade noch gestreamt hat, von ein-
schlagender Munition getötet wird. Der Stream läuft weiter. Man
findet Videos, von Drohnen aufgenommen, bei denen man zusammen mit der Kamera auf feindliche Panzer zusteuert. Man sieht
bis zum Ende, bis das suizidale Auge der Kamera in einer Explosion verschwindet. Näher als jetzt wird man dem Krieg nie sein.
Mehr als jetzt wird man nie sehen.

Von Marschflugkörpern aufgenommene Bilder hat man bereits
im zweiten Irak-Krieg gesehen. Und im Syrien-Krieg wurde auch
viel mit Smartphones dokumentiert und im Internet geteilt. Aber
nie war das Bildmaterial in dieser Fülle vorhanden, nie landete es
schneller auf unseren Bildschirmen. Nie zuvor wurden die Menschen im Westen in diesem Ausmaß zu Zuschauern des Krieges.
Große Gemeinschaften bildeten sich, um das in den Netzwerken
angehäufte Bildmaterial zu analysieren, auf der Suche nach Hin-
weisen auf militärische Aktivitäten des Feindes. Die Open Source
Intelligence Community hat schon Ende Dezember 2021 alle An-
zeichen für den herannahenden Krieg in TikTok und Instagram
entdecken können – man hatte Videos aus den Grenzgebieten
von Russland und Belarus analysiert.

Die Bilder des Krieges sind das neue Edelmaterial, das man
in der Ukraine ausgräbt, sortiert, verarbeitet. Hochkarätige Fotojournalisten kommen aus aller Welt, lokale Fotografen helfen
ihnen dabei, Orte zu finden und die neue Realität zu navigieren.
Irgendwann sieht man, dass die meisten Fotografen immer die
gleichen Orte aufnehmen, es ist die Ästhetik, die entscheidet, ob
das Bild auf der Titelseite einer renommierten Zeitung erscheint
oder im Photostock landet.

Es gibt erprobte Vorstellungen und Spielregeln, wie ein Bild
aus dem Krieg aussehen soll. Die ukrainische Filmemacherin Ma-

rina Stepanska, die 2022 den Krieg dokumentierte, sieht dahinter einen ikonografischen Konservatismus: »Der Bildschirmkrieg, der Hollywood-Krieg, der BBC- und CNN-Krieg, wie er von Dramaturgen und Redakteuren der führenden Kanäle geschaffen wird, gewinnt im Moment gegen die Realität. Wenn wir diese Realität filmen, versuchen wir, bewusst oder unbewusst, diesen Bildschirmkrieg wiederzugeben, diesen Hollywood-Krieg, mit einer Kriegsintonation, die wir seit Kindheit kennen (Naheinstellung – Fadenkreuz – Erde schüttet von oben – alle laufen irgendwohin – Explosion – Verdunkelung).« Dabei ist der Krieg vor allem eins: Warten, Pausen, zermürbender Alltag, Langeweile. Das, was vor und nach dem Beschuss kommt. Das, was geschieht, wenn die Kameras nicht mehr da sind, wenn die Bilder aufhören.

Bilder machen kann in diesem Krieg tödlich sein. Einer der bekanntesten ukrainischen Kriegsfotografen, Maks Levin, wurde laut ukrainischer Staatsanwaltschaft in einem Vorort von Kyjiw vom russischen Militär exekutiert. Der litauische Regisseur Mantas Kvedaravičius erlitt in Mariupol das gleiche Schicksal.

Die russische Propaganda war vor dem 24. Februar 2022 an Bildmaterial aus der Ukraine sehr interessiert – das Material sollte die angeblichen Kriegsverbrechen im Donbas belegen. Seit Beginn der neuen Kriegsphase sollen möglichst wenige Bilder aus der Ukraine kommen. In den besetzten Gebieten Donezk und Luhansk werden soziale Netzwerke blockiert. Bei den aus Mariupol Flüchtenden wurden als Erstes die Smartphones überprüft und alle Bilder vom Krieg gelöscht. Was wir von russischer Seite zu sehen bekommen, sind meist aufwendig geschnittene Bilder, die in ihrer Ästhetik an die Bilderwelt von ISIS erinnern – in Zeitlupe schießende Panzer, CGI-anmutende Explosionen und endlose Kommentare. Auf ihre ganz eigene Art sind die russischen Bildermacher damit beschäftigt, die Ikonographie des »Großen Vaterländischen Krieges« zu remixen. Die Optik, wie man einen Feind und einen Krieg wahrnimmt, wurde vom Sowjetfilmkanon formuliert und vom Publikum der Russischen Föderation internalisiert. In der neuen Version der »Entnazifizierung« hat man jedoch jeden Humanismus getilgt und ersetzt durch die permanente Behauptung, bei den nicht selbst produzierten Bildern handele es sich um »Fake«. Eine kontinuierliche Aufweichung des Realitätsbegriffs ist die Grundlage, die den Krieg möglich gemacht hat. Es ist auch der Grund, wieso der Krieg weitergehen wird.

In seinem Dokumentarfilm *Bilder der Welt und Inschrift des Krieges* (1989) erzählt Harun Farocki von den detaillierten Luftaufnahmen, die die Alliierten von der Infrastruktur des Konzentrationslagers Auschwitz 1944 machten. Zu diesem Zeitpunkt gab es bereits Augenzeugenberichte über die Zustände in dem KZ. Trotz Bitten der Vertreter jüdischer Organisationen weigerten sich die Alliierten, die Bahnanlagen und Gleise zu bombardieren.

Die Bilder sind omnipräsent und ohnmächtig zugleich. Der Krieg beginnt mit Bildern, aber er kann auch ohne Bilder fortdauern. Je länger wir dem Krieg zuschauen, desto begreiflicher wird auch, dass Bilder keinen Krieg beenden können. Wir können wütend oder traurig darüber sein. Nur eins können wir nicht: die Bilder beschuldigen. Denn unsere Unfähigkeit zu handeln ist allein unsere Schuld. Man kann alles sehen. Wie wir auf das Gesehene reagieren, hängt allein von uns ab. Die Bilder enden. Die Wirklichkeit beginnt.

Svitlana Matviyenko
Terrorumgebungen

Von der Desinformation zum Terror

Seit sich der neunjährige Krieg der Russischen Föderation in der Ukraine am 24. Februar 2022 durch die groß angelegte Invasion an mehreren Fronten radikal beschleunigt hat, gehen die Kriegsanalysen in zwei Richtungen. Der eine Strang konzentriert sich auf die Analyse der Angriffs- und Verteidigungstaktiken beider Seiten, ihre Vorstöße und Rückzüge, die Logistik der Mobilisierung, die russische Besatzung im Frühjahr einerseits und die Rückeroberungen der östlichen und südlichen ukrainischen Gebiete durch die Gegenoffensiven im Herbst andererseits. Die Befreiung der besetzten Gebiete brachte das Ausmaß einer genozidalen Gewalt ans Licht.

Im Oktober 2022 ersetzte Putin den bisherigen Oberbefehlshaber der russischen Streitkräfte in der Ukraine durch Sergej Surowikin. Dessen Ernennung ließ auf eine Veränderung der russischen Militärstrategie schließen. Hintergrund war die Explosion auf der Krim-Brücke am 8. Oktober, jener neunzehn Kilometer langen, horrend teuren »feindlichen Infrastruktur«[1], die die von Russland besetzte ukrainische Halbinsel mit dem Festland verbindet; eine ikonische Verkörperung des russischen Imperialismus, die als Schlüsselelement der russischen Militärlogistik in diesem Krieg fungiert. Der neu eingesetzte General diente bereits in Tadschikistan, Tschetschenien und Syrien, wo er sich »den Ruf extremer Rücksichtslosigkeit«[2] erworben hatte. Surowikin wurde zudem

---

1 Anna Engelhardt, »Adversarial Infrastructure: The Crimean Bridge«, in: *Mute Magazine*, 7.7.2020, https://www.metamute.org/editorial/articles/adversarial-infrastructure-crimean-bridge (abgerufen 9.1.2023).
2 Glen E. Howard/Matthew Czekaj (Hg.), *Russia's Military Strategy and Doctrine*, Washington 2019, S. 12.

als Befürworter groß angelegter Angriffe auf zivile und kritische Infrastrukturen bekannt. Seitdem starten die russischen Streitkräfte im Rhythmus von sieben bis zehn Tagen intensive Angriffswellen und terrorisieren die ukrainische Bevölkerung, indem sie sie dauerhaft oder vorübergehend von der Versorgung mit Strom, Heizung und Wasser abschneiden und den Zugang zu Informationen kappen: das WLAN ist abgeschaltet, das mobile Internet nach mehreren Stunden ohne Strom stark verlangsamt. Zudem versuchen sie, das ukrainische Luftverteidigungssystem auszuschalten. Auf diese Weise will Moskau Druck auf die militärische und politische Führung ausüben, um Verhandlungen über die Beendigung des Krieges zu russischen Bedingungen zu erzwingen.

Der zweite Analysestrang konzentriert sich auf die Verbreitung von Desinformation und Propaganda durch die russischen Staatsmedien und deren Unterstützung durch verwaltete Botnetze und umherirrende Schwärme von Pro-Kriegs-Accounts auf sozialen Plattformen. Seit den ersten einschlägigen Studien in den 1920er bis 1940er Jahren lautet die Schlüsselfrage: Wie wirkt Propaganda an der Manipulation der öffentlichen Meinung mit? Daran schließen Medienanalysten im aktuellen Fall des Kriegs gegen die Ukraine an und fragen, wie Desinformation dazu beiträgt, die Entstehung einer kritischen Öffentlichkeit im Keim zu ersticken und in der Bevölkerung der Russischen Föderation stattdessen eine den Krieg befürwortende Haltung zu erzeugen.

Die russische Desinformationsmaschinerie wird überwiegend als *internes* System dargestellt: die von der Propaganda erzielten Effekte zeigen sich dabei entweder als *Tatendrang* (das heißt als militärische Mobilisierung und öffentliche Unterstützung der kriegstreibenden Politik) oder als *Tatenlosigkeit* (Weigerung, eine Meinung zu vertreten; unfreiwillige Komplizenschaft mit der kriegsbefürwortenden Politik). Doch da sich die Desinformationsmaschinerie infrastrukturell deutlich über die Grenzen Russlands ausdehnte, wurde auch ein kleiner Teil der ukrainischen Bevölkerung erreicht, die damit zur »Publikumsware«[3] (*audience commodity*) wurde.

3   Dallas W. Smythe, »On the Audience Commodity and Its Work«, in: Ders., *De-*

Der vom kanadischen Medientheoretiker Dallas Smythe ein-
geführte Begriff der »Publikumsware« soll hier behilflich sein,
um zu veranschaulichen, wie NutzerInnen eines beliebigen Kom-
munikationsmediums im neoliberalen Medienregime zu Ware
werden. Gemäß den Mechanismen des Informationsmarkts geschieht dies, sobald ihre Aufmerksamkeit für Werbetreibende
käuflich wird. Unter der Annahme, dass ein Produkt oder eine
politische Kandidatin beziehungsweise ein politischer Kandidat
während des Wahlkampfes erst verkauft werden kann, wenn ein
Zielpublikum geschaffen ist, werden UserInnen verdinglicht, indem sie von verschiedenen (Informations-)Marktteilnehmern –
das heißt Unternehmen oder politischen Parteien – als Ware ge-
handelt werden können.

Es war einfacher, die Aufmerksamkeit des Publikums in den
vorübergehend besetzten Gebieten des Donbas und auf der Krim
zu gewinnen. Denn hier hatte die Russische Föderation ihre In-
formationsinfrastruktur mit politischer und polizeilicher Rücken-
deckung installiert. Alternative Informationsquellen waren hier
knapp oder gar nicht vorhanden, so dass nur äußerst begrenzte
Ressourcen zur Auswahl standen.[4] Die Suche jenseits der leicht
zugänglichen Ressourcen erfordert nicht nur zusätzliche Arbeit,
sondern stellt auch ein Risiko dar. Damit ist die verbreitete Ansicht, dass im Zeitalter des Internets jenseits des staatlich kontrollierten Fernsehens stets vertrauenswürdige oder alternative Informationen online recherchierbar seien, nicht mehr haltbar. Das
heißt nicht, dass die NutzerInnen passive Akteure in einer komplexen Medienwelt sind. Die Beobachtung erinnert uns lediglich
daran, dass die Internetumgebung gleichermaßen kontrolliert und

pendency Road: Communications, Capitalism, Consciousness, and Canada, Nor-
wood, NJ 1981, S. 22-51.

4 Weitere Beispiele lassen sich in Regionen in der Ukraine finden, in denen das russische Fernsehen selbst in den ersten Monaten der Invasion noch kostenlos ver-
fügbar war oder in denen die Fernsehkanäle im Besitz kremltreuer ukrainischer
Oligarchen sind. Hier wurde das Fernsehen dazu genutzt, eine Atmosphäre der
Unsicherheit zu schaffen und allgemeine Missverständnisse über die Gründe
und Ursachen der russischen Militäraktionen in der Ukraine zu streuen.

unsicher sein kann wie andere Medien. Bekanntermaßen reproduziert das Internet koloniale und imperiale Machtverhältnisse. Und das ist im russischen Krieg in der Ukraine seit 2014 zweifellos und insbesondere in den Gebieten in unmittelbarer Nähe der alten und neuen Frontlinien der Fall.[5]

Neben dem Publikum, das für den Krieg instrumentalisiert, unterdrückt und gelähmt oder kommodifiziert wird und tatsächlich Teil der internen, aber erweiterten russischen Desinformationsmaschinerie ist, gibt es ebenso Personen, die die Propaganda erkennen und ihr misstrauen; die sich offen gegen den Krieg aussprechen und entsprechend handeln. Doch auch sie, die ablehnend und affektgeladen reagieren, sind von der TV-Desinformationsmaschinerie in Mitleidenschaft gezogen. Das bedeutet, dass die russische Propaganda keineswegs nur auf die eigene Bevölkerung abzielt, wie es oft dargestellt wird: Ihre Reichweite ist groß und global.

Und manche ihrer Zielgruppen sind anfälliger als andere. Dazu zählen zuallererst jene, die den Krieg bereits am eigenen Leib erlebt haben.

Der Blick auf dieses Publikum, das einen großen Teil der ukrainischen Bevölkerung ausmacht, zeigt die Grenzen des Begriffs »Desinformation« auf, der landläufig die Täuschung der Öffentlichkeit zu Zwecken der Manipulation oder Desorientierung meint. Was wir erleben, ist ein *Doppelschlag* mit Raketen und Desinformation – eine qualitative Veränderung, die einen Übergang von den hinlänglich bekannten *Desinformationspraktiken* der Täuschung zur strategischen Produktion von *Terror* markiert. Das Zielsubjekt des Terrors befindet sich genau an der Schnittstelle der zwei geschilderten Analysestränge: *erstens* jenem, der die Zerstörung der zivilen Infrastruktur, die Deportation, die Folter und

---

5 Romain Fontugne/Ksenia Ermoshin/Emile Aben, »The Internet in Crimea: a Case Study on Routing Interregnum«, in: *2020 IFIP Networking Conference (Networking)*, https://ieeexplore.ieee.org/document/9142776 (abgerufen: 10.1.2023); Valerio Luconi/Alessio Vecchio, »Impact of the First Months of War on Routing and Latency in Ukraine«, in: *arXiv*, 19.8.2022, https://doi.org/10.48550/arXiv.2208.09202 (abgerufen: 10.1.2023).

den Genozid an der ukrainischen Bevölkerung fokussiert, und *zweitens* jenem, der die Grausamkeit, mit der diese Gräueltaten verspottet werden, und den Zynismus, mit dem die Kriegsverbrechen im russischen Staatsfernsehen und in den sozialen Netzwerken geleugnet werden, ins Zentrum der Aufmerksamkeit rückt.

Das nekropolitische Datensubjekt

Das Subjekt des Terrors ist ein *Datensubjekt*, das sich an der Schnittstelle zwischen den globalen Informationsnetzen und den lokalen Mediennetzen befindet. Zur Erläuterung: das »Subjekt« wird hier nicht, wie in manchen philosophischen Theorien, als handlungsfähiges Individuum begriffen, sondern als eines, dessen Handlungsfähigkeit in seinen prägenden sozialen, politischen und kulturellen Kontexten untergraben oder unterdrückt wird. Die Betonung der »Daten« verweist darauf, dass im gegenwärtigen historischen Moment die Daten, denen ein Individuum in verschiedenen politisch-ökonomischen Machtsystemen ausgesetzt ist, eine entscheidende Rolle spielen. Daten sind mannigfaltig und verschieden. Daten sind *plural*. Und jene Daten, denen ein Individuum ausgesetzt ist, bestimmen genauso wie solche, die ein Individuum produziert, nicht nur seine Fähigkeit, sich selbst zu identifizieren und sein Wissen über die Umgebung zu gestalten, sondern sie haben auch physische Auswirkungen. Gemäß seiner Definition in der Informationsökonomie ist das Datensubjekt räumlich und zeitlich verortet. Im Kontext des Krieges verschärft sich diese Disposition. Das wird deutlich, wenn man sich bewusst macht, dass Angriffe mit Drohnen oder Raketen an Datensätzen, und das heißt Datensubjekten, ausgerichtet sind. Was ein Datensubjekt im Kriegsgeschehen einzigartig macht, ist der Umstand, dass es sich buchstäblich inmitten von Ruinen befindet – den Ruinen der familiären Beziehungen und der vertrauten Umgebung, wo die Beziehungsnetze, die in der Zeit vor dem Krieg das tägliche Leben zusammenhielten, nun durch den Krieg zerrissen oder empfindlich beschädigt werden.

Wie der Philosoph Peter Sloterdijk feststellt, hebt der Terrorismus »die Unterscheidung zwischen Gewalt gegen Personen und Gewalt gegen Sachen von der Umweltseite her«[6] auf. »Er ist Gewalt gegen jene menschen-umgebenden ›Sachen‹, ohne welche die Personen nicht Personen bleiben können.« Der Krieg als Lebensform, daran erinnert uns der amerikanische Politologe Jairus Victor Grove, gewinnt die Oberhand, indem jene Verbindungen und Gefüge, auf die sich das Leben in der Zeit vor dem Krieg stützte, auf mehr oder weniger subtile Weise durch andere, nun kriegerische Verbindungen und Gefüge zersetzt werden.[7] Unsere Umgebung verändert sich durch verschiedene Gegenstände und Hilfsmittel, die im Krieg notwendig werden, in meinem Fall zum Beispiel:

- 1 drahtloses Radio
- 4 Taschenlampen
- 2 Campingkocher mit 56 Propangasballons
- 3 50 000-mAh-Powerbanks
- Kistenweise Konserven
- 10 5-Liter-Wasserflaschen
- 3 zusätzliche Decken
- 1 Satz warme Secondhand-Kleidung für den Keller
- 5 Flaschen Wodka
- 1 Klappstuhl
- FFP1-Masken
- Jodtabletten
- In Ermangelung anderer Mittel, mehrere schwere Steine (als Verteidigungswaffen), die ich von meiner Fossiliensuche an den alten geologischen Stätten in Podilsky Tovtry mitgebracht habe.

---

6 Peter Sloterdijk, *Sphären. Plurale Sphärologie. Band III*, Frankfurt am Main 2004, S. 105.
7 Jairus Victor Grove, *Savage Ecology: War and Geopolitics at the End of the World*, Durham u. a. 2019, insbes. S. 67-71.

Im Frühjahr 2022 lernte ich nicht nur, mehr oder weniger komplexe Gerichte auf einem Campingkocher zuzubereiten, sondern auch eine Kalaschnikow zu montieren und zu demontieren, meinen Körper auf das Anvisieren eines Ziels und das Abfeuern eines Gewehrs einzustellen. Ich brachte mir bei, wie man sich selbst erste Hilfe leistet, und übte, wie ich mich bei einer Explosion zu Boden werfen muss. All das erweiterte und veränderte meinen Körper im Krieg. Wie man sieht, bestehen die Assemblagen des Krieges nicht nur aus »Soldaten, Panzern, Uniformen, Gasmasken, Rationen und Kugeln«.[8]

Solch eine *Subjektivierung* beziehungsweise Unterordnung im Gefüge des Krieges, in der die früheren Verbindungen einer Person gekappt werden und sie aller verlässlichen Netzwerke beraubt wird, eine solche Unterwerfung unter eine potenzielle oder tatsächliche Gewalt nennt der kamerunische Historiker und Theoretiker Achille Mbembe »nekropolitisch«: »Der Mensch *wird wahrhaft zum Subjekt* – das heißt, er wird vom Tier getrennt – in dem Kampf und der Arbeit, durch die er oder sie dem Tod (verstanden als die Gewalt der Negativität) begegnet.«[9]

Die Verbindungen und Gefüge, die das Kriegssubjekt in der Terrorumgebung aufrechterhalten, machen den Tod gleichzeitig exzessiv und fast langweilig. »Subjekt zu werden setzt also voraus, die Arbeit des Todes anzuerkennen.«[10] Wenn das Leben in einer Terrorumgebung abläuft, in der der Tod allgegenwärtig ist und wo die Möglichkeiten, getötet zu werden oder den anderen zu töten, maßgeblich sind, ist die von Mbembe angesprochene Arbeit des Todes ein Abwägen zwischen Extremen – und die Annahme oder Ablehnung der Möglichkeiten werden zur Grundlage des Subjektseins.

Foucaults Arbeiten zur Biopolitik legen nahe, dass die Souveränität in der Moderne, im Gegensatz zur antiken, der das Recht

---

8 Ebd., S. 70.
9 Achille Mbembe, »Necropolitics«, in: *Public Culture* 15,1 (Winter 2003), S. 11-40 (kurs. i. Orig.).
10 Ebd.

zu töten zugesprochen wurde, die Kontrolle über Lebensformen
ausübt, um sie qua Überwachung und Optimierung zu unterdrücken.[11] Mbembe beharrt jedoch darauf, dass die Souveränität sich
noch immer »vorwiegend als das Recht zu töten«[12] äußert, indem
sie die Menschen nach der Logik der Biomacht in diejenigen unterteilt, die leben müssen, und diejenigen, die sterben müssen. Zur
Anwendung kommt dabei der moderne Mechanismus des »Aus-
nahmezustands«[13], durch den eine Regierung die Rechtsstaatlichkeit im Namen des Schutzes eines bestimmten Guts außer Kraft
setzt. »Ich zeichne die Entwicklungslinien nach, auf denen der
Ausnahmezustand und die Feinderklärung zur normativen
Grundlage des Rechts zu töten geworden sind«, erklärt Mbembe. »In solchen Fällen beruft sich die Macht (und nicht notwendi-
gerweise die Staatsmacht) ständig auf die Ausnahme, den Notfall
und ein fiktionalisiertes Feindbild. Zugleich stellt sie ebendiese
Ausnahme, den Notfall und den fiktionalisierten Feind selbst
her.«[14]
     Als der imperiale Staat der Russischen Föderation sein Recht
ausübte, auf dem Territorium eines anderen souveränen Staates
zu töten, weil dessen Souveränität nicht zum imperialen Mythos
der Russischen Föderation und seinem Selbstbild passt, wurde
das Vorgehen seitens der Regierung mit dem »Ausnahmezustand«,
in anderen Worten: als »Spezialoperation«, legitimiert. Offiziell
wurde nicht von »Krieg« (und nicht einmal »Blitzkrieg«) gesprochen, der das Einhalten bestimmter Regeln und Bräuche des Krieges impliziert. Die Invasion folgte einer Kriegführung ohne klare
Definitionen, um sich unkonventioneller Techniken und Einsatz-

---

11 Michel Foucault, *Sexualität und Wahrheit*, 1: Der Wille zum Wissen, übers. v. Ul-
    rich Raulff und Walter Seitter, Frankfurt am Main 1977; Michel Foucault, *In Ver-
    teidigung der Gesellschaft. Vorlesungen am Collège de France (1975-1976)*, Frank-
    furt am Main 2001.
12 Mbembe, »Necropolitics«, S. 16.
13 Carl Schmitt, *Die Diktatur. Von den Anfängen des modernen Souveränitätsgedan-
    kens bis zum proletarischen Klassenkampf*, 5. Aufl., Berlin 1989.
14 Mbembe, »Necropolitics«, S. 16.

formen bedienen zu können.[15] Dass Kriege seit dem 20. Jahrhundert als »Spezialoperation« und Ähnliches verschleiert werden, um einer unkonventionellen, rücksichts- und gesetzlosen Kriegsführung den Weg freizumachen, ist seit Jahren gut erforscht. Dennoch, die Überrumpelungsstrategie, die die russische Invasion in der Ukraine möglich machte, dürfte beispiellos sein.

Jahrzehntelang arbeitete die russische Propagandamaschinerie an der Fiktionalisierung des Feindes, dessen imaginäre Präsenz das Ziel der imperialen militärischen Expansion der Russischen Föderation im Jahr 2022 definierte. Nach der Invasion gewann sie merklich an Tempo und ging von der reinen Verbreitung von Desinformation zur Produktion von Terror über. Diese Produktion von Terror wurde durch die Ausweitung der medialen Sphäre verstärkt, in deren Zuge die Propaganda die wehrlosesten Subjekte des Krieges rücksichtslos vereinnahmte, diejenigen nämlich, deren Lebensbedingungen durch die Konfrontation mit dem Tod geprägt sind: *nekropolitische* Subjekte, die zugleich *Datensubjekte* sind. Tatsächlich sind die Daten über Aktivitäten in sozialen Netzwerken in diesem Krieg nicht nur die wichtigsten Informationsquellen, die mit Hilfe von Netzwerkanalysesoftware oder mit signalerfassender Aufklärung ausgewertet werden können, um Angriffe auf Militärs oder Zivilisten und deren Infrastrukturen zu planen und auszuführen. Sie sind zugleich Druckmittel in Verhandlungen beim Gefangenenaustausch. In einigen Fällen ist jedoch besonders auffällig, wie von Beginn der Invasion an die Daten von Personen – ihre Kommunikation, ihre Aboverträge, die Aktivitäten in den sozialen Netzwerken, ihr Surf- und Shoppingverhalten, das Teilen von Inhalten – mit ihren biometrischen Daten abgeglichen werden.

---

15 James Kiras, »special operations warfare«, in: *Encyclopedia Britannica*, https://www.britannica.com/topic/special-operations-warfare (abgerufen am 10.1.2023).

Die Produktion des »Mißbrauchswerts«

Gemeinsam mit der ukrainischen Soziologin Daria Getmanova habe ich den Fall einer Ukrainerin untersucht, die im März 2022 mit Familienangehörigen aus einem Dorf in der Nähe von Mariupol in die Russische Föderation zwangsdeportiert wurde. Dabei musste sie eine Reihe von Befragungen und Untersuchungen über sich ergehen lassen. Sie und ihre Angehörigen konnten schließlich in verschiedene Länder Europas flüchten.[16] Wir haben das komplexe System der sogenannten Filtrationslager untersucht, um die Produktion von nekropolitischen Datensubjekten durch die russischen Streitkräfte nachzuzeichnen. An einem konkreten Fall konnten wir zeigen, wie der skizzierte Übergang von der Verbreitung von Desinformation zur Produktion von Terror während des russischen Krieges gegen die Ukraine gesteuert wird.

Die von den russischen Besatzern in den vorübergehend okkupierten Gebieten in der Ukraine errichtete Infrastruktur von Filtrationslagern, von den Medien oft schlicht als »Lager« bezeichnet – auch wenn diese Einrichtungen nicht wirklich ständige Lager sind und auch für andere Zwecke als die Filtrierung genutzt werden –, dient dazu, ukrainische BürgerInnen zu verhören, bevor sie zwangsweise in die Russische Föderation deportiert oder – wenn sie bei ihren Verhören als »verdächtig« eingestuft werden – in den besetzten Gebieten inhaftiert werden. Unsere Forschungsteilnehmerin, die die Filtrierung und Abschiebung nach Russland durchlaufen hat, bevor sie in ein europäisches Land flüchten konnte, berichtete, wie sie sich ihrer Selbstwahrnehmung beraubt fühlte und Schritt für Schritt ihr Selbstwertgefühl verlor, während sie und ihre Familie von einem Ort zum anderen gebracht, verhört und schließlich gegen ihren Willen über die russisch-ukrainische Grenze gebracht wurden.

---

16 Daria Getmanova/Svitlana Matviyenko, »Producing the Subject of Deportation. Filtration Processes during the Russia-Ukraine War«, in: *Sociologica* 16,2: Special Feature: Memory under Fire: Data Practices During Russia's War in Ukraine (2022), S. 239-252.

Das Ziel des Filtrationsprozederes scheint vor allem darin bestanden zu haben, die Menschen zu verängstigen, indem man sie über den Verlauf des Krieges desinformierte (so sagte man ihnen, dass die Ukraine den Krieg längst verloren habe), und ihnen ihr Selbstbewusstsein zu nehmen.[17] Dabei ist jene parasitäre Logik am Werk, für die Michel Serres den Begriff des »Mißbrauchswert[s]«[18] eingeführt hat. Im hier beschriebenen Fall entsteht er durch die – unter Bedrohung oder Folter erfolgende – Instrumentalisierung von Menschen, um *Inhalte* für das staatlich kontrollierte russische Fernsehen und die dazugehörigen Online-Kanäle zu produzieren. Die Leibesvisitationen, von denen jene berichteten, die das Filtrationssystem durchlaufen haben, werden mit dem Ziel durchgeführt, mögliche Belege aufzuspüren, die darauf hindeuten, dass die verhörte Person eine pro-ukrainische Position vertritt. Es wurde berichtet, dass diese Beweise von den Vernehmern in Tätowierungen vermutet werden, die sich auf die ukrainische Kultur beziehen und die bei UkrainerInnen sehr beliebt sind, aber auch in Narben oder anderen Zeichen, die als Hinweis auf den Armee- oder Polizeidienst gedeutet werden könnten. Die auf der Körperoberfläche abgelesenen Informationen werden schließlich mit den Daten auf den digitalen Geräten, die als Teil des Verhörs ebenfalls gründlich überprüft werden, abgeglichen.

Wenn die Besatzer eine »nützliche« Kombination von Körperzeichen und digitalen Daten finden, werden diese Daten-Subjekte missbraucht, indem sie von der Desinformationsindustrie routinemäßig als *Inhalt* verdinglicht werden: Wenn die verhörten Personen nach Drohungen oder Folter dazu gebracht werden,

---

17 Mbembe, »Necropolitics«, S. 13.
18 Michel Serres, *Der Parasit* [1980], übers. v. Michael Bischoff, Frankfurt am Main 1981, S. 123. Serres spricht in Bezug auf den »Mißbrauchswert«, die in der kapitalistischen Moderne immer dem Gebrauchs- und Tauschwert vorausgeht, von einem »völlige[n] und nicht umkehrbare[n] Verbrauch«, einem Nehmen ohne Geben, wobei jede Lebensform betroffen ist, einschließlich die des Menschen. Dieses Symptom des Kapitalismus kommt besonders in Regimen zum Vorschein, in denen Kapitalismus, militanter Autoritarismus und Totalitarismus Hand in Hand gehen und Gesetzeswerke über Jahrzehnte hinweg untergraben werden.

vor laufender Kamera dem russischen Staat und den Invasoren ihre »Sünden« zu beichten und dabei die ihnen diktierten Propa-
ganda-Narrative wiederholen, wird die gewaltsame Unterwerfung
des Individuums unter die Desinformationsmaschine erkennbar,
die in diesem Krieg als Waffe eingesetzt wird. Man muss gemäß
den Befehlen handeln, um zu überleben oder in Freiheit entlassen
zu werden.

Als weitere Beispiele könnten hier die Fälle angeführt werden,
in denen Subjekte des Krieges, die Zeugen von Gräueltaten wurden, durch die Konfrontation mit Medienberichten von der anderen Seite der Grenze, in denen ebendiese Verbrechen verspottet
und geleugnet werden, terrorisiert werden. Während der Umgang
mit Desinformation in der Regel überwiegend auf intellektuellem
Wege erfolgt, wodurch eine kritische Distanzierung möglich wird
(etwa durch Faktenüberprüfung, Neuausrichtung der Aufmerksamkeit oder Rückzug aus den Informationsströmen), ist die Begegnung mit Terror durch seine Totalität lähmend: Er wird zur
Umgebung des Subjekts und verhindert damit jede Möglichkeit
der Distanzierung. Im Zusammenhang mit Kriegführung in der
jüngeren Vergangenheit stellt Peter Sloterdijk fest, dass man »das
20. Jahrhundert als das Zeitalter in Erinnerung behalten« werde,
»dessen entscheidender Gedanke darin bestand, nicht mehr auf
den Körper eines Feindes, sondern auf dessen Umwelt zu zielen«[19], was zweifellos auch für den aktuellen Krieg gilt. Die *Terrorumgebungen* sind überwältigend: Sie reichen von den Orten
der Inhaftierung, an die ukrainische Bürger gewaltsam entführt
werden, über die Bereiche permanenter und vorübergehender
Stromausfälle durch Luftangriffe, in deren Zuge Versorgungsket-
ten von Informationen sowie grundlegenden Ressourcen wie Wasser, Strom und Gas unterbrochen oder eingestellt werden, zu den
Orten, an denen man gezwungen ist, die durch den Einsatz regu-
lärer und verbotener Waffen vergiftete Luft zu atmen und das
kontaminierte Wasser zu trinken, während man von Drohnen

---

19 Peter Sloterdijk, *Luftbeben. An den Quellen des Terrors*, Frankfurt am Main 2002,
   S. 12.

aus der Luft angegriffen wird. Die Terrorumgebung versetzt das Leben in einen Zustand permanenter Bedrohung. Die durch die Kriegsregime verdinglichten BürgerInnen sehen sich als nekropolitische Datensubjekte extremer Unsicherheit und kognitiven Dissonanzen ausgesetzt. Sie sind der brutalen Schnelligkeit des Raketenbeschusses und der langsamen Gewalt der Folter unterworfen – umgeben von den toxischen Hinterlassenschaften des Krieges, die sie noch lange nach dem Krieg begleiten werden.

Aus dem Englischen von Philipp Goll

Stanislaw Assejew
Meine Idee von Gerechtigkeit

Nachdem ich zweieinhalb Jahre in einem Konzentrationslager gesessen hatte, erfuhr ich, dass dessen Kommandant, ein Kriegsverbrecher, noch während meiner Gefangenschaft in die Hauptstadt meines Landes gezogen war und dort unbehelligt lebte. Das war im Herbst 2021.

Folter mit elektrischem Strom, Männer, die, unter Pritschen zusammengekauert, wie Hunde bellen – in diesem Moment war alles wieder da, die ganze grauenhafte Geschichte.

Heute, während ich dies hier schreibe, geht dieses Grauen weiter. Russland begeht dieselben Verbrechen in allen besetzten Gebieten der Ukraine.

Um als Europäer zu verstehen, worum in dem gegenwärtigen Krieg gekämpft wird, reicht es nicht, den Fernseher einzuschalten. Die Medien können nicht über alles berichten. So war den meisten nicht bekannt, dass Russland bereits vor acht Jahren in Donezk einen Ort etabliert hat, dessen Namen die Einwohner kaum auszusprechen wagen – die Isoljazija. Dass ukrainische Kriegsgefangene aus Mariupol nach der Aufgabe der Stadt im Mai 2022 dorthin gebracht wurden. Oder dass die im Oktober bei einem Gefangenenaustausch freigekommenen ukrainischen Frauen ebenfalls mit Strom gefoltert wurden (sie selbst sind noch nicht imstande, darüber zu sprechen).

Und es wird kaum thematisiert, dass jeder Vorschlag, einen Teil des ukrainischen Staatsgebiets Russland zu überlassen, um den Krieg schneller zu beenden, nicht auf einen politischen Deal hinausläuft, sondern auf ein Versagen unserer gesamten Zivilisation. Denn auf jedem Quadratmeter Boden, den man an Russland abträte, würde ein totalitäres Regime errichtet. Solche Konzentrationslager gäbe es dann überall.

Zweieinhalb Jahre habe ich wegen meiner journalistischen Tätigkeit in den Gefängnissen in der sogenannten Donezker Volksrepublik verbracht. Den Plan, irgendwann meine Peiniger ausfindig zu machen, hatte ich schon im Isoljazija gefasst, dem Donezker Konzentrationslager. An diesen Ort kam ich nach sechs Wochen Keller und Folter im Gebäude des sogenannten Ministeriums für Staatssicherheit, das von Russland in Donezk eingerichtet worden war. Um zu verstehen, worum es sich handelt, braucht man nur die Beschreibung des »Liebesministeriums« in Orwells *1984* zu lesen. Es ist verrückt, wenn eine literarische Dystopie in der eigenen Stadt zur Realität wird.

Im Donezker »Liebesministerium« wird mit Strom gefoltert, mit einem alten sowjetischen Telefonapparat, von dem Drähte vor allem zu den Fingern führen, oder es wird gezielt auf den Hinterkopf geschlagen. Dass auf diese und andere Weise heute auch ukrainische Kriegsgefangene gequält werden, weiß man von Kriminellen, die in Donezk einsitzen. Danach geht es zurück in den Keller, eine Einzelzelle von zwei mal fünf Metern, mit Plastikflaschen für Urin statt einer Toilette, wo sich der Atem sogar im Juni in Kältedampf verwandelt. Keine Spaziergänge, keine Sonne, kein Wind – nur Handschellen und eine Plastiktüte überm Kopf, wenn man zum Verhör gebracht wird. So verbrachte ich die ersten sechs Wochen meiner Gefangenschaft, um dann an einen Ort zu geraten, an dem ich mich in jenen Keller zurücksehnte.

Isoljazija (Isolation). Die Geschichte des Ortes ist zu komplex, als dass ich sie hier beschreiben könnte. Die Folteranstalt wurde auf dem Territorium eines ehemaligen Werks für Isoliermaterial errichtet. Die Fabrik am Hellen Weg 11 in Donezk war nach ihrer Stilllegung einige Zeit lang ein malerischer Ausstellungsort und Kunstraum. Noch während des Euromaidan 2014 fanden hier Installationen, Kunstprojekte und Diskussionsveranstaltungen statt. Am 9. Juni 2014, kurz nach Beginn der von Moskau geführten Geheimdienstaktion, wurde das Kulturzentrum »Isolatsyja« von Separatisten gestürmt – sie zerstörten Kunstobjekte und plünderten den Ort aus. Die künstlerische Leitung floh nach Kyjiw, wo das Projekt im Exil weitergeführt wurde. Die Separatisten errichteten dort eine Militärbasis. Die Verwaltungsgebäude der ehema

ligen Fabrik und ein System von Bombenschutzräumen wurden
in Gefängniszellen und Folterkammern umgewandelt.

Für mich versinnbildlicht dieser Ort das gegenwärtige Russland, all das, was von Osten her gegen die Ukraine und ganz Europa verrückt (auch wenn man das in Europa noch nicht so sehen
kann). Mir kommt der von Marlon Brando gespielte Colonel
Kurtz in *Apokalypse Now* in den Sinn: »Das Grauen. ... Man muss
sich das Grauen zum Freund machen. Das Grauen und der moralische Terror sind deine Freunde.«

Dieses russische KZ existiert bis auf den heutigen Tag. Hunderte von Aussagen und Fotos beweisen, dass die Isoljazija ein
System ist, ein Mechanismus zur langsamen und planmäßigen
Vernichtung der menschlichen Persönlichkeit: Folter durch Strom-
schläge – die Drähte werden hier an den Genitalien der männlichen und an den Brustwarzen der weiblichen Gefangenen befestigt –, Vergewaltigung, Prügel, Sklavenarbeit, Erniedrigung,
auch die Tötung von Gefangenen kommt vor (was in manchen
Fällen wie ein Akt der Barmherzigkeit wirken mag). Die ausfüh-
renden Organe dieses von den Separatisten unterhaltenen Folter-
systems sind Psychopathen, Menschen, die zu keinerlei Mitgefühl fähig sind und eine sadistische Freude empfinden, andere zu
quälen.

Acht Jahre lang hat sich die internationale Öffentlichkeit dafür
nicht interessiert.

Als die Bilder von Butscha um die Welt gingen, war das Entset-
zen groß über die sinnlose, unfassbare Bestialität, die hier zu Tage
trat.

Für mich war die Realität der Isoljazija aus den Donezker Kellern in die Vororte Kyjiws gewandert, das Konzentrationslager
der »Russischen Welt« ist jetzt auch hier heimisch geworden.

Ich kam im April 2022 als Journalist nach Butscha. Im Hof eines Einfamilienhauses lagen, zwischen Bäumen in der Sonne, fünf
verkohlte Leichen übereinander, darunter ein Kind. Etwas weiter weg ein abgetrenntes Bein, benagt von verwilderten Hunden.
Unsere Fotos und Videos gingen damals im Netz viral. Doch diese Bilder dürfen nicht einfach unter »Russland« subsumiert wer-

den, um sich in eine weitere Zahl zu verwandeln. Dieses »Russland« erfordert die Namen der Täter.

Im Rahmen eines Gefangenenaustauschs zwischen Russland und der Ukraine kam ich Ende Dezember 2019 frei. Damals wurden nicht nur Militärangehörige ausgetauscht, sondern auch Zivilisten. Es dauerte Monate, bis ich mich wieder an die Freiheit gewöhnt hatte. Wenn man jahrelang auf ein paar Quadratmetern lebt, führt das zum Beispiel zu einer starken Veränderung des Raumgefühls. Das Haus zu verlassen und zum nächsten Geschäft zu laufen, um ein paar Erledigungen zu machen, ist für einen ehemaligen Gefangenen noch lange eine emotionale Herausforderung.

Die größte Herausforderung jedoch wartete noch auf mich. Fast zwei Jahre nach meiner Befreiung erfuhr ich, dass der Kommandant und eigenhändige Folterer von Isoljazija seit Frühjahr 2019 in Kyjiw lebte und bereits hergezogen war, als ich noch in der von ihm geschaffenen Hölle lebte.

Wie das möglich war, ist eine Frage für sich; wichtiger ist in diesem Zusammenhang, wie man reagiert, wenn man so etwas erfährt. Darin liegt der Schlüssel zu Sieg oder Niederlage in diesem Krieg. Und ebenso die Antwort auf das kollektive Trauma, das die ukrainische Bevölkerung zurzeit erleidet. Seit vielen Monaten vergeht kaum ein Tag, an dem man in den sozialen Netzwerken nicht vom Tod eines Bekannten erfährt. Die Nachrichtenportale veröffentlichen permanent steigende Verlustzahlen. In den Städten werden Sperrstunden verhängt, fast täglich gibt es Luftalarm, und immer wieder sind die Einschläge russischer Raketen zu hören. Und das bedeutet neue Tote, umgekommene Frauen und Kinder, ein verstärktes Trauma derer, die am Leben geblieben sind.

Bei intensiven Gefechten kommt es vor, dass Kämpfer buchstäblich den Verstand verlieren. Das geschah auch in Sewerodonezk, im Frühsommer 2022, als es noch ukrainisch war: Der russländische Artilleriebeschuss zwang die drei Ärzte des Bezirkskrankenhauses dazu, bis in die Nacht hinein ununterbrochen am OP-Tisch zu stehen, und einer von ihnen wurde wahnsinnig, weil er den Anblick abgerissener Arme und Beine zwölf Stunden am Tag nicht mehr aushielt.

Wenn ein Vergewaltiger, Folterer und Mörder (in der späteren Anklage finden sich alle drei Punkte) ungeschoren quasi in der Nachbarschaft lebt, wird sein Opfer ähnlich schwer traumatisiert wie jener Arzt. Meine Antwort auf diese Situation bestand darin, den Täter zum Sprechen zu bringen.

Im kriminellen Kodex, der sich im postsowjetischen Raum gebildet hat, wird eine zentrale Verhaltensregel folgendermaßen ausgedrückt: Gefühle sind im Leben nichts. Natürlich betrifft das nicht das Alltagsleben. Gemeint ist damit, dass in der Haft Gefühle an und für sich als Verfehlung gelten, auch wenn man in der Sache recht hat. In einer Zelle von fünf mal sieben Metern, die sich fünfzehn Häftlinge tagaus, tagein, Wochen und Jahre, manchmal jahrzehntelang teilen, übertragen sich Emotionen schneller als jedes Virus. Daher die Regel, dass man für das Offenbaren von Gefühlen während eines Streits bestraft wird, egal worum es geht. Diese Regel habe ich perfekt verinnerlicht.

Sobald ich gehört hatte, dass Palytsch[1] – so wurde der Kommandant von Isoljazija genannt – in Kyjiw lebte, wandte ich mich an meinen Freund Christo Grozev vom Recherchenetzwerk Bellingcat und bat ihn, diese Information, wenn möglich, zu verifizieren. Einen Monat später hatten wir jemanden gefunden, der Palytschs Adresse in Kyjiw kannte.

Das Geld, das unser Informant für seine Dienste verlangte, war beschafft, die Polizei war unterrichtet, die Verhaftung würde in Kürze erfolgen. Doch während unserer Ermittlungen hatte sich herausgestellt, dass Palytsch bereits im Frühjahr 2019 aus Donezk nach Russland geflohen war, weil er befürchtete, von seinen »Kollegen« umgebracht zu werden. Am 23. April reiste er wieder in die Ukraine ein und wurde vom SBU in Empfang genommen, dem er sein Wissen im Tausch gegen sein Leben ange-

---

1 Palytsch ist eine verschliffene Form des Vatersnamens Pawlowitsch und gleichzeitig eine Verballhornung von *palatsch* (russ.): Henker, Peiniger, Folterer. Anm. d. Ü.

boten hatte. Und der SBU, der ukrainische Inlandsgeheimdienst, war es auch, der ihn schließlich wieder freiließ.

Nun kam der Dienst unserem Informanten auf die Spur und zwang ihn, Palytschs Adresse herauszugeben, denn die Verhaftung eines Kriegsverbrechers durch die Polizei aufgrund von privat ermittelten Daten hätte dem SBU ein schlechtes Zeugnis ausgestellt.

Wie auch immer, am 9. November 2021 wurde Palytsch von Beamten des ukrainischen Geheimdiensts in Kyjiw verhaftet. Der Mann sitzt jetzt seit einem Jahr in einem Sondergefängnis des SBU. Er sagt zu seinen Verbrechen und zu denen seiner russischen Hintermänner aus und muss mit einer langen Haftstrafe rechnen.

So begann die Geschichte des Justice Initiative Fund (JIF). Nach Palytschs Verhaftung überlegte ich, wie man Kriegsverbrecher festsetzen könnte, die sich nicht in der Ukraine aufhalten. Russland, so viel stand fest, würde sie niemals ausliefern. Die Auslieferung von Tausenden von Bürgern wäre für jedes Staatsoberhaupt, sei es Wladimir Putin oder ein liberaler Präsident, das Ende seiner politischen Laufbahn. Die Festnahme russischer Kriegsverbrecher ist also ein Problem, das nur die Ukraine lösen kann.

Ich nahm mir vor, aus der Erfahrung Israels zu lernen und die US-amerikanische Praxis zu studieren. Die Regierung in Washington hat Kopfgelder etwa auf die Anführer der Terrormiliz Al-Kaida und des Islamischen Staats ausgesetzt, und die israelischen Dienste haben nach dem Zweiten Weltkrieg in der ganzen Welt Naziverbrecher aufgespürt. Das Problem ist nur, dass die russischen Verbrecher nicht über die ganze Welt verstreut sind. Die meisten Russen haben ihr Land noch nie verlassen. In den zwanzig Jahren seiner Herrschaft hat Wladimir Putin eine Bevölkerungsklasse von unglaublich niedrigen Moralvorstellungen und Erwartungen geschaffen. Der russische Gesellschaftsvertrag sieht ungefähr so aus: Ihr lasst uns in Ruhe, dafür lassen wir euch regieren. Männer, die erst in der Ukraine entdeckt haben, was eine Kloschüssel ist, und aus dem geplünderten Butscha Waschmaschinen nach Sibirien geschafft haben, werden niemals in Argentinien oder Paris auftauchen, sondern nach dem Krieg nach Russland zurückkehren. Dort müssen wir sie herausholen.

Auf der Webseite des Justice Initiative Fund (JIF) sind Personen aufgeführt, die von ukrainischen oder internationalen Strafverfolgungsbehörden eines Kriegsverbrechens der RF in der Ukraine beschuldigt werden (Isoljazija, Butscha, der Abschuss der MH17 im Juli 2014 und andere). Neben ihren Namen steht jeweils ein Betrag in Dollar, die der JIF durch private Spenden aufgebracht hat. Dieser Betrag wird unter einer von drei Bedingungen ausgezahlt:

Dass jemand einen Kriegsverbrecher an die Ukraine ausliefert;

dass jemand Informationen bereitstellt, die zu Festnahme und strafrechtlicher Verfolgung eines Kriegsverbrechers führen (zum Beispiel seinen Aufenthaltsort an der Front, in der Besatzung oder in Russland);

dass jemand neue, im Ermittlungsverfahren noch nicht enthaltene Beweise für das jeweilige Verbrechen beschafft.

Haben wir die entsprechenden Informationen erhalten, bezahlen wir den Informanten und übergeben die Daten an die ukrainischen Behörden – alles Weitere ist deren Sache. Ich habe genug von Gerichtsverhandlungen, bei denen es keinen Angeklagten gibt, weil er nach Russland geflohen ist. Deshalb befragt der JIF keine Zeugen oder Opfer – das tun die mit der Beweisaufnahme befassten Institutionen, von den zahlreichen NGOs bis hin zu den Ermittlern des Internationalen Strafgerichtshofs. Er beschäftigt sich auch nicht mit der Identifizierung von Kriegsverbrechern – auch dafür gibt es genug Spezialisten. Was weder in der Ukraine noch sonst irgendwo gemacht wird, nämlich für die Auffindung identifizierter Beschuldigter zu zahlen, das machen wir. Wir sind dabei auf die ukrainischen Strafverfolgungsbehörden angewiesen, denn der JIF sucht ausschließlich Personen, die offiziell als Beschuldigte geführt werden. Dadurch wird gewährleistet, dass wir uns nicht etwa von Rachsucht oder anderen Emotionen leiten lassen.

Meine Idee von Gerechtigkeit mündet in die Forderung, dass

ein Kriegsverbrecher leibhaftig vor einem ukrainischen oder internationalen Gericht erscheint. Doch noch fehlen dafür die Voraussetzungen. Die internationale Rechtsprechung signalisiert zwar Unterstützung, kann aber nicht mehr tun, als unter tiefen Seufzern Hunderte von Fällen von einem Ordner in den anderen zu verschieben und im Endeffekt eine Verhandlung ohne Angeklagten durchzuführen. Die Angeklagten liegen irgendwo zu Hause auf dem Sofa, zum Beispiel in Sibirien oder im Fernen Osten, denn dort kamen sie her, die »Schlächter von Butscha«. Im Grunde möchte die westliche Welt, dass wir alles vergessen oder, schlimmer noch, verzeihen. Aber Verzeihung ohne Gerechtigkeit bedeutet Schwäche – es ist leicht, Leuten zu vergeben, an die man nicht herankommt. Ich persönlich halte es mehr mit Israel und dem Alten Testament.

Ich bin von einem Opfer zu einem RusHunter geworden, wie mich ein britischer Journalist in einem Interview scherzhaft genannt hat. Der JIF ist eine Strategie für die nächsten Jahre oder vielleicht Jahrzehnte. Damit sie funktioniert, müssen die Gefühle verschwinden.

Ähnlich war meine Haltung zu Butscha. Als wir den Haufen verbrannter, von Hunden benagter Leichen gesehen hatten, nahmen wir unsere Kameras, machten Fotos und Videos und holten die Vertreter zentraler westlicher Medien her, die bereits vor Ort waren, bei einem Massengrab am anderen Ende der Stadt. Wir packten unsere Gefühle weg und zeigten ganz Europa Russlands Gesicht. So wurde das Grauen zum Freund, und für mich ist das schon ziemlich lange so.

Als Palytsch, der heute stammelnd auf die Fragen seiner Ermittler antwortet, uns in der Isoljazija zwang, sowjetische Lieder zu singen, während in der Nachbarzelle die mit Stromschlägen Gefolterten schrien, waren Grauen und Schock noch etwas Fremdes, Äußerliches. Doch mit der Zeit lernte ich, sie zu verinnerlichen, sie als Teil meiner Arbeit zu betrachten. Wenn ich überleben und wieder rauskommen würde, so sagte ich mir damals, würde ich über all das sprechen und schreiben müssen. Natürlich hätte ich in meinen kühnsten Träumen nicht daran gedacht, dass ich den KZ-Kommandanten tatsächlich vor Gericht bringen würde. Damals schienen mir die Stunden, Tage, Wochen, Monate in der Isoljazija endlos, es schien, als würden die Lieder und die Schreie niemals aufhören. Und doch müssen Krieg und Leiden mit der Zeit alltäglich werden, damit man sie besiegen kann.

Ein koreanischer Schriftsteller schrieb einmal, Menschlichkeit lasse sich nach der Fähigkeit zur Empathie bemessen, zum Mitempfinden fremden Schmerzes. Wer sogar in der Hölle Mitgefühl spüre, habe das Paradies verdient. Auf die reale Hölle des Kriegs lässt sich der Gedanke mit Sicherheit nicht beziehen, er würde die Transformation kollektiver Traumata in Erfahrung eher behindern. Fügt man die täglichen Qualen in der Isoljazija mit dem, was seit dem 24. Februar in der Ukraine geschieht, zu einem Bild zusammen und versucht, sich das Ausmaß von entsetzlichem Leid auch nur eine Sekunde lang vorzustellen, verliert man den Verstand. Während ich diese Zeilen schreibe, sind allein nach offiziell bestätigten Zahlen mehr als dreitausend unserer Soldaten in russischer Gefangenschaft; ein Großteil von ihnen wurde oder wird mit Strom gefoltert.

Das Trauma des Krieges muss zur Erfahrung werden, die Erfahrung zur Strategie und die Strategie zur täglichen Arbeit. Wenn ich auf der Webseite unseres Fonds die Fotos derjenigen ansehe, die in der Isoljazija gefoltert haben, sind Trauma und Hass verschwunden. Ich sehe stattdessen mich, wie ich die Folterkeller überstanden und darüber ein Buch geschrieben habe, das bereits in elf Sprachen übersetzt wurde. Und ich sehe den Betrag, den wir für Informationen über jeden dieser Verbrecher bereit sind zu zahlen. Ihre Sturmhauben und Masken sind abgerissen, ihre Namen stehen da, schwarz auf weiß, ihre Gesichter werden der ganzen Welt gezeigt. Das Böse muss einen Namen haben, und diese Leute werden als Kriegsverbrecher in die Geschichte eingehen, auch für ihre eigenen Familien.

Aus dem Russischen von Christiane Körner

Irina Zherebkina
Antinomien des Krieges.
Philosophieseminare in Charkiw während
der russischen Aggression

Während ich diese Zeilen schreibe, wird die Stadt täglich von russischen Truppen mit Raketen und Artillerie beschossen. Seit Monaten sehe ich meine StudentInnen nur noch in der Zoom-Kachel auf dem Bildschirm, weil sie in anderen Städten oder Ländern leben. Auch viele meiner KollegInnen haben Charkiw verlassen, um ihr Leben und das ihrer Angehörigen zu schützen. Während des Semesters war ich fast ununterbrochen in der Stadt, und wir haben jede Veranstaltung mit einer Fragerunde begonnen: Wurden die Orte, wo die TeilnehmerInnen sich aufhalten, beschossen? Welche Zerstörungen wurden verursacht, kamen Zivilisten zu Schaden? Wie haben wir, etwa zusammen mit NachbarInnen oder KollegInnen, Solidarität gezeigt und Unterstützung geleistet? Es ging also um Themen wie Leben und Tod, Hoffnung und Verzweiflung, Verwundbarkeit und Gemeinschaftsgefühl.

Als Russland in die Ukraine einfiel, hatte an der Karasin-Universität in Charkiw gerade das Frühjahrssemester begonnen. Ich unterrichte seit vielen Jahren am Fachbereich Philosophie und beschäftige mich mit Themen wie »Kulturwissenschaft und zeitgenössische Kulturpolitik«, »Gender und Theorien der zeitgenössischen Kunst«, »Grundlagen einer allgemeinen Kulturtheorie« – im Zentrum steht die zeitgenössische westliche Philosophie mit Schwerpunkt auf der kritischen Theorie und dem Feminismus. Wir diskutieren aktuelle politische Themen: soziale Ungleichheit und soziale Gerechtigkeit, Macht und Widerstand, Gewalt und Gewaltlosigkeit, es geht um emanzipatorische politische Strategien und die Möglichkeiten sozialer Transformation. Nach dem 24. Februar 2022 verlagerte sich unser Erkenntnisinteresse auf mögliche Widerstandsformen gegen Krieg und Militarismus. Der Krieg in der Ukraine bedeutet auch philosophisch eine riesige Herausforderung: Können philosophische Theorien der neuen politischen Realität standhalten oder müssen sie davor verstummen? Wie reagiert die Philosophie auf diesen Krieg, der vorher als undenkbar galt und nun Auswirkungen auf Europa und die ganze Welt hat? »Der Krieg in der Ukraine wirft Fragen von universellem Interesse auf«, schrieb Étienne Balibar. »Er betrifft uns und wird uns zunehmend mehr betreffen: unsere Gegenwart, unsere gemeinsame Zukunft, unseren Platz in der Welt. Bei diesem Krieg sind wir keine fernen oder neutralen Beobachter, sondern Teilnehmer, und sein Ausgang hängt auch davon ab, was wir denken und tun. *Wir sind in diesem Krieg.*«[1]

Der Krieg stellt uns existentielle Fragen. Es geht nicht nur darum, mit welchen Mitteln das massenhafte Töten und Zerstören aufzuhalten wäre, sondern um ethische Fragen wie: Wer sind wir? Wozu sind wir bereit? Auf wessen Seite stehen wir, mit wem solidarisieren wir uns? Welche Entscheidung treffen wir in der ausweglosen Lage, in die uns der Krieg gebracht hat? Unsere universitären Veranstaltungen sind zu einer neuen Grenzerfahrung geworden.

Schon seit vielen Jahren habe ich in den Seminaren versucht aufzuzeigen, dass wir in einer Zeit fundamentaler Instabilität und ontologischer Negativität leben, die Jacques Derrida, Hamlet paraphrasierend, als »ausgerenkt« oder »verrückt« bezeichnet, als »aus der Bahn geraten«, »verkehrt«, »entehrt« etc.[2] »Die Zeit ist aus den Fugen«,[3] wenn die traditionelle Logik der klassischen Rationali-

---

1 Étienne Balibar: Das ukrainische Paradox. Die Entstehung der Nation aus dem Geist des Krieges. Übersetzung aus dem Englischen: Steffen Vogel. In: *Blätter zur deutschen und internationalen Politik 67.* Jahrgang, Heft 8/2022, S. 49.

2 Jacques Derrida: *Marx' Gespenster. Der Staat der Schuld, die Trauerarbeit und die Internationale.* Frankfurt am Main 1995, Übersetzung: Susanne Lüdemann. S. 38; S. 40.

3 So die Übersetzung der Hamlet-Worte aus dem Shakespeare-Drama von August Wilhelm Schlegel. Anm. d. Ü.

tät nicht mehr funktioniert, weil sie der Aufgabe, die postmoderne Realität zu denken, nicht gewachsen ist. Der Krieg in der Ukraine – die undenkbar, unmöglich erscheinende Invasion eines ganzen Landes, heute, in Europa – ist die Radikalisierung einer solchen entgleisten Zeit. Rationale Entscheidungen sind in dieser ausweglosen Situation unmöglich, aber gleichzeitig unumgänglich. Auch die PhilosophInnen, die über den Krieg reflektieren, fällen Entscheidungen, sie treffen, jeder und jede auf seine oder ihre Weise, ihre existentielle Wahl.

In dieser Situation suchten wir Zuflucht bei Texten. Wir wollten wissen, wie sich die zeitgenössischen PhilosophInnen, mit denen wir uns ein Leben lang beschäftigt hatten, zu unserer Lage äußerten. Wie sie Russlands Angriff auf die Ukraine begrifflich fassen würden.

Ganz aus dem Geist seiner *Theorie des kommunikativen Handelns* argumentiert Jürgen Habermas in seinem Essay »Krieg und Empörung«, dass die westliche Zivilisation durch den Krieg gegen die Ukraine in eine ausweglose Situation geraten ist. Sie schlägt sich in folgender Antinomie nieder:

Die Ukraine darf den Krieg nicht verlieren. Denn würde der Westen »die Ukraine einfach ihrem Schicksal überlassen, wäre das nicht nur unter politisch-moralischen Gesichtspunkten ein Skandal, es läge auch nicht im eigenen Interesse«.[4]

Putin darf den Krieg nicht verlieren. Denn würde er in die Ecke gedrängt, könnte ihn das dazu veranlassen, Nuklearwaffen gegen die Ukraine oder sogar gegen ein NATO-Land einzusetzen. Eine Niederlage Putins könnte also einen Atomkrieg und den Untergang der Menschheit zur Folge haben.[5]

Slavoj Žižek erklärt, die Aporie des russischen Krieges gegen die Ukraine verlange eine erzwungene, aber unmögliche Entscheidung: »Wir müssen eine unmögliche Entscheidung treffen:

---

4 Jürgen Habermas: Krieg und Empörung. *Süddeutsche Zeitung* 28.04.2022. https://upgr.bv-opfer-ns-militaerjustiz.de/uploads/Dateien/PB2022/SZ202204 28HabermasKrieguEmpoerung.pdf.
5 Ebd.

Wenn wir Kompromisse schließen, um den Frieden zu bewahren, stärken wir Russlands Expansionsdrang, der nur durch eine ›Entmilitarisierung‹ von ganz Europa zu befriedigen ist. Doch wenn wir eine direkte Konfrontation befürworten, laufen wir Gefahr, einen neuen Weltkrieg auszulösen.«[6]

Der Krieg erscheint also in Habermas' (und Žižeks) Formulierung als metaphysische Antinomie, die Kants Antinomien der reinen Vernunft ähnelt.

Es handelt sich, logisch gesehen, um den Widerstreit zweier Aussagen, die sich beide gleich gut begründen lassen. Bei Kant geht es allerdings um die gegenläufigen, aus ihrer eigenen Spontaneität entspringenden Gesetze der Vernunft selbst, denen gleiche Gültigkeit konstatiert werden muss: das Gesetz, alles Bedingte auf etwas Unbedingtes zurückzuführen, und das Gesetz, alles Bedingte wiederum als bedingt anzusehen.

Habermas und Žižek formulieren ihre Positionen als unauflösbare Antinomien, für die wir den Begriff Antinomien des Krieges geprägt haben.

Anders als Kant wollen die zeitgenössischen Philosophen, konfrontiert mit dem russisch-ukrainischen Krieg, aber auf Lösungsvorschläge nicht verzichten. Ihre Plausibilität habe ich in den Seminaren mit den StudentInnen diskutiert und gebe einige ihrer Kommentare hier wieder.

Beginnen wir mit Noam Chomsky. Seine Position, die er in verschiedenen Interviews darlegt, überzeugte am wenigsten: Da man nun einmal, argumentiert Chomsky, sträflich versäumt habe, in Friedenszeiten auf den russischen Präsidenten einzuwirken, bleibe der Ukraine und dem Rest der Welt heute nichts anderes übrig, als Putins Forderungen nachzugeben. Die Empörung über den Kriegsverbrecher Putin muss man, so Chomsky, zügeln

6 Slavoj Žižek: From Cold War to Hot Peace. 25.03.2022.
   https://www.project-syndicate.org/onpoint/hot-peace-putins-war-as-clash-of-civilization-by-slavoj-zizek-2022-03. Die Übersetzung folgt dieser Version; auf Deutsch erschien der Artikel u.d.T. Heißer Frieden, in: *Der Spiegel*, 25.03.2022. https://www.spiegel.de/politik/debatte-um-internationale-politik-brauchen-zivilisationen-den-krieg-a-4bc85651-796e-4375-9ae7-fc4200a5b57a Anm. d.Ü.

und sich mit der traurigen Realität abfinden, denn das ist die einzige Möglichkeit, den Dritten Weltkrieg abzuwenden.[7]

»Chomsky tut mir einfach leid«, kommentiert meine Studentin E. das Interview.

»Dass man sich so seinen Nachruf versauen kann«, fügt Student W. hinzu.

Auch Habermas' Lösung enttäuscht meine Studierenden. Obwohl sie eine komplexere Strategie des Widerstands gegen Putins Regime darstellt, nämlich die der »politisch zu verantwortenden und sachlich umfassend informierten Abwägung« von Risiken,[8] scheint sie ihnen zu kompromissbereit und zu berechnend.

»Die Theorie der radikalen Demokratie von Ernesto Laclau und Chantal Mouffe hat mich schon immer mehr überzeugt als Habermas' Modell der deliberativen Demokratie«, sagte meine Studentin O., »und jetzt weiß ich, dass ich recht hatte.«

Ein Balanceakt zwischen einer Niederlage der Ukraine und einer Eskalation des begrenzten Konflikts zum Dritten Weltkrieg – genau diese von Jürgen Habermas formulierte Strategie wird von Bundeskanzler Olaf Scholz verfolgt: Die Ukraine darf nicht verlieren, doch jeder Schritt der militärischen Unterstützung muss genauestens abgewogen werden, um nicht die Grenze zum Kriegseintritt zu überschreiten, die allein von Putin bestimmt wird.[9]

Weit überzeugender ist in den Augen meiner Studierenden dagegen Étienne Balibars Haltung, der, anders als der vorsichtige, abwägende Habermas, ganz im Geist der 68er-Revolte eine offe-

---

7 Noam Chomskys Blick auf die Ukraine. Interview. 18.03.2022. https://www.pres senza.com/de/2022/03/noam-chomskys-blick-auf-die-ukraine/. Ü. Anita Köbler; Original: https://truthout.org/articles/noam-chomsky-us-military-escalation-against-russia-would-have-no-victors/. Siehe auch: »Wer den Ukrainern Waffen gibt, sollte wissen: Nicht nur das Leben der Ukrainer, sondern das Leben aller steht auf Messers Schneide.« Ein Interview mit Noam Chomsky darüber, dass nicht nur Putin Schuld am Krieg trägt, sondern auch westliche Politiker. 21.07.2022. https://meduza.io/feature/2022/07/21/te-kto-dayut-oruzhie-ukraine-dolzhny-ponimat-na-konu-zhizni-ne-tolko-ukraintsev-no-i-vseh-ostalnyh?utm_source=facebook&utm_medium=main

8 Jürgen Habermas: Krieg und Empörung.

9 Ebd.

nere und mutigere Strategie vorschlägt. Balibar macht sich nicht
die geringsten Illusionen, was die Aussicht eines Friedens mit Putin über den Verhandlungsweg betrifft: »Man kann hinsichtlich
der kommenden Entwicklungen nur erschreckend pessimistisch
sein (ich bin es), was bedeutet, dass die Chancen, die Katastrophe
zu verhindern, verschwindend gering sind.«[10] Doch es ist die
Pflicht eines Intellektuellen, so Balibar, in dieser tragischen unsi-
cheren Situation, die zu Atomkrieg und Vernichtung der Menschheit führen kann, eindeutig Position zu beziehen. »Zunächst
möchte ich sagen, dass der Krieg der Ukrainer gegen die russische
Invasion im wahrsten Sinne des Wortes ein gerechter Krieg ist.
… Ich bin also nicht begeistert, aber ich treffe eine Entscheidung:
gegen Putin.«[11]

Die Studierenden sind beeindruckt, dass Balibar, analog zu Der-
ridas »kommender Demokratie«, von einem kommenden ukrainischen Nationalismus spricht: »Wir sollten nicht die Frage beantworten wollen, was ›der ukrainische Nationalismus *ist*‹, sondern
wie er sich im Verlauf dieses Krieges *verändert*.«[12] In unserer Diskussion hebe ich hervor, dass ich in Balibars Aussagen seine echte
Sympathie mit dem Widerstand der Ukrainer gegen die russische
Aggression ausgedrückt sehe, vor allem aber seine Überzeugung,
dass der ukrainische Nationalismus sich transformieren und modi-
fizieren kann und seine destruktiven Elemente, wie Xenophobie
oder Misogynie, in diesem Prozess einbüßen dürfte.[13]

---

10 Étienne Balibar: Sur la guerre européenne au 21ème jour/Про европейську війну на
    21-ий день. https://kontur.media/balibar. Ohne Datum. Vgl. Étienne Balibar:
    Der europäische Krieg. *Philosophiemagazin*. 22.03.2022. https://www.philo
    mag.de/artikel/der-europaeische-krieg
11 Ebd.
12 Étienne Balibar: Das ukrainische Paradox, S. 54.
13 Balibar führt dazu aus: »Ich denke, die neuralgische Frage mit Blick auf die poli-
    tische Orientierung des ukrainischen Nationalismus und seine politischen Aus-
    wirkungen dreht sich um den Status des ›Multikulturalismus‹ (angefangen beim
    Multilingualismus) in den Institutionen des ukrainischen Nationalstaats. Unter
    Rückgriff auf Kategorien, die in der politischen Soziologie heute weitgehend ak-
    zeptiert sind – der Entgegensetzung von *demos* und *ethnos* – gehe ich von einem
    ›optimistischen‹ Szenario hinsichtlich des gegenwärtigen patriotischen Wider-
    standes aus: Die Ukraine und ihre *ideale Identität* bewegen sich von einer ›ethni-

Uneingeschränkt teile ich Balibars Position dort, wo es um sein Werben für den Internationalismus geht: »Der Internationalismus wiederum ist notwendiger als je zuvor, wirkt aber alarmierend entwaffnet.«[14] Ich kann mir nur schwer vorstellen, wie es meinen FreundInnen in Russland zurzeit ergeht, die Putin und sein Regime wegen des furchtbaren Krieges gegen die Ukraine hassen und gleichzeitig nicht umhinkönnen, sich als RussInnen zu fühlen und sich mit der russischen Kultur zu identifizieren. Bedauerlicherweise können, je länger der Krieg andauert, immer weniger Menschen in der Ukraine Balibars These folgen, dass »das Putin-Regime nicht mit dem russischen Volk identisch ist«.[15]

Da die jungen Studierenden von der zeitgenössischen Philosophie mutige, eigenwillige Lösungen im Geiste einer radikalen Demokratie erwarten, ist Slavoj Žižek nach wie vor einer der populärsten und meistgelesenen Philosophen in der Ukraine. Wie Balibar hält er es für die Pflicht eines jeden Intellektuellen, den Widerstand der Ukrainer gegen Putins Invasion bedingungslos zu unterstützen und jeder Politik des »Verstehens« oder der »Versöhnung« mit dem Aggressor eine Absage zu erteilen.

»Žižek ist auf dem richtigen Weg«, sagt meine Studentin M., »alles andere führt in die Sackgasse.«

Die Lage des Westens spitzt sich, so Žižek, noch dadurch zu, dass man auch während der wachsenden Bedrohung der eigenen Existenz den Gesetzen des kapitalistischen Marktes folgt und durch den Kauf von Öl und Gas Putins Kriegsmaschinerie mit ungeheuren Summen am Laufen hält.[16]

Um die drohende globale Katastrophe aufzuhalten, sollten die westlichen Regierungen nach Žižeks Ansicht erstens keinen »abwägenden« Dialog mit Putin führen, wie von Habermas gefordert, da allzu große Vorsicht den Agressor nur zum Weitermachen ermutige. Statt zu befürchten, dass Putin nach Überschreitung ir-

schen Nation‹ hin zu einer ›staatsbürgerlichen Nation‹, der *demos* gewinnt die Überhand über den *ethnos*.« Ebd.
14 Ebd., S. 59.
15 Ebd.
16 Slavoj Žižek: From Cold War to Hot Peace.

gendeiner Linie »ernsthaft böse wird«, sollte man ihm eigene, klare rote Linien aufzeigen. Zweitens müsse man die blutigen Geschäfte mit Putins Russland auf der Stelle beenden und jenseits der üblichen Marktmechanismen, auf direktem Wege, Energieträger organisieren sowie die globale Nahrungsmittelkrise bekämpfen, die der russländische Krieg hervorruft.[17]

Žižek äußert sich unmissverständlich über die Größe des ukrainischen Widerstands: »Sie haben das Unmögliche gewagt, allen möglichen pragmatischen Kalkulationen getrotzt, und das Mindeste, was wir ihnen schulden, ist unsere volle Unterstützung, und dazu brauchen wir eine stärkere Nato – aber nicht als Verlängerung der US-Politik.«[18]

Damit positioniert sich Žižek unmissverständlich gegen diejenigen Linken, die die NATO als militaristische Organisation strikt ablehnen und behaupten, der russische Krieg gegen die Ukraine sei in Wahrheit ein imperialistischer Krieg der USA gegen Russland.[19] Man könne heute kein Linker sein, wenn man nicht eindeutig hinter der Ukraine stehe. »Vom rechten Standpunkt aus«, schreibt Žižek, »kämpft die Ukraine für die europäischen Werte und gegen außereuropäische Autoritäre; vom linken Standpunkt aus kämpft die Ukraine für die globale Freiheit und damit auch für die Freiheit der Russen. Deshalb schlägt das Herz eines jeden wahren russischen Patrioten für die Ukraine.«[20]

Wie sehr sich die philosophischen Haltungen zu den Antinomien des Krieges in der Ukraine auch unterscheiden, jede von ihnen impliziert Clausewitz' Postulat – oder widerspricht ihm

17 Ebd.
18 Slavoj Žižek: Pacifism is the wrong response to the war in Ukraine. 21.06.2022. https://www.theguardian.com/commentisfree/2022/jun/21/pacificsm-is-the-wrong-response-to-the-war-in-ukraine. Deutsche Version: Slavoj Žižek: Pazifismus ist die falsche Antwort auf diesen Krieg. Der Freitag 26/2022. https://www.freitag.de/autoren/der-freitag/slavoj-zizek-man-kann-kein-linker-sein-ohne-klar-hinter-der-ukraine-zu-stehen.
19 Siehe etwa Emanuele Saccarelli. A wolf in clown's clothing: Philosopher Slavoj Žižek pens shameful pro-imperialist op-eds. In: *The Guardian*. 15.07.2022. https://www.wsws.org/en/articles/2022/07/15/mvjv-j15.html
20 Slavoj Žižek: Pacifism is the wrong response to the war in Ukraine.

wenigstens nicht –, dass derjenige den Krieg gewinnt, der ent-
schlossener und effektiver Gewalt anwendet, um seine politischen
Ziele zu erreichen.[21] Dieses Postulat bestreitet Judith Butler, die
mit ihrer feministischen Gewaltkritik nachweist, dass die Macht
der Gewaltlosigkeit politische Aufgaben effektiver und nachhal-
tiger bewältigen kann als die Macht der Gewalt und des Krieges.
Die internationale feministische Community muss, so Butler, ohne Wenn und Aber an der Seite der brutal von Russland überfalle-
nen Ukraine stehen und sie bei der Verteidigung ihrer Souveränität unterstützen. Doch die Akzeptanz der Gewaltlogik als Logik
historischer Entwicklung stellt nach Butlers Ansicht einen Irr-
weg der menschlichen Zivilisation dar, denn der Motor eines jeden Krieges und des militaristischen Maskulinismus' generell
ist der Freud'sche Todestrieb, der auf die Zerstörung aller sozialen Bindungen hinausläuft.[22]

Als Alternative zur Massenmobilisierung, der aktuellen Ressource von Putins Invasion, schlägt Butler eine antimilitaristische
feministische Mobilisierung vor, der Werte wie Verbundenheit
und Fürsorge zugrunde liegen – und damit das Gegenteil der in-
dividualistischen Prinzipien, auf die sich die Ideologie des mas-
kulinistischen Militarismus stützt. Butler betont, darin Chantal
Mouffe folgend, dass die feministische Mobilisierung ein macht-
volles politisches Imaginäres benötigt, um sich gegen die faschistischen Phantasien der Rechten zu behaupten, die heute die Demokratie und die Welt bedrohen.[23] Feministische Solidarität und
Fürsorge können aber nur dann gegen den maskulinistisch-mili-

---

21 »So muß der, welcher sich dieser Gewalt rücksichtslos, ohne Schonung des Blutes
bedient, ein Übergewicht bekommen, wenn der Gegner es nicht tut.« Carl von
Clausewitz: *Vom Kriege*. Nach dem Text der Erstausgabe von 1832-34. Berlin,
2010. https://static.clausewitz-gesellschaft.de/wp-content/uploads/2014/12/
VomKriege-a4.pdf, S. 4.

22 Siehe z. B. Judith Butler: *Die Macht der Gewaltlosigkeit*. Über das Ethische im Politischen. Aus dem Amerikanischen von Reiner Ansén, Berlin 2020, S. 189 ff. Anm.
d. Ü.

23 Judith Butler: »I am hopeful that the Russian army will lay down its arms«.
28.04.2022. https://en.ara.cat/culture/am-hopeful-that-the-russian-army-will-
lay-down-its-arms_128_4353851.html

taristischen Individualismus bestehen, wenn sie transnational sind und möglichst breite Äquivalenzketten entwickeln, sagte Judith Butler zur Eröffnung unserer gemeinsam online abgehaltenen Konferenz »Transnational Feminist Solidarity with Ukrainian Feminists« am 9. Mai 2022.

Diese Haltung Butlers wird kategorisch von Feministinnen abgelehnt, die der Meinung sind, Frauen müssten, solange in der patriarchalen Gesellschaft noch das Gewaltprinzip herrscht, ihrerseits Gewalt anwenden, statt sie abzulehnen. Butlers Konzept einer Macht der Gewaltlosigkeit und Vorstellungskraft halten sie für eine Phantasie, die ukrainische Feministinnen und ihre Mitstreiterinnen nur von ihrem Unabhängigkeitskampf ablenkt.

Tereza Hendl, eine Teilnehmerin der Konferenz vom 9. Mai, kommentierte Butlers Einlassungen vorab auf Twitter: »Butlers Beharren auf dem Unrealistischen, auch als Reaktion auf imperiale Gewalt, halte ich für irreführend, unverantwortlich & schädlich. Auch wenn es noch so gut gemeint ist, der Fokus auf das Utopische verschleiert die materiellen Auswirkungen der RU Gewalt und die reale und immanente Bedrohung von UKR Leben & lässt die UKR Bitten um Unterstützung bei der Verteidigung gegen den tödlichen RU Angriff ins Leere laufen.«[24]

Normalerweise stehen Studierende der feministischen Philosophie und ihrer Art und Weise, die traditionelle Kultur herauszufordern, sehr positiv gegenüber. (Meine Studentin A.: »Feministinnen denken immer anders, in Alternativen … Die feministische Philosophie zeigt mir, wie Feministinnen immer weiter Fragen stellen, sich austauschen, sich lustig machen, über ihren Mut und ihre Angst lachen und weinen. Für mich spenden diese Texte mit ihrer philosophischen Sprache Licht, damit wir in dem aktuellen Horror irgendwie leben und uns eine Zukunft vorstellen können.«) Von Butlers Philosophie sind viele überzeugt: Die einen fasziniert ihre Idee von der performativen Geschlechtsidentität, andere suchen Trost und politische Weisheit in ihrem Verständnis

---

24 TerezaHendl @TerezaHendl 05.05.2022. https://twitter.com/terezahendl/status/1522116891501867009?s=21&t=RbGGGUDy7Dw_BoBKNOxJHw

von der Macht der Gewaltlosigkeit, die der Gewalt widerstehen kann. Doch heute, während Putins monströser Aggression in der Ukraine, fällt es immer schwerer, an der Strategie der Gewaltlosigkeit festzuhalten, und wir machen an uns selbst die Erfahrung, wie schnell Gefühle sich verändern und wie leicht es ist, sich der Gewalt zu öffnen.

Bietet der Feminismus eine Alternative, die gegen die Macht der Gewalt ankommt und den Krieg beenden kann, fragen meine StudentInnen.

Was kann ich ihnen antworten, während russische Raketen und Bomben mein Land und meine Stadt zerstören? Nur ein Wort: Solidarität.

Ich zitiere aus einem Brief, den Judith Butler mir kurz vor unserer Konferenz schrieb: »Das Wichtigste ist, dass die ukrainischen Feministinnen unterstützt werden und dass die feministische Community sich zur Unterstützung ihrer ukrainischen Kolleginnen zusammenschließt. Es stimmt, dass einige prinzipiell gegen Krieg sind; einige unterstützen einen gerechten Krieg oder berechtigten Widerstand; einige sind besorgt, dass der Angriff auf ›westliche Werte‹ einen umfassenden Angriff auf Gender und Feminismus bedeuten könnte. Doch vor allen Dingen müssen wir uns zusammenschließen, um uns Putins Gewalt zu widersetzen, unabhängig davon, wie wir zur NATO und dergleichen stehen. Dies ist nicht der Moment, solche Fragen zu klären, es ist der Moment, sich klar und eindeutig solidarisch zu zeigen.«

Mehr als zweihundert Personen aus der ganzen Welt haben an dieser Konferenz teilgenommen und den zehn ukrainischen Feministinnen zugehört, die wir eingeladen hatten. Die Anteilnahme und Solidarität, die uns entgegengebracht wurde, war enorm. Auf diese Verbindungen und die auch im Krieg nicht abreißenden Debatten sind wir existentiell angewiesen.

Postskriptum

Die Diskussionen auf jener Konferenz zeigten, dass meine Kolleginnen mehr mit Fragen als mit Antworten auf die neuen Herausforderungen reagieren, die der Krieg für die feministische Theorie und Praxis bedeutet. Es ist unübersehbar, dass er in der Ukraine auch antifeministische und genderfeindliche Formen der Solidarität hervorbringt und verstärkt – eine Solidarität im Zeichen des Krieges, die sich heute in vielen Ländern der Welt ausbreitet. In Putins Russland wird die Unterdrückung immer schlimmer: Je mehr Misserfolge und Niederlagen die russische Armee an der Front und die russische Diplomatie in der Weltpolitik erleiden, desto repressivere Gesetze gegen »homosexuelle Propaganda«, desto aggressiver die Anti-Gender-Hysterie.

Mit Beginn des Wintersemesters standen an der Nationalen Karasin-Universität in Charkiw zweiundzwanzig auslaufende Arbeitsverträge zur Disposition. Als Grund wurden notwendige Sparmaßnahmen genannt. Auch das einzig und allein durch meine Person vertretene Fach der Gender Studies ist davon betroffen. Trotz zahlreicher Unterstützungsschreiben und Appelle prominenter westlicher Wissenschaftlerinnen, die darauf hinwiesen, dass meine Person »symbolisch für die Gender Studies in der Ukraine steht, ein Land und eine Disziplin, die Putin und Russland zerstören würden, wenn sie könnten«, beschloss die Verwaltung, meinen Arbeitsvertrag nicht zu verlängern.

Die Universität, die 1994 mit dem Kharkiv Center for Gender Studies (KhCGS) den ersten Studiengang für Gender Studies in der Ukraine eingerichtet hatte, schafft ihn wieder ab. Ileana Nachescu, Professorin am Department of Women's, Gender, and Sexuality Studies der Rutgers University, erinnert sich an den Besuch einer unserer berühmten Sommerschulen: »Das Kharkiv Center for Gender Studies war eine Hoffnung für die gesamte Region: ein einzigartiger Ort, an dem es möglich war, ernsthaft über die Rolle der Geschlechter in der postsowjetischen Gesellschaft nachzudenken. Selbst die Frauen von Pussy Riot erinnerten sich daran, dass das Zentrum für Gender Studies in Charkiw der Ort war, an dem sie zum ersten Mal feministische Bücher lesen und sich mit anderen Aktivistinnen austauschen konnten.«

Weder im Lehrplan des Fachbereichs Philosophie, dem das KhCGS angegliedert war, noch irgendwo sonst an der Universität gibt es auch nur einen einzigen Kurs zu Gender- oder feministischen Themen. Sämtliche Informationen über unser Gender-Programm und über mich und meine langjährige Arbeit sind von der Website des Fachbereichs verschwunden. Aktualisiert wurden stattdessen die Informationen über die »Gründungsväter« des Fachbereichs Philosophie, darunter kein einziger weiblicher Name. Ob es der Rektorin der Universität und dem Dekan der philosophischen Fakultät bewusst ist, dass ihre Entscheidung Putins genderfeindliche Ideologie widerspiegelt?

Wenn wir aber trotz aller Widrigkeiten weiterhin für unsere transnationale feministische Solidarität eintreten und nach neuen Wegen und Strategien suchen, um sie zu stärken und voranzutreiben, werden unsere gemeinsamen Bemühungen, den Kräften der Aggression und des Militarismus zu widerstehen, nicht vergeblich sein.

Zurzeit habe ich ein Visiting Senior Fellowship an der Faculty of Gender Studies der London School of Economics, wo ich bereits seit Dezember 2022 eingeschrieben bin. Aber ich bleibe vorerst in Charkiw und mache Online-Veranstaltungen für Doktoranden der Nationalen Akademie der Wissenschaften.

Im Nordgebäude der Universität, das jetzt aus Sparsamkeitsgründen nicht beheizt wird und für Besucher geschlossen ist, gibt es noch meinen Seminarraum mit einer Bibliothek, die ich und meine Kolleginnen seit 1994 zusammengetragen haben. Ich hoffe, sie wird nicht entsorgt. Denn diese reichhaltige Sammlung von Literatur zur Gender- und Frauenforschung in diversen europäischen Sprachen ist in der Ukraine einzigartig.

Aus dem Russischen und Englischen von Christiane Körner

Susanne Strätling
Zeitenwende.
Ein Begriff des 24. Februar 2022

Den russischen Angriffskrieg gegen die Ukraine begleitet eine Flut von Worten. In den vergangenen Jahren und Monaten hat sich ein Vokabular des Krieges angesammelt, dessen Kernbestand – in alphabetischer Reihenfolge – Asowstahl, Butscha, Gaskrieg, Genozid, Kornkorridor, Panzerhaubitze, Puschkinopad, Putler, Raschismus, Ringtausch, Russische Welt, Schuldkultur und das Unwort Spezialoperation ausmachen; dazu gehören auch Beschwörungsformeln (»Nie wieder!«), viral gegangene Imperative (»Russian warship, go fuck yourself!«) und einzelne Buchstaben, V und Z, mit denen das russische Militär seine Technik in der Ukraine markiert. Jedes dieser Worte, jede dieser Formeln und jeder dieser Buchstaben ist von einem Diskursraum umgeben, in dem weitere Begriffe und Sprechakte eingelagert sind. Einige, wie der Kampfbegriff Denazifizierung, sind ausführlich demaskierender Kritik unterzogen worden, andere, wie die Chiffre der Zwei-Wände-Regel, sind Ausdruck täglicher, stündlicher, minütlicher Suche nach einem Schutz vor Raketen unter dem offenen Himmel der Ukraine, dritte schließlich werden oft bemüht, doch kaum bedacht. Zu ihnen gehört das Wort Zeitenwende.

Zeitenwende ist der geglättete Ausdruck für eine traumatische Schockerfahrung. Dass die Revolution auf dem Maidan 2013/14 von Russland mit einem Krieg beantwortet wird, der seit mehr als acht Jahren in der Ukraine und zusammen mit ihr in ganz Europa das elementare Recht auf Freiheit, Souveränität und Unabhängigkeit zu zerstören droht, ist hierzulande vielleicht erst angekommen, als am 24. Februar 2022 russische Raketen nicht mehr ›nur‹ in Donezk und Luhansk, sondern auch in Kyjiw, Charkiw und Odessa einschlagen. Wenige Tage später bietet der deutsche Bundeskanzler in einer sogleich historisch genannten Rede einen Begriff an, der erlauben soll, das Faktum der russisch-imperialen Aggression nicht länger zu verdrängen und inmitten einer ebenso fieberhaften wie hilflosen Suche nach neuen Welt- und Handlungsmodellen Orientierung zu geben: Zeitenwende. Zeitenwende meint nichts weniger, als dass »die Welt danach nicht mehr dieselbe wie die Welt zuvor« (Scholz) ist. In den vergangenen Monaten sind erhebliche Anstrengungen unternommen worden, um zumindest im Ansatz zu begreifen, was das heißt – in einem Europa zu leben und zu sterben, in dem Wohnhäuser und Geburtskliniken, Schulen und Kindergärten, Märkte und Museen, Bahnhöfe und Bushaltestellen bombardiert, Evakuierungsfahrzeuge und Krankenwagen beschossen, Zivilist*innen vergewaltigt, gefoltert und hingerichtet, Flüchtlinge zwangsdeportiert und filtriert werden. Reportagen, fotografische und filmische Dokumentationen, auch erste künstlerische Projekte und Protestaktionen versuchen diese unaussprechlichen Erfahrungen zu bewältigen. Die militärische Berichterstattung bevorzugt dabei zumeist Zahlen und Daten. In Tabellen und Diagrammen bildet sich die statistische Dimension des Krieges ab. Dabei ist sie nicht nur numerisch ungenau – wer kann die vielen Verschwundenen, Verschütteten, Verscharrten zählen? –, sie suggeriert auch ein auf Objektivität und Operativität basierendes Wissen, das durch die Logik der Zahl den Wahnsinn des Krieges rationalisieren kann. Zugleich bleibt fraglich, ob Begriffe einholen können, was numerische Abstraktion aus menschlicher Erfahrung herauskürzt.

Der Begriff der Zeitenwende greift hier weit aus. Er reagiert auf einen Zivilisationsbruch, der die Realität gewaltsam und unwiederbringlich verändert. Seine politischen Herausforderungen könnten kaum größer sein. Das betrifft für Deutschland in erster Linie die Frage, warum man sich gut 75 Jahre nach dem Ende der NS-Zeit erneut in selbstverschuldeter Abhängigkeit von einem totalitären Regime wiederfindet. Wie aufgearbeitet ist der deutsche Nationalsozialismus, wenn die Geschichtspolitik der Gegenwart historische Verantwortung nicht gegenüber allen Staaten der ehemaligen Sowjetunion übernimmt, sondern sie auf Russland beschränkt und damit ignoriert, dass die »Bloodlands« (Timothy

Snyder) des Zweiten Weltkriegs vor allem auf dem Territorium der Ukraine und des heutigen Belarus liegen? Zur Bilanz der deutschen Vergangenheitsbewältigung gehört auch, dass ein ehemaliger Bundeskanzler die vielbeschworene deutsch-russische Freundschaft auf die Spitze treibt und best friends forever mit dem russischen Präsidenten spielt, während dieser seinen Vernichtungskrieg gegen die Ukraine als Denazifizierungskampagne tarnt.

Angesichts dieser Fragen scheint der Bedeutungshorizont der Zeitenwende auf den ersten Blick begrenzt, ruft er doch unmittelbar seinen Zwillingsbegriff Wendezeit auf, der eng mit der friedlichen Revolution 1989 assoziiert ist. Eine Kontinuität zwischen dem Krieg im Europa des 21. Jahrhunderts und der Transformationsepoche der späten 1980er und frühen 1990er Jahre lässt sich gleichwohl kaum herstellen – das Gegenteil ist der Fall. Denn im Resonanzraum dieses Begriffsechos verkehrt die Zeitenwende buchstäblich, was unter dem Stichwort Wendezeit in die neuere Geschichte einging. Es ist exakt diese Umwendung der Wendezeit zur Zeitenwende, die einen Fingerzeig gibt, in welche Richtung die Zeitenwende weist. Sie bedeutet ein Auseinanderbrechen dessen, was vor gut dreißig Jahren in einen Annäherungsprozess eintrat. Und sie bedeutet, dass an dieser Bruchstelle ein Perspektivwechsel stattfindet, mit dem die Ukraine, ein Land, das bis in die Gegenwart hinein oft nur als russische Filiale oder Vorhof zum Kreml wahrgenommen wurde, als Staat mit eigenem Recht, komplexer Geschichte und polyphoner Kultur in den Fokus rückt. Es steht ein Perspektivwechsel an, der die sogenannten Peripherien am Rande des Machtvektors Moskau im Zentrum unserer Aufmerksamkeit verankert.

Ungeachtet aller öffentlichen Solidaritätsbekundungen mit der Ukraine, trotz weitreichender politischer Maßnahmen vollzieht sich diese Verschiebung des Blickpunkts nur sehr zögerlich oder gar gegen erhebliche Widerstände. Das betrifft nicht nur Stimmen aus Politik und Wirtschaft, welche die Nabelschnur Nord Stream auch dann nicht kappen möchten, wenn dies bedeutet, dafür ein Europa ohne die Ukraine in Kauf zu nehmen. Es betrifft auch Stimmen aus Wissenschaft und Kultur. Hatten Ende Febru-

ar nahezu alle namhaften Kultur- und Wissenschaftseinrichtun-
gen die Invasion Russlands scharf verurteilt und sich den Sanktionen angeschlossen, so dauerte es nicht lange, bis die ersten offenen
Briefe dafür plädierten, Wissenschaft und Kunst nicht in politische
Geiselhaft zu nehmen, sondern Kooperationen mit akademischen
wie kulturellen Institutionen und Akteur*innen weiterzuführen –
ungeachtet dessen, dass alle russischen Hochschulleitungen und
staatlichen Kultureinrichtungen dem Moskauer Regime eilfertig
ihre vorbehaltlose Loyalität zugesichert hatten. Erst kürzlich verkündete der Direktor der Petersburger Ermitage, russische Museen würden in ganz Europa eine künstlerische Spezialoperation,
eine »mächtige Kulturoffensive«, durchführen.[1]

Wissenswenden

Zeitenwenden mögen schockhafte und instantane Auslösemomen-
te haben, bewegen sich aber träge, nie geradlinig und aufgrund
der fundamentalen Verunsicherung, die sie mit sich bringen, unter vielfachen Rückversicherungen beim Bekannten. Wie sie überhaupt zu vollziehen sind, lässt sich kaum aus Büchern lernen. Sie
sind auch Wissenswenden. Und das nicht zuletzt, weil sie Prozesse sind, in denen Erlerntes grundlegend in Frage gestellt ist. Am
prägnantesten hat das vielleicht Gayatri Chakravorty Spivak formuliert. In ihrem Essay *Can the Subaltern Speak?* berichtet sie
davon, wie sie als Vertreterin eines postkolonialen feministischen
Ansatzes die Vorannahmen noch derjenigen Theorien, auf die sie
sich stützte, hinterfragen musste, um nicht in eine neue Haltung
überlegener Selbstgewissheit zu verfallen. Wie aber lässt sich an
die Stelle des privilegierten Sprechens *für* oder *über* ein dialogi-
sches Sprechen *mit* und *zu* setzen? Spivak beschreibt dieses Vor-

---

1 Interview mit Michail Piotrowski in *Rossijskaja gaseta*, 22.6.2022. Auf: https://
   rg.ru/2022/06/22/kartina-mira.html [abgerufen am 26.7.2022]; deutsch in: Auf
   ganzer Front. Russlands Krieg: Friktionen und Folgen. *Osteuropa* 4-5/2022,
   S. 49-58.

gehen als »systematisches Verlernen« (systematic unlearning).[2] Als klassische Lehrbuchmethode lässt sich das kaum bezeichnen, geht es doch um eine paradoxe Handlung, in der Erkenntniszuwachs gerade im Wissensverlust liegt. »Systematisches Verlernen« bedeutet, gezielt gesicherte Annahmen fallenzulassen und die Abhängigkeit von etablierten Denkstrukturen aufzugeben, um etwas zu erfahren, was zuvor in ebendiesen Strukturen im Verborgenen blieb.

Besonders nachdrücklich lässt sich diese Erfahrung dort machen, wo es um die basalen Kulturtechniken des Sprechens, Schreibens und Lesens geht. Systematisches Verlernen kommt zum Einsatz, wo vertraute (Mutter-)Sprachen ihre Selbstverständlichkeit verlieren, uns fremd werden und wir in andere Sprachen wechseln. Sprachen sind keine neutralen Kommunikationsvehikel – sie sind ein wesentliches Medium unserer Artikulation als mündige Subjekte. Die Entscheidung vieler Ukrainer*innen, für die das Russische vor dem 24. Februar Erstsprache oder auch situative Zweitsprache war, nicht mehr in der Sprache des Aggressors zu sprechen, legt davon beredtes Zeugnis ab. Der individuelle Verzicht auf die Verwendung einer Sprache, die man beherrscht, meint hier: die Absage an eine Politik der Beherrschung und Unterwerfung durch Sprache.

Systematisches Verlernen tritt auch dort auf, wo, wie kürzlich in Polen, ein ganzes Land seine Grammatikregeln ändert, um die Formulierung »in der Ukraine« (poln. *w Ukrainie*) künftig nicht mehr – wie in Russland – mit der Präposition »an« (russ. *na Ukraine*), sondern – wie in der Ukraine – mit der Präposition »in« (ukr. *w Ukrajini*) zu verbinden. Denn in der russischen Sprachform drückt sich eine koloniale Haltung gegenüber der Ukraine als Region »an der Peripherie«, »am Rand« (russ. *na okrajne*) aus, während die ukrainische Sprachform dieses Territorium als eige-

---

2 Gayatri Chakravorty Spivak: Can the Subaltern Speak? In: *Colonial Discourse and Post-colonial Theory. A Reader*. Ed. by Patrick Williams and Laura Chrisman. New York 1994, S. 66-111, hier S. 91.

nen Staat artikuliert.[3] Systematisches Verlernen schärft auch unsere Wahrnehmung für die Manipulationen graphischer Zeichensysteme. Dass das russisch-kyrillische Alphabet am 24. Februar eine militärische Schriftreform erfuhr und teillatinisiert wurde, fällt prägnant auf, wenn beim Verfassen eines russischen Textes über einen Krieg im Zeichen von V und Z auf ein anderes Schriftsystem umgeschaltet werden muss. Wer beispielsweise über die Region Kusbass (*Кузбасс*) im Gebiet Kemerowo in Russland schreibt, muss ab dem 2. März 2022 eine hybride Schreibweise nutzen, da der Gouverneur beschloss, die gesamte Region »als Zeichen der Unterstützung der Spezialoperation« in »KyZбасс« umzubenennen.[4]

Das systematische Verlernen vollzieht sich schließlich auch dort, wo wir nicht sprechen oder schreiben, sondern lesen. Wiederholt ist die Vermutung formuliert worden, der jetzige Krieg sei Symptom eines Gewaltdiskurses der russischen Kultur, der sich mindestens bis in die Literatur des 19. Jahrhunderts hinein verfolgen lässt. Zuletzt hat Oksana Sabuschkos Lektüre russischer Romane von Tolstoj bis Turgenjew erhitzte Diskussionen provoziert. Sabuschko zufolge ist Turgenjews Novelle *Mumu* über einen taubstummen Leibeigenen, der auf Befehl seiner Herrin den geliebten Hund ertränkt, symptomatisch für eine Literatur, die zu Mitgefühl mit den Tätern statt mit den Opfern brachialer Gewalt erzieht; Tolstojs Romane wiederum begründeten durch ihr Verständnis für untreue oder sich prostituierende Frauen eine Kultur der »Unempfindlichkeit gegenüber dem Bösen«.[5] Behauptungen wie diese haben umgehend die Verteidiger*innen der russischen Klassik auf den Plan gerufen. Sie weisen

---

3   Putin hat in einer seiner kriegsvorbereitenden pseudohistorischen Abhandlungen am 21.7.2021 erneut diese Position vertreten und den Landesnamen der Ukraine auf das Wort Rand (russ. okraina), also die Peripherie des großrussischen Imperiums, zurückgeführt.

4   Vgl. die Mitteilung durch Interfax: https://www.interfax.ru/russia/825701 (abgerufen am 27.6.2022).

5   Oksana Sabuschko: Lektionen aus einem großen Bluff, in *Neue Zürcher Zeitung* vom 28.4.2022: https://www.nzz.ch/feuilleton/lektionen-aus-einem-bluff-russische-literatur-nach-butscha-ld.1681267

darauf hin, dass Schriftsteller wie Dostojowski, Puschkin und Tolstoj selbst der Verfolgung durch Staatsgewalt ausgesetzt waren. Allein die Zitation des Titels von Tolstojs *Krieg und Frieden* bei Protestaktionen kann heute in Russland, wo jedes Sprechen über den Krieg zensiert wird, Verhaftungsgrund sein.[6]

Deutlich wird in dieser Kontroverse vor allem eines: Worte sind Waffen sui generis. Ein literarischer Gewaltverdacht aber ist weder mit reduktionistischen Eindampfungen hochkomplexer Werke auf mörderische Plotlines noch mit der simplen Rasterung vulnerabler Figuren nach dem Merkmal ›gut/böse‹ ausreichend begründet. Ebenso wenig wie er mit dem wohlfeilen Stereotyp, die Klassiker der russischen Literatur seien humanistische Dissidenten gewesen, plausibel widerlegt ist. Vielmehr ist dieser Verdacht als Aufforderung zu verstehen, neu zu lesen. Und zwar in einer Weise, die sich manipulativer Zurichtung der Literatur zum Zwecke ihrer – sei es propagandistischen, sei es didaktischen – Instrumentalisierung ebenso enthält, wie sie aufmerksam bleibt für die politische Dimension der Poetik – und dies nicht zuletzt dort, wo Dichtung sich auf ihre Autonomie beruft. Mit dem Vorwurf einer pauschalen Schuld der Literatur ist dabei wenig gewonnen. Er macht sich nicht die Mühe, die kritische Widerständigkeit des poetischen Wortes von willfähriger Funktionsdichtung oder als Literatur maskierten Pamphleten zu unterscheiden.

Lesen ist kein Akt der Denunziation. Lesen heißt, sich in Beziehung zu setzen zu sprachlich verfassten Welten, die uns nicht gleichgültig lassen. Kritisch zu lesen heißt, mit dem Eintritt in diese Sprachwelten unsere intellektuelle Komfortzone zu verlassen. Und wo wir diese verlassen, wird es unübersichtlich. Orientierungspunkte in dieser komplexen Situation bilden Lektüren, die den komplexen Verstrickungen der Literatur in Machtbeziehungen nachspüren. Das betrifft die Spielräume ihrer formalen Gestaltung ebenso wie die Prozesse ihrer Autorisierung und Kano-

---

6 Aleksandr Minkin: Serkalo russkoj revoljuzii. Rossijskaja polizija vedet vojnu s L'wom Tolstym – i poka pobeshdaet, in *Novaya rasskas-gaseta* vom 15.7.2022: https://novaya.no/articles/2022/07/15/zerkalo-russkoi-rezoliutsii

nisierung. So rekonstruiert etwa Natalja Startschenko die strategische Position literarischer Akteure im politischen Feld am Leitfaden des Puschkin-Kults, dem eine Schlüsselrolle bei der Erschaffung einer kolonialen Kulturlandschaft zunächst im zaristischen, später im sowjetischen Imperium und schließlich noch im postsowjetischen Raum zukommt.[7]

Der gerne zitierte PEN-Slogan »Putin ist der Feind, nicht Puschkin« verkennt genau dies: sowohl die Möglichkeit, dass Werke des nationalliterarischen russischen Literaturkanons nicht unberührt von imperialen Diskursen geblieben sind, als auch die Tatsache, dass es gerade die Gründungsfiguren dieser gerne als Goldgrund bezeichneten Epoche der russischen Literatur sind, die für kultur- und literaturpolitisches Kapital bis in die Gegenwart hinein ausgebeutet werden. Für das Schuljahr 2022/23 hat das russische Bildungsministerium neue Lehrmaterialien entwickelt, um den Schüler*innen der 10. Klasse an Puschkins Poem *Poltawa* Vaterlandsliebe beizubringen.[8] Dies ist kein Einzelfall der Vereinnahmung der Ukraine für die Agenda der »Russischen Welt«. 2015 zierte Nikolaj Gogols Profil gemeinsam mit Anna Achmatowa und Alexander Puschkin das Logo des russländischen Literaturjahrs, um, so Schirmherr Putin, »die Autorität und den Einfluss der russischen Literatur in der ganzen Welt zu untermauern«. Befördert werden diese Ansprüche noch dadurch, dass für die russische Rentenökonomie Literatur eine Ressource ist, die ebenso wie Gas und Öl durch weltweiten Export Gewinne einbringt.[9] Wer sich heute Sorgen macht, die »große« russische Kultur könne zugunsten ihrer Einzugsgebiete in der Nachbarschaft gecancelt werden, übersieht Grenzüberschreitungen wie

---

7   Natalja Starčenko: Jak navčaly ljubyty Puškina, in *Istoryčna pravda* vom 19.4.2022: https://www.istpravda.com.ua/articles/2022/04/19/161225/
8   Ab dem Schuljahr 2022/23 beginnt jede Schulwoche am Montagmorgen für alle Klassenstufen mit einer neu eingeführten Schulstunde unter dem Titel »Gespräche über Wichtiges«. Die Lehrmaterialien sind abrufbar unter https://razgovor.edsoo.ru/topic/10/
9   Ilya Kalinin: Carbon and Cultural Heritage. The Politics of History and the Economics of Rent, in: *Baltic Worlds*. Special issue »Modernization in Russia«. 2014, vol. 7, No 2-3, S. 65-74.

diese großzügig oder akzeptiert sie als für eine Weltliteratur *à la russe* unvermeidliche Übergriffigkeiten gegenüber minoritären Literaturen. Auch wenn viel dafür spricht, die Literaturgeschichte als *histoire croisée* transnationaler Verflechtung und polyglotter Synkretismen neu zu schreiben, gilt es doch, im Dialog der Kulturen hellhörig zu bleiben für Gesten der Vereinnahmung, mit denen Nationalliteraturen nicht überwunden werden, sondern ihre globale Expansion betreiben.

Dass die Praxis systematischen Verlernens, mit der unser Blick für autoritäre Aneignungen und Zurichtungen geschärft wird, so schwerfällt, mag auch daran liegen, dass zentrale Stichwortgeber der postkolonialen Theorie nicht nur einen – teils latenten, teils manifesten – Diskurs der Gewalt in Kunst und Literatur freigelegt haben. Hier lässt sich auch beobachten, wie Situationen gewaltsamer Konfrontation und kollabierender Ordnungen als Triebkräfte künstlerischer und intellektueller Tätigkeit nobilitiert wurden. Dies gilt nicht zuletzt gerade für Denkansätze, denen man eine hohe Sensibilität für die Belange der sogenannten Peripherien attestiert, da sie selbst aus einer prekären Randposition der Verbannung, der Zensur oder der territorialen Dezentrierung heraus formuliert wurden.

Eines der einflussreichsten Modelle, um die Triebkräfte von Zeitenwenden zu verstehen, stammt von Jurij Lotman, dem Begründer der Tartu-Moskauer Schule für Kultursemiotik. Lotman betrachtet Kulturen als Semiosphären, als Zeichenräume, deren Entwicklung vor allem durch das Gefälle zwischen einem stabilen Zentrum und flexiblen Randzonen vorangetrieben wird. Ähnlich den durchlässigen Membranen einer Zelle finden an diesen Randzonen Austauschprozesse über Grenzen hinweg statt. Durch diese Transfers reichert sich jede Semiosphäre selbst an und gibt zugleich – kultursemiotisch gesprochen – Information nach außen ab. Der Rand einer kulturellen Sphäre ist damit für Lotman ein »Ort des permanenten Dialogs«, an dem es »zur Entwicklung einer gemeinsamen Sprache, einer Koiné« kommt. Dies gilt auch dann noch, wenn sich an diesen Peripherien die Dynamik des Zeichenverkehrs bis zur Kriegshandlung erhitzt. Denn, so Lotman,

»selbst um Krieg zu führen braucht man eine gemeinsame Sprache«, weshalb Kriege wie alle Krisen und Konflikte »unweiger-
lich zu einer Angleichung der Kulturen und zur Entstehung einer
neuen Semiosphäre auf einer höheren Ebene« führen.[10]
    Welche Konsequenzen hat ein solches Modell? Wie lässt sich
mit dieser Perspektive auf die Gegenwart schauen? Jede Zeitenwende bedeutet auch eine Zeichenwende. Sie verlangt eine Revision und Neubestimmung des symbolischen Inventars ganzer
Kulturen, sie unterzieht die Text- und Bildarchive einer radikalen
Prüfung und sucht nach neuen Ausdrucksformen. Wo aber der
Krieg als dialektisch intensivierte Form des Zwiegesprächs begriffen wird, entstehen Weltmodelle, die einer Idealisierung des
Konflikts als Zustand besonderer semiotischer Produktivität zu-
arbeiten. Ein Tod und Zerstörung bringender Angriff mit Waf-
fengewalt wird zweifellos auch auf der Ebene von Zeichen geführt. Die militärischen Insignien V und Z sind dafür vielleicht
augenfälligstes Indiz. Wenn aber der Krieg zum Begriff der dialo-
gischen Erzeugung neuer, mit Sinn angereicherter Zeichenräume
abstrahiert wird, dann verdrängt diese theoretische Verwertungs-
logik, dass der Krieg reale Opfer fordert, dass der Preis für eine
verdichtete Semiosphäre mit Leben bezahlt wird.
    Dass Wissen nur dann begriffs- und theoriefähig ist, wenn es
sich vom rohen Realismus der Eindrücke löst, scheint kaum noch
hinterfragbar. Alles andere hieße, »auf dem Boden der Erfahrung
fortkriechen, während die wirklichen Wissenschaften darüber
schweben« (Schopenhauer). Auch wenn man nicht in schlichten
Empirismus zurückfallen möchte, fällt jedoch auf, wie weitgehend
die Theorielandschaft ihrer Fühlung mit den Erfahrungswelten,
in denen sie wurzelt, beraubt wird. Das betrifft aktuell insbesondere breit diskutierte Diskurse der Grenzüberschreitung – denn
Zeitenwenden eröffnen Zwischenwelten, die von Brüchen geprägt sind, in denen Abschiede abrupt vollzogen und Zugehörig-
keiten neu ausgehandelt werden. Vielzitierte Konzepte wie »drit-

---

10 Jurij M. Lotman: *Die Innenwelt des Denkens. Eine semiotische Theorie der Kultur.* Frankfurt am Main 2010, S. 190.

ter Raum« (Homi K. Bhabha), »Kulturen auf der Reise« (James Clifford) oder »Literaturen ohne festen Wohnsitz« (Ottmar Ette) schnüren dabei nicht nur identitäre Korsette auf, sie geben nicht nur Impulse, um Subjekte und Texte in dynamischer Bewegung und vielfältigen Begegnungen zu denken. Ihnen liegen auch traumatische Erfahrung von Flucht, Deportation und Evakuierung, von versehrten Biographien, von gefährdeten oder gar ausgelöschten Lebenswelten zugrunde. Tamara Hundorova hat diese beiden Dimensionen im Begriff der »Transitkultur« zusammengeführt. »Transitkulturen« sind posttraumatisch. Ihnen geht ein Verlust voran, sie »fixieren ein Zerreißen« von Weltzusammenhängen in Sprache, Gedächtnis und Körper. Und doch definieren sie sich nicht allein über das, was ihnen fehlt oder genommen wurde, sondern über das, worauf hin sie sich orientieren.[11] Wo Denkansätze wie diese auf einen Assoziationsradius mobiler Weltenbummelei geschrumpft werden, gerät diese existentielle Dimension in Vergessenheit. Ein Bewusstsein für sie wäre auch theoretisch neu zu schärfen.

»Begriffe erschaffen, heißt zumindest, etwas zu tun.«[12] Unter dieser Prämisse legen die Herausgeber des 2007 erschienenen *Wörterbuch des Krieges* eine Sammlung von Lexemen, die von Angst über Profit bis Widerstand reicht, vor.[13] Zeitenwende fehlt in dieser Liste ebenso wie alle eingangs genannten Wörter und Buchstaben. Vielleicht werden sie zukünftig in einem eigenen Glossarium bedacht werden. Unvollständig wäre dieses ohne Einträge zu Begriffen, die der Lyriker, Übersetzer und Literaturwissenschaftler Ostap Slyvynsky seit dem 24. Februar in Gesprächen mit Menschen auf der Flucht gesammelt hat. Zu ihnen gehören Worte wie Freiheit, Kanarienvogel oder Höhle. Auch Zahlen erhalten hier einen eigenen Eintrag, der ihnen die Möglichkeit gibt, am Leitfa-

---

11 Tamara Hundorova: *Tranzytna kul'tura. Symptomy postkolonial'noji travmy.* Kyjiw 2013, 12f.

12 Gilles Deleuze/Félix Guattari: *Was ist Philosophie?* Frankfurt am Main 1996², S. 12.

13 *Wörterbuch des Krieges.* Hg. von Multitude e.V. und Unfriendly Takeover. Berlin 2007.

den arithmetischer Gesetzmäßigkeiten ein Erfahrungswissen von den Schrecken des Krieges zu vermitteln: »Du musst einfach zählen, komm, wir machen es gemeinsam! Eins, zwei, drei… Nein, langsamer, noch einmal von vorne. Nicht so schnell. Eins, zwei, drei, vier, fünf, sechs, sieben… Siehst du? Alles ist gut.« Wenn man so zählt, dann bringt die Zeitenwende kein Zeitenende. Sie bedeutet den Beginn einer neuen Zeit.

August 2022

Tamara Hundorova
Die Provinzialisierung des Russischen –
Demaskierung des Imperiums

1. Dekolonisierung als Provinzialisierung

Der 24. Februar 2022 markierte das definitive Ende der Phantom-
gemeinschaft, die bis dahin als postsowjetischer Raum bezeichnet worden war. Zumindest formal bezog sich diese Bezeichnung
auf alle ehemaligen Sowjetrepubliken, also auch auf die Staaten
des Kaukasus und Zentralasiens. Doch am häufigsten wurden
drei Länder mit dem Epitheton versehen, die nach dem Zusammenbruch der Sowjetunion in unmittelbarer Nachbarschaft Europas entstanden waren (und keine Mitglieder der EU und der
Nato sind): Belarus, die Ukraine und Russland. Dabei wurden
nicht nur politische, ideologische und kulturelle Unterschiede
und geschichtliche Tatsachen ignoriert, sondern auch übersehen,
dass der Begriff »postsowjetisch« die Übernahme des für die So-
wjetideologie grundlegenden Paradigmas der »drei Schwestervöl-
ker« symbolisiert.

Heute, in Zeiten des russisch-ukrainischen Krieges, ist das Phantom zerbröckelt und der Schleier gefallen, hinter dem sich das
Rückgrat eines Imperiums verbarg. Dieses Imperium will seine
Macht über die Ukraine zurückgewinnen – ein Land, das vom
18. bis fast zum Ende des 20. Jahrhunderts in eine Kolonie verwandelt worden war und es nun endlich wagt, sich der Kontrolle
zu entziehen. Ich weiß noch, wie wir etwa eine Woche, bevor
Russland seine Truppen in die Ukraine schickte, im Büro des ukrainischen PEN saßen. Wir nahmen ein Video auf mit unseren
Statements, warum wir trotz der Warnungen vor einem drohen-
den Krieg in der Ukraine bleiben würden. Sollte Russland es wagen, einen Krieg zu beginnen, so sagte ich damals, würde dieser
Krieg per definitionem ein neoimperialer sein. Damit hatte ich

mir zum ersten Mal eine Vorstellung von der Art eines möglichen Krieges mit Russland gemacht.

Es ist nicht verwunderlich, dass die Rede von der Dekolonisierung nach dem 24. Februar so wichtig wurde. Dieser Begriff, der vermutlich den meisten Ukrainern zuvor unbekannt war, charakterisiert die derzeitige Situation in der Ukraine vielleicht am treffendsten. Der Begriff Dekolonisierung ist im westlichen akademischen Diskurs seit Jahrzehnten eingeführt. Aktualisiert durch den Krieg, verändert er seine Bedeutung – er benennt das, was an den östlichen Rändern Europas geschieht.

Gelegentlich begegnet man der Ansicht, dass der Begriff Dekolonisierung zum ersten Mal 1932 verwendet wurde, obwohl er seinen Bedeutungsgehalt – politisch, ideologisch und rechtlich – nach dem Zweiten Weltkrieg erhielt und mit dem Zusammenbruch alter Imperien und der Entstehung souveräner Staaten verbunden war. Zwischen 1945 und 1975 verloren die großen Kolonialreiche Frankreich, Belgien, Portugal, die Niederlande, Großbritannien, die USA und Japan, die teilweise jahrhundertelang bestanden hatten, ihre Kolonien in Afrika, Asien, der Karibik und Ozeanien. In einer ersten Phase entstanden unabhängige Staaten wie Indien, Pakistan, Ceylon, Indonesien und Birma. Die nächste Phase ab 1955 stand im Zeichen der Dekolonisierung auf dem afrikanischen Kontinent: Algerien, Tunesien, Guinea, Marokko, Kamerun, Tschad, Nigeria, Kongo erklären ihre Unabhängigkeit von der Kolonialmacht Frankreich. Wie rasant diese Entwicklung ablief, lässt sich an den Vereinten Nationen veranschaulichen: bei ihrer Gründung 1945 gehörten der UNO 51 Mitglieder an, 1975 waren es schon 144. Die Ablösungsprozesse verliefen nicht immer friedlich; manchmal, wie etwa in Algerien, gingen der politischen Unabhängigkeit jahrelange Kämpfe zwischen antikolonialen Gruppen und der Kolonialmacht voraus.

Mit dem Beginn des 21. Jahrhunderts und dem russisch-ukrainischen Krieg folgt praktisch die dritte Phase der Dekolonisierung – sie verlagert sich auf das Territorium Europas. Darüber hinaus erfährt der Begriff eine erweiterte Interpretation – vor allem durch die Migration der postkolonialen Theorie, die mit den Arbeiten von Edward Said eingeleitet wurde. Es geht darum, zu erkennen, dass sich »der Schwerpunkt des Feldes verlagert«, wie der Literaturwissenschaftler John McLeod diesen Prozess nennt. Im Zuge dessen werden »die postkolonialen Studien nun stärker auf die *verschiedenen europäischen Imperien* und ihre Hinterlassenschaften blicken, die den europäischen Kolonialismus geprägt und ihn zu einem *vielgestaltigen* Phänomen gemacht haben«,[1] erklärt er und weist auf die Notwendigkeit hin, über die ausschließlich englischsprachige imperiale Erfahrung hinauszugehen.

Verschiedentlich wird von einem »Ende der postkolonialen Theorie« gesprochen. Signifikant dafür ist eine gewisse Spannung zwischen dem postkolonialen und dem dekolonialen Ansatz. Letzteren vertritt der argentinische Literaturwissenschaftler Walter D. Mignolo, Mitglied der Forschergruppe Modernidad/Colonialidad (M/C). Seine Kritik an der postkolonialen Theorie gilt nicht dem gemeinsamen Ziel einer gesellschaftlichen Transformation, sondern ihrer englischsprachigen Prägung – ihrer Verwurzelung in der Sprache der früheren britischen Kolonialmacht. Die Theoretiker der Dekolonisierung sehen in ihr »eine im Wesentlichen eurozentrische Kritik des Eurozentrismus«[2], d. h., sie konzentriere sich auf die europäische Erfahrung, berücksichtige nicht die Perspektive anderer Regionen, z. B. der Karibik, analysiere in erster Linie die Erfahrung des britischen Imperialismus und stütze sich auf die von europäischen Kritikern entwickelten Ideen des Poststrukturalismus, des Dekonstruktivismus und der Postmoderne.

Der Postkolonialismus, der in der englischsprachigen Literaturwissenschaft seinen Ursprung hat, ist weiter gefasst.[3] Es gibt lateinamerikanische, portugiesische, italienische und andere Les-

---

1 John McLeod (Hg.), *The Routledge Companion to Postcolonial Studies*, London/New York: Routledge, 2007. S. 11.
2 Gianmaria Colpani, Jamila M. H. Mascat, Katrine Smiet: Postcolonial responses to decolonial interventions, *Postcolonial Studies*, 2022, 25:1, p. 3.
3 Alec G. Hargreaves, David Murphy: Introduction: New Directions in Postcolonial Studies, *Journal of Postcolonial Writing*, 2008, 44:3, p. 221-225.

arten, und sicher ist es an der Zeit, auch eine ukrainische in diesen Kreis aufzunehmen. Allgemein führt die Migration der postkolonialen Studien zur Anerkennung verschiedener Mischvarianten des Kolonialismus und problematisiert auch verschiedene Arten von Imperialismen, auch im postkommunistischen Osteuropa.[4]

Im ehemaligen postsowjetischen Raum kommt der Dekolonisierung eine besondere Bedeutung zu – sie korreliert mit der Dekommunisierung, d. h. der Befreiung von ideologischen Narrativen sowie Symbolen und Zeichen der sowjetischen Vergangenheit, die eine ausgeprägte imperiale Ausrichtung haben. Obwohl die Diskussionen, ob postkoloniale Ansätze auf die postsowjetische Erfahrung angewandt werden können, noch andauern, leuchtet ein, dass es, wie David Moore feststellt, »gute Gründe gibt, den Begriff ›postkolonial‹ und alles, was damit zusammenhängt – Sprache, Wirtschaft, Politik, Widerstand, Befreiung und deren Folgen – auf die ehemals von Russland und der Sowjetunion kontrollierten Regionen nach 1989 und 1991 anzuwenden, nicht anders als es auch mit Südasien nach 1947 oder Afrika nach 1958 der Fall war«.[5]

Der Krieg in der Ukraine hat den sogenannten postsowjetischen Raum zerstört, und die Verbreitung der Idee der Dekolonisierung zeigt, dass die Dinge jetzt beim Namen genannt werden. Zugleich schließen wir zu den globalen Dekolonisierungsprozessen auf. Dabei sei erwähnt, dass sich deren Bedeutungsgehalt nach der ersten Welle der Dekolonisierung nach dem Zweiten Weltkrieg stark verändert hat. Erstens wird der Begriff nicht mehr mit bewaffneten Konflikten oder gewaltsamen Auseinandersetzungen assoziiert wie noch zu Zeiten von Frantz Fanon (*Die Verdammten dieser Erde*, 1961). Zweitens ist ein Verständnis von Dekolonisierung in den Bereich des kulturellen und intellektuellen Widerstands vorgedrungen. Wiederholt wird darauf hingewie-

4   Madina Tlostanova: Postsocialist ≠ postcolonial? On post-Soviet imaginary and global coloniality, *Journal of Postcolonial Writing*, 2012, 48:2, pp. 130-142.
5   David Chioni Moore: Is the Post- in Postcolonial the Post- in Post-Soviet? Toward a Global Postcolonial Critique// *PMLA*, 2001, Vol 116, N 1. p. 115.

sen, dass Dekolonisierung nicht nur eine Metapher ist, die auf jeden Prozess angewendet werden kann, von der Bildung bis zur Küche, sondern dass sich dahinter schmerzhafte Erfahrungen und komplexe existenzielle Probleme ganzer Völker und Länder verbergen.

In einem Interview vom 5. August 2022 machte Dipesh Chakrabarty, einer der Begründer der Theorie der Dekolonisierung und der Subaltern Studies, darauf aufmerksam, dass Dekolonisierung heute in erster Linie ein akademischer Diskurs ist: Es gehe darum, den westlichen Kulturkanon zu revidieren, der angeblich die höchsten Errungenschaften in Literatur und Kultur repräsentiere. In akademischer Hinsicht bedeutet Dekolonisierung die Veränderung des Kanons – in erster Linie durch Widerstand gegen den dominierenden westlichen Diskurs.

Chakrabarty, der 1992 den Begriff einer »Provinzialisierung Europas« geprägt hat, konstatiert, dass nicht nur der westliche Kanon andere Kulturen diskriminiere, sondern auch die westliche Geschichtsschreibung andere Nationalgeschichten diskriminiere. Schließlich haben all diese Geschichten, auch die »indische«, »chinesische« oder »kenianische« und andere, »die Tendenz, sich in Variationen einer Meistererzählung zu verwandeln, die man ›die Geschichte Europas‹ nennen könnte«.[6]

Dabei habe jedes Land seine eigene Geschichte, die oft nicht mit der europäischen übereinstimme, wie im Falle der asiatischen und afrikanischen Länder. Das heißt, die eurozentrische Geschichtsbetrachtung berücksichtige aus Sicht der Dekolonisierung nicht die unterschiedlichen subjektiven Erfahrungen in den verschiedenen Ländern. Außerdem sei der Begriff »Europa« in den Studierstuben von Historikern und Philologen geschaffen worden. Die »Provinzialisierung Europas«, so Chakrabarty, bedeute also, dass in Wirklichkeit nicht nur ein Europa existiert – »es gab

6 Europa provinzialisieren: Postkolonialität und die Kritik der Geschichte, deutsch von Martin Pfeiffer. In: Dipesh Chakrabarty, *Europa als Provinz. Perspektiven postkolonialer Geschichtsschreibung*, Frankfurt/New York 2010, S. 41. Eine umfangreichere Fassung dieses Artikels erschien in *Representations*, Bd. 37 (1992).

und gibt noch immer viele Europas, reale, historische und einge-
bildete«.[7]

Diese Art der Dekolonisierung, insbesondere mit einem Fokus
auf der Revidierung des dominierenden westlichen Geschichts-
und Kulturkanons, hat in der so genannten Dritten Welt an Popu-
larität gewonnen und mag für die Ukrainer exotisch erscheinen,
ist es aber in Wirklichkeit nicht, wenn man nur daran denkt, dass
in dem berühmten »westlichen Kanon« von Harold Bloom kein
einziger ukrainischer Autor vertreten ist. Wir müssen immer noch
davon überzeugen, dass es verschiedene europäische Modernen
gibt, nicht eine universelle und einheitliche europäische Moderne, zu der die ukrainische Kultur und Literatur aufschließen müssen – anstatt sich auf den Beitrag zu besinnen, den ukrainische
Künstler zum Kanon der europäischen Moderne und Avantgarde
geleistet haben. Auch ist es nicht einfach, das Recht auf lokale,
geokulturelle, geschlechtsspezifische und nationale Formen der
Moderne zurückzuerobern und anzuerkennen, dass die Moderne
nicht nur einen ästhetischen Charakter, sondern auch einen nationalen und politischen Gehalt hat.

In der Ukraine wurde die »Provinzialisierung Europas« übrigens von Mykola Chwyljowyj begonnen und von Jurij Scheweljow in der Nachkriegszeit 1948 fortgesetzt, als er mit dem britischen Historiker Arnold Toynbee über das Schicksal Europas
diskutierte. »Aber wenn die alten Zentren untergehen, werden sie
durch die Peripherien mit neuen nationalen Werten abgelöst, die
zu neuen Zentren werden«, argumentierte Scheweljow, der Toynbee in Hinblick auf die Krise Europas widersprach und auf neue
Kräfte an der Grenze zwischen Okzident und Orient, also der
Ukraine, hinwies. In Übereinstimmung mit der »asiatischen Renaissance« Chwyljowyjs sprach sich Scheweljow gegen die Idee
eines einheitlichen europäischen Kanons aus und forderte sogar
eine »Orientierung Europas an der Ukraine«.

Wie Mykola Rjabtschuk anmerkte, habe die Ukraine schließ-

---

7   Dipesh Chakrabarty, *Provincialising Europe: Postcolonial Thought and Histori-
    cal Difference*. Princeton, NJ, 2000; Zitat im Vorwort zur Neuausgabe von 2007.

lich im Laufe des zwanzigsten Jahrhunderts »verzweifelt versucht, sich selbst und die ganze Welt davon zu überzeugen, dass sie ›Europa‹ ist, nicht ›Russland‹ und nicht ›Asien‹«.[8] Sowohl auf dem Euromaidan 2014 als auch heute, in Gegenwart des russisch-ukrainischen Krieges, zeigt sich eindeutig die Anziehungskraft Europas und der europäischen Werte von Demokratie und Freiheit. Die Zugehörigkeit zu Europa und zum europäischen geokulturellen Raum ist eine der stärksten Ideen der nationalen Selbstidentifikation in der Ukraine. Dies lässt jedoch die Elemente einer Kritik am Eurozentrismus nicht verschwinden, die in den philosophischen Ideen Pantelejmon Kulischs, der »asiatischen Renaissance« Mykola Chwyljowyjs oder der »Abrechnung mit Europa« Jurij Scheweljows zu lesen sind.

Schließlich hat sich Europa seit der Aufklärung, wie Larry Wolf argumentiert,[9] seinen osteuropäischen Rändern geöffnet, sie orientalisiert und als sein Anderes wahrgenommen. Daher lässt sich sagen, dass die Dekolonisierung in der Ukraine bis zu einem gewissen Grad auch die »Provinzialisierung Europas« betrifft, und zwar in dem Sinne, dass die nationale Geschichte und Kultur in den Kanon und in die Geschichtsnarrative der westlichen Kultur eingeschrieben werden.

Neben dem intellektuellen und kulturellen Widerstand gegen universelle Narrative hat die Dekolonisierung in der Ukraine jedoch noch eine andere, viel wichtigere Dimension und ist daher zu einem politischen, kulturellen und intellektuellen Schlagwort der heutigen Ukraine geworden. Im Mai 2022 initiierte das Ministerium für Kultur und Informationspolitik der Ukraine und das Ukrainische Institut für Nationales Gedächtnis eine Diskussionsreihe mit Historikern, Kulturwissenschaftlern und Philosophen unter dem Titel »Derussifizierung, Dekommunisierung und Dekolonisierung im öffentlichen Raum«.[10] Und obwohl die Dekolo-

---

8 Mykola Riabchuk: Die Dilemmata des ukrainischen Faust: Zivilgesellschaft und »Aufbau des Staates«. *Krytyka*, 2000, S. 108.

9 Larry Wolff: *Inventing Eastern Europe: The Map of Civilization on the Mind of the Enlightenment*. Stanford, CA 1994.

10 https://uinp.gov.ua/pres-centr/novyny/vidbuvsya-zavershalnyy-kruglyy-stil-z-

nisierung der letzte Teil der Reihe ist, umfasst sie sowohl die Derussifizierung als auch die Dekommunisierung.

Der aktuelle Krieg Russlands gegen die Ukraine hat die Aufmerksamkeit auf Fragen nach Machtverhältnissen und Strategien von Herrschaft und Unterordnung im so genannten postsowjetischen Raum gelenkt. Schließlich reichen die Anfänge der Kolonisierung der Ukraine bis in die Zeit von Peter I. zurück. Um sich das Ausmaß der mehrere Jahrhunderte umfassenden Russifizierung vorstellen zu können, genügt ein Blick auf die Zahl der Puschkin-Denkmäler in den ukrainischen Städten und Gemeinden. Diese Markierung des eroberten Territoriums durch das Imperium ist eindeutig symbolisch, imperial. Mit einer vergleichbaren symbolischen Vereinnahmung des Raums und der Vorstellungskraft der eroberten Völker hat Edward Said den Orientalismus gleichgesetzt.

Die Orientalisierung der ukrainischen Kultur und die Schaffung einer imperialen »großen russischen Kultur« sind miteinander verbundene Strategien. Die Forderung nach einer »Abschaffung der russischen Kultur« hat viele Diskussionen ausgelöst. Sie beruht jedoch im Wesentlichen auf der Forderung, die russische Sprache und Kultur und die ihr eingeschriebenen Symbole und Zeichen des Imperiums zu »provinzialisieren«, den Unterdrückten und zum Schweigen Gebrachten eine Stimme und das Recht zu sprechen zu geben. Und hier sind nicht nur Puschkin, sondern auch Dostojewski mit seiner »allrussischen Empfindsamkeit«, Solschenizyn mit *Russlands Weg aus der Krise*, Bulgakow mit seiner äußerst ambivalenten Einschätzung der ukrainischen Geschichte durchaus anschauliche Figuren. Bezeichnend ist auch, dass es im russischen akademischen Diskurs keine Diskussionen über Dekolonisierung und den imperialen Charakter der russischen Kultur gibt.

Wenn aus der Perspektive einer »Provinzialisierung Europas« die Dekolonisierung in der Ukraine intellektuelle und kulturelle

seriyi-derusyfikacIja-dekomunizacIja-ta-dekolonizacIja-u-publichnomu-prostori-na-yihniy-osnovi-napracyuyut-rekomendaciyi

Diplomatie bedeutet, die die nationale Geschichte, Kultur und Sprache in westliche Narrative einschreibt, so gibt die von der Ukraine umgesetzte »Provinzialisierung Russlands« der Dekolonisierung ihre ursprüngliche Bedeutung zurück – die Rückgewinnung des eigenen Territoriums, die Neuschreibung imperialer Narrative, die Sicherung der Souveränität und der eigenen Zukunft für die gesamte Nation.

2. Sprachliche Dekolonisierung

Das Phänomen der Dekolonisierung hat viele Dimensionen – politische, wirtschaftliche, militärische und kulturelle. In kultureller Hinsicht wurde das Hauptproblem der Dekolonisierung von Ngũgĩ wa Thiong'o in seinem Buch *Decolonizing the Mind* (1986) aufgegriffen, in dem er eine Diskussion über die Rolle des Englischen in einer postkolonialen Gesellschaft anstößt. Eigentlich begann alles bereits 1967 auf einer Konferenz afrikanischer Schriftsteller, als einer der Redner, Professor für englische Literatur, sagte, dass Schriftsteller auf ihre Phantasie hören sollten, die keine sprachlichen Grenzen kenne. Aus Protest entschied sich Ngũgĩ wa Thiong'o für seine Muttersprache und schloss sich einer Reform der englischen Institute zugunsten der afrikanischen Sprachen an.[11]

Die Sprachenfrage stellt sich auch im Falle der »Provinzialisierung Europas«. Selbst Chakrabarty merkt an, dass die Entkolonisierung nicht allumfassend sein könne und im Prinzip keinen vollständigen Bruch mit dem Kolonisator bedeute. Dies gelte insbesondere für die englische Sprache, die in den ehemaligen Kolonien auch nach der Proklamation der Unabhängigkeit einflussreich und weit verbreitet ist. Der kenianische Literaturwissenschaftler Simon Gikandi, der heute in Princeton lehrt, Autor

11 Raymond F. Betts: Decolonization: A brief history of the word. In: *Beyond Empire and Nation: The Decolonization of African and Asian societies, 1930s-1970s.* Eds. Els Bogaerts, Remco Raben. 2012. p. 30.

der Studie *Slavery and the Culture of Taste* (2009), wirft als Antwort auf Chakrabarty die Frage nach der »Provinzialisierung des Englischen« auf. »Was sollen wir mit dem Englischen machen? Von allen großen Sprachen der Welt löst es die meisten Ängste aus«, stellt er fest und folgert daraus: »Wir haben es nicht mit einer Welt am Ende der Geschichte zu tun, sondern mit einer, in der das Englische im Zentrum einer neuen globalen Gemeinschaft steht.«[12]

Wie Chakrabarty ist auch Gikandi ein Vertreter der ehemals kolonisierten Welt und bezeichnet sich selbst als »postkolonial«: »Als so genannter Postkolonialer – quasi als Kind des Imperiums – muss ich mein ambivalentes Verhältnis zur Sprache immer wieder neu überdenken, eine Sprache, die sowohl meine als auch die eines anderen ist, eine Sprache, in der ich gleichzeitig innen und außen bin.«[13]

Gikandi analysiert die Geschichte Afrikas und die Rolle der englischen Sprache ausgehend von seinen eigenen Erfahrungen und der Geschichte seines Landes. Nach der Unabhängigkeit wurde in Kenia das Englische neben Swahili zur zweiten Amtssprache. (In Kenia mit seinen mehr als fünfzig ethnischen Gruppen werden weit mehr Sprachen gesprochen.) Doch genau hier liege die Gefahr, so der Kritiker, der sich darauf konzentriert, wie sich der afrikanische Geist selbst entkolonialisieren kann, wenn die Mittel dazu – die englische Sprache, Modernisierung und Bildung – so gestaltet sind, dass sie ihn in einen Käfig sperren. Mit anderen Worten: Ist »kreatives Schreiben als die unmittelbarste Form der Selbstvergewisserung in der Sprache des Kolonisators möglich«?[14]

---

12 Simon Gikandi. Editor's Column: Provincializing English. PMLA. Vol. 129, No. 1 (January 2014), p. 7.
13 Ebd., S. 8.
14 Ebd., S. 9.

3. Derussifizierung als Dekolonisierung nach dem 24. Februar

Die von Gikandi aufgeworfenen Fragen sind nicht nur für Afrika aktuell. Die Diskussionen um die Präsenz der russischen Literatur und Sprache in der heutigen Ukraine bestätigen, dass die sprachliche Dekolonisierung des imperialen Erbes ein komplexer und langwieriger Prozess ist. Ein Wechsel von Plus zu Minus und ein grundsätzlicher Boykott der russischen Sprache und Kultur, die mit dem Imperium assoziiert werden, können die Frage der Dekolonisierung nicht abschließend beantworten. Russisch wird in der Ukraine immer noch aktiv verwendet. Können antikoloniale Ideen auf Russisch geäußert werden, wenn es die Sprache des Kolonisators und Aggressors ist? Ist es möglich, auf Russisch gegen den Krieg zu protestieren, den Russland angeblich zum Schutz der russischsprachigen Bevölkerung in der Ukraine führt?

Auf dem Literaturportal *Chytomo* wurden Interviews mit Kulturschaffenden publiziert, für die Russisch bis vor kurzem noch die Muttersprache war.[15] Sie wurden nach dem Sprachwechsel befragt. Alle betonen, dass sie nach Beginn des Krieges in ihrer Kommunikation zu Ukrainisch gewechselt sind. Die Gründe sind verständlich und recht ähnlich. Ukrainisch dient für sie der Selbstidentifikation, markiert Nähe und Vertrauen, ist ein Mittel der Abgrenzung von den Russen; ein Mittel des Widerstandes und bereits die Sprache der öffentlichen Kommunikation; ein Ausdruck von »Protest, Widerstand und Abscheu«, dabei mache es auch Freude, etwas über die Vielfalt der Sprachpraxis in verschiedenen Teilen der Ukraine zu erfahren; Ukrainisch ist nicht nur Kommunikationsmittel, sondern auch eine Waffe während des Krieges; nicht nur eine Demonstration des Widerstandes, sondern auch eine Form »neuer Identität«.

Es lohnt sich jedoch, nicht nur den Akt der Abkehr von der russischen Sprache in den Blick zu nehmen, sondern auch den

---

15 Acht Geschichten: Warum Russischsprachige zum Ukrainischen gewechselt sind (nur auf Ukrainisch). https://chytomo.com/visim-istorij-chomu-rosijskomovni-perejshly-na-ukrainsku/

Prozess der »Provinzialisierung« des Russischen. Die in Donezk
geborene Lyrikerin Ija Kiva sagt, in den Jahren, als sie im Donbas
lebte, sei Russisch ihre »Muttersprache und auch die Sprache der
Realität« gewesen, auch wenn im Alltag oft »einzelne ukrainische
Wörter, Sprichwörter und Redewendungen« verwendet wurden,
die treffender waren als ihre russischen Entsprechungen. Bis 2014
sah sie sich überwiegend als »passiv Bilinguale«. Nach Ausbruch
des Krieges im Donbas zog sie nach Kyjiw und versuchte, ihre
hybride Donezker Identität zu behaupten. »So seltsam es vielleicht klingt, aus meiner Heimatstadt Donezk habe ich meine uk-
rainisch-russische Sprache mitgenommen, um sie und mich vor
der ›russischen Welt‹ zu retten.«[16] Auch als sie mehr auf Ukrainisch kommunizierte und sogar Gedichte schrieb, verlor sie den
Kontakt zum Russischen nicht; sie kommunizierte auch weiter
in ihrer Muttersprache. Zugleich kam mit der veränderten Beziehung zum Ukrainischen die Erkenntnis, dass die neue »Heimat
der Sprache« für sie auch einen neuen Raum für Kommunikation
und Dialog schafft, der an die Stelle des Russischen tritt.

Sprachliche Dekolonisierung bedeutet für Kiva also eine Tren-
nung zwischen »Muttersprache« und »Gesellschaftssprache« zugunsten der letzteren. »Russisch blieb für mich die Sprache meiner Mutter und eine gewisse Verbindung zu meiner Heimat und
dem Leben vor dem Krieg, aber Ukrainisch wurde zur Sprache
meiner Wahl«,[17] betont sie. Doch nach dem 24. Februar »nahmen
mir die russischen Truppen sogar die Sprache meiner Mutter – anscheinend waren mein Zuhause in Donezk und meine gestohlene
Jugend ihnen nicht genug«.[18]

Die Entscheidung, sich von ihrer Muttersprache loszusagen,
ist in gewisser Weise ein Abschied von einer symbolischen Heimat und eine Art Matrizid. Nach dem Beginn des groß angelegten Krieges bezeugt Kiva, dass sie einfach keine Gedichte auf

16 Ija Kiva: Wo die russische Sprache in mir war, spüre ich ein totes Tier. http://may
    dan.drohobych.net/?p=125268
17 Ija Kiva: Über die russische Sprache. https://zbruc.eu/node/112604
18 Ija Kiva: Wo die russische Sprache in mir war, spüre ich ein totes Tier. http://may
    dan.drohobych.net/?p=125268

Russisch schreiben kann,[19] und »wo früher die russische Sprache
in mir war, spüre ich heute ein totes Tier, das stinkt und verwest«[20].
Kiva formuliert auch eine Idee, die für das Verständnis sprach-
licher Dekolonisierung wichtig ist: sich nicht wie früher in zwei
Sprachen zu bewegen und zu existieren, sondern zwischen den
Sprachen. »Am 24. Februar 2022 wurde mir etwas klar, was nicht
leicht zu akzeptieren ist: Ich werde nirgendwo mehr Wurzeln
schlagen können, ich werde mich nirgendwo mehr zugehörig
und geborgen fühlen.«

Der postkoloniale Theoretiker Homi K. Bhabha bezeichnet
dieses eigentümliche Dasein zwischen Sprachen und Zuständen,
den Zustand der Migration (zwischen Welten und Sprachen), als
»dritten Raum« und sieht darin eine der wichtigsten produktiven
Kräfte für die Herausbildung neuer postkolonialer Identitäten.
Dieser »dritte Raum« fördere das Entstehen von kultureller Vielfalt, unterschiedlichen Positionen und Identitäten. Er nennt dies
den »dritten Raum« der Äußerung, »der die Struktur von Bedeutung und Referenz zu einem ambivalenten Prozess macht, den
Spiegel der Repräsentation zerstört, in dem sich kulturelles Wissen kontinuierlich als durchlässiger, komplexer, sich ständig er-
weiternder Code offenbart«.[21]

Der »dritte Raum« ist keine Hybridität, vielmehr handelt es
sich um neue Formen einer interlingualen Identität, und Ija Kivas
persönliche Erfahrungen zeigen ambivalente neue Formen der
Äußerung, welche neue Formen von Identität eröffnen. Gerade
diese, wie sie es sieht, Suche nach sich selbst durch die Sprache
und durch die Beziehung zu verschiedenen Sprachen und Kulturen ermöglicht es, verschiedene Bilder von der Welt zu konstruie-

---

19 Acht Geschichten: Warum Russischsprachige zum Ukrainischen gewechselt sind.
   https://chytomo.com/visim-istorij-chomu-rosijskomovni-perejshly-na-ukrain
   sku/
20 Ija Kiva: Wo die russische Sprache in mir war, spüre ich ein totes Tier. http://may
   dan.drohobych.net/?p=125268
21 Homi K. Bhabha: Cultural Diversity and Cultural Differences. http://monument
   totransformation.org/atlas-of-transformation/html/c/cultural-diversity/
   cultural-diversity-and-cultural-differences-homi-k-bhabha.html

ren. »Übergang und Grenzen, ihre Realisationen«[22] – fixiert sie diesen neuen Zustand. Ihre eigene sprachliche Dekolonisierung erhält so eine viel umfassendere kulturelle und zivilisatorische Bedeutung.

Volodymyr Rafeyenko, der ebenfalls in Donezk geboren und aufgewachsen ist, sprach bis 2014 nicht nur ausschließlich Russisch, er schrieb und publizierte auch auf Russisch und erhielt als russischsprachiger Autor in Russland renommierte Preise. In einem Interview vom 19. August 2019 erklärte er, dass er vor 2014 nie Ukrainisch gesprochen habe, weil er in einer russischsprachigen Familie aufgewachsen ist und keine Kommunikationsmöglichkeiten hatte.[23] Auch er überdenkt seine Einstellung zur russischen Sprache im Zusammenhang mit dem Krieg.

Nach der Besetzung des Donbas verlässt Rafeyenko Donezk und zieht nach Kyjiw. Nicht nur sein Umzug, sondern vor allem seine Entscheidung, einen Roman in ukrainischer Sprache zu schreiben, war sein radikaler Einspruch gegen die russische Besatzung: »Damals konnte ich noch gar kein Ukrainisch. Aber schon damals beschloss ich, dass ich irgendwann einen Roman auf Ukrainisch schreiben würde.«[24] Es handelt sich um den Versuch einer philologischen Provinzialisierung der russischen Sprache: der Sprache des Aggressors und Kolonisators die Sprache des Unterworfenen entgegenzustellen, eine Sprache, der das Existenzrecht verweigert wird. Das auf Ukrainisch geschriebene Buch würde zu einem performativen Akt des Protests werden.

Auf diese Weise wird das Abwesende offengelegt, die Präsenz und das Existenzrecht der ukrainischen Sprache in ihrer Umgebung, d. h. im Donbas, bekräftigt. Die Inversion, auf die Rafeyenko zurückgreift, hat noch eine weitere Bedeutung: Der Sprache

22 Inga Esterkina: Die Lyrikerin Ija Kiva: »Weder Putin noch Russland haben ein Copyright auf die russische Sprache«. https://glavcom.ua/interviews/poetesa-Ija-kiva-ani-putin-ani-rosIja-ne-mayut-kopiraytu-na-rosiysku-movu-533225.html

23 Volodymyr Rafeyenko: Wie Sprache die Erinnerung bestimmt. https://zbruc.eu/node/91540

24 Ebd.

der Aggression, zu der Russland die russische Sprache gemacht hat, stellt er die ukrainische Sprache als Sprache der Freude und Kreativität gegenüber: »Ich sah diesen Krieg als meinen eigenen an und beschloss, Ukrainisch zu lernen und einen Roman in dieser Sprache zu schreiben. Als ich ihn konzipierte, wurde mir gesagt, wenn ich ihn schreibe, würde auch das letzte Schaf verstehen, dass Sprache ein Glück ist und kein Problem.«

Diese Entscheidung erwuchs aus dem persönlichen Protest einer russischsprachigen Person gegen das von Russland erklärte Ziel der sogenannten Spezialoperation – die russischsprachige Bevölkerung im Donbas vor der Ukraine und der ukrainischen Sprache zu schützen. Da die Sprache als Ursache des Krieges hingestellt wurde, »machte mich dieser Slogan – zum Schutz der russischsprachigen Bevölkerung – sowohl zum Opfer als auch zur Ursache des Krieges. Die Menschen, die in meine Stadt kamen, machten den Krieg zu meiner persönlichen Angelegenheit«, erklärt Rafeyenko. Indem er das Russische dekolonisiert, identifiziert er seine Existenz mit einer hybriden Existenz in zwei Sprachen: 2019 kündigt Rafeyenko an, »jetzt bis zu meinem Tod abwechselnd ein Buch auf Ukrainisch und eines auf Russisch zu schreiben«.

Das Schreiben selbst wurde in seinem ukrainischsprachigen Roman *Mondegreen* zu einer Artikulation der Sprache als Unbewusstes. Durch Klänge, Märchen, Wortassoziationen entstand eine Erinnerung an das, was war oder hätte sein können, es entstand eine »Sammlung« von sich selbst, die einer »Rückkehr in den Mutterleib« gleichkam. »Es war ein Vortasten, ähnlich einer Jazzimprovisation. Sowohl die Sprache als auch das Schreiben selbst leiten dich. [...] In gewisser Weise ist dieses Buch eine Art Wiederherstellung dessen, was war. Schließlich betrachteten meine Eltern nicht die Sprache, die ihnen von ihren Eltern mitgegeben wurde, als ihre Muttersprache«, sagt der Schriftsteller.

In den Jahren der Sowjetmacht wurden durch Modernisierung, Proletarisierung und Industrialisierung die Spuren einer ländlichen Lebensweise und der ukrainischsprachigen Bevölkerung im Donbas bewusst ausgelöscht. Die folgenden Generationen vergaßen die Sprache ihrer Eltern und wechselten zum Russischen, obwohl die Spuren des Ukrainischen noch deutlich zu erkennen waren. Indem er also in das Unbewusste der ukrainischen Sprache eintaucht, nimmt Rafeyenko eine historische Korrektur der Geschichte seines Landes und seiner Familie vor und befreit sie von fremden, aufgezwungenen, kolonialistischen Praktiken.

Im Februar 2022 fand sich Rafeyenko erneut unter Besatzung. Dekolonisierung bedeutet für ihn nun die endgültige Abkehr vom Russischen und von der Zweisprachigkeit. »Nach all dem Grauen, das Russland in den letzten Wochen über das ukrainische Land gebracht hat, habe ich endgültig beschlossen, nie wieder einen Text auf Russisch zu publizieren«,[25] erklärt er und schließt das Thema der sprachlichen Dekolonisierung gleichsam symbolisch für sich ab.

Die Provinzialisierung des Russischen durch Ija Kiva und Volodymyr Rafeyenko, beide Binnenvertriebene aus dem Donbas, unterscheidet sich von der Position Andrej Kurkows, der sich immer bewusst als ukrainischer russischsprachiger Autor bezeichnet hat. Er schrieb seine Texte auf Russisch, und erst im Jahr 2000 erschien einer seiner erfolgreichsten Romane *Picknick auf dem Eis*, der zu dem Zeitpunkt bereits in viele Sprachen übersetzt worden war, in ukrainischer Übersetzung. Nach 2014 begann Kurkow auch auf Ukrainisch zu schreiben (*Die Emmausbewegung: Eine Geschichte von Solidarität*, 2017; *Die Schlüssel Marias*, gemeinsam mit Jurij Wynnytschuk, 2020). Zugleich sagt er: »Ich habe mich oft für meine russische Herkunft geschämt, für die Tatsache, dass meine Muttersprache Russisch ist. Ich habe verschiedene Formeln erfunden, um zu erklären, dass die Sprache nicht schuld ist.«[26]

In Kyjiw zu Hause und zugleich ein »Mann von Welt«, ver-

25 Volodymyr Rafeyenko: Die Sprachenfrage. https://www.dwutygodnik.com/artykul/10026-%D0%9C%D0%BE%D0%B2%D0%BD%D0%B5-%D0%BF%D0%B8%D1%82%D0%B0%D0%BD%D0%BD%D1%8F.html
26 Andrej Kurkow: Archäologie des Krieges. Welche Folgen wird die Invasion Russlands in die Ukraine haben? https://www.newyorker.com/culture/personal-history/andrey-kurkov-ukraine-russia-war-archeology-ukrainian-translation

suchte Kurkow durch seine eigenen Erfahrungen zu überzeugen, dass russischsprachige Literatur in der Ukraine nicht nur möglich, sondern auch notwendig ist – vor allem als Opposition zur »russischen Welt«. Die Grundlage einer solchen Literatur könnte eine andere Variante des Russischen sein, die sich historisch in der Ukraine entwickelt hat, mit bedeutenden Übernahmen aus dem ukrainischen kulturellen und historischen Kontext und mit Spuren der ukrainischen Sprache. Eine solche ukrainische Russophonie ist durchaus hybrid und bezieht sich nicht auf einen »Menschen der russischen Kultur«. Wie Kurkow erklärt, ist »ein russischsprachiger Mensch jemand, der zu Hause Russisch spricht und auf der Straße Russisch, Ukrainisch und andere Sprachen sprechen kann«.[27] Eine solche »kulturelle Aneignung« habe eine subversive Bedeutung in Bezug auf die sogenannte große russische Kultur und würde dem Anspruch Russlands auf das Recht eines so genannten Schutzes russischsprachiger Bürger in der Ukraine etwas entgegensetzen.

Die drei Strategien – von Kiva, Rafeyenko und Kurkow – zeigen, dass die sprachliche Dekolonisierung in der Tat ein lang andauernder und ambivalenter Prozess ist. Sie bedeutet nicht nur einen Bruch mit der Sprache des Kolonisators, sondern auch intermediäre Zustände von Zweisprachigkeit, Aneignung, Hybridität und einer Existenz zwischen den Sprachen – im »dritten Raum« der Äußerung selbst. Nur eines ist sicher: Die Provinzialisierung des Russischen ist eine unvermeidliche Phase der Dekolonisierung, und der russisch-ukrainische Krieg macht diesen Prozess zu einem besonders intensiven.

Wir erleben, wie sich die Dekolonisierung in Osteuropa ausbreitet und die Idee eines gemeinsamen postsowjetischen Raumes untergräbt, der, wie sie beweist, eigentlich nie existiert hat. Die Ukraine schließt sich nun dem Prozess der Dekolonisierung an und nimmt ihre eigenen Anpassungen vor, insbesondere in

---

27 Andrej Kurkow: Die Ukraine sollte die russische Sprache zu ihrem kulturellen Eigentum machen. https://www.dsnews.ua/ukr/politics/andrey-kurkov-putinu-ne-vazhno-chto-dumayut-ukrainskie-russkie--02012018220000

Hinblick auf die Vielfalt der Perspektiven, wobei die Aufmerksamkeit nicht nur auf die Kritik am Eurozentrismus, sondern auch auf die Kritik an anderen Imperien, einschließlich des russischen, gerichtet ist. Und die »Provinzialisierung« Russlands bedeutet in diesem Zusammenhang nicht nur die Abschaffung der russischen Sprache und Kultur, sondern auch die Demaskierung des Imperiums und die Dekonstruktion imperialer Zeichen, Symbole und Narrative, die offensichtlich oder verborgen in unser Erbe integriert sind.

Aus dem Ukrainischen von Lydia Nagel

Karl Schlögel
Wie von einem Blitzstrahl erhellt.
Deutsche Szene nach dem 24. Februar 2022

Wie erklärt man Ukrainern und Ukrainerinnen, die mit der Waffe in der Hand ihr Land verteidigen und um das Überleben ihres Volkes kämpfen, was in den Köpfen jener deutschen Künstler und Intellektuellen vor sich ging, die gleich in den ersten Wochen nach dem russischen Angriff der Ukraine den Rat gaben, sich zu ergeben? Kollegen, Freunde, Schriftsteller, Leute, die viel in der Welt unterwegs waren und Deutschland kennen, waren entsetzt, nicht zuletzt über die großen Namen, deren Unterschriften sich auf dem offenen Brief fanden, mit dem die Bundesregierung aufgefordert wurde, keine Waffen zur Verteidigung des angegriffenen Landes zu liefern.

Man tut sich schwer mit einer Erklärung, wenn man auf eine bloße Entlarvung verzichten will. Irgendwann, wenn Frieden eingekehrt ist, wenn die Ukraine die russische Invasion zurückgeschlagen hat und sich an den Wiederaufbau des zerstörten Landes gemacht hat, werden Historiker Zeit finden, der jüngsten Form des »Verrats der Intellektuellen« (Julien Benda) nachzugehen.

Mehr als sechs Monate sind vergangen, eine Zeit, die ausreichen müsste, um einen Blick zu werfen auf das, was im grellen Licht des Krieges sichtbar geworden ist. In einer Extremsituation zeigt sich, was sonst im Verborgenen geblieben ist, unbefragt, ungeprüft. Das gilt auch für das Milieu, das von Berufs wegen dazu berufen ist oder sich berufen fühlt, Sensorium der Gesellschaft, Frühwarnsystem, moralisches Gewissen der Nation zu sein. Was den russischen Krieg gegen die Ukraine angeht, versagten nicht nur die für solche Entwicklungen zuständigen Institutionen der Feindaufklärung, sondern auch die Intelligenz (wenn ein solcher Kollektivsingular zulässig ist).

Schon seit Mitte des Jahres 2021 war ein gigantischer Truppen-
aufmarsch Russlands an der ukrainischen Grenze im Gange. Man
konnte es allabendlich in den Nachrichten sehen, begleitet von
Mutmaßungen und hinhaltenden Interpretationen, das berüch-
tigte Starren des Kaninchens auf die Schlange. Man sah, dass sich
dort eine »Drohkulisse« aufbaute, man traute Putin, dem Meister
der Eskalationsdominanz, dem scharf kalkulierenden Spieler, der
das Chaos zu orchestrieren verstand, alles zu, nur das nicht: einen
voll entfalteten, auf die Zerstörung der Ukraine zielenden Krieg.
Nun haben uns die neuen Kommunikationsmittel – soziale Medien,
Bilder von Smartphones, Satellitenaufnahmen usf. – zu Augen-
und Ohrenzeugen, zu Mitwissern in Echtzeit gemacht. Die Aus-
redeformel aus alten Tagen gilt nicht mehr. Wir sind im Bilde. Wir
haben die Raketen gesehen, die auf die Wohnviertel von Kyjiw
und Charkiw abgefeuert wurden, die Einschläge der Granaten
weitab von der Front, die Metrotunnel mit Hunderttausenden
Schutzsuchenden, die von Flüchtlingen überfüllten Bahnsteige
der Bahnhöfe, die zerstörten Kirchen, geplünderten Museen, die
Archive, die nicht mehr rechtzeitig geborgen werden konnten, die
zerschossenen Hochhäuser der Vororte, die Leichen auf den Straßen von Butscha, die Folterspuren an den Körpern der Toten.
    Man traut sich nicht, sich die Ungeheuerlichkeit des Gesehe-
nen oder Gehörten einzugestehen. Man hält den spontanen Auf-
schrei, den Protest zurück, weil man weiß, dass er doch niemandem hilft, sondern eher der Entlastung des eigenen schlechten
Gewissens dient. Wir sind betroffen, aber wollen mit dem Betrof-
fenheitsgerede nichts zu tun haben. Wir haben längst verstanden,
dass man das Böse und Gewaltsame nicht mit Gebeten erledigen
kann. Wir verteidigen den Dialog, auch wenn dieser längst aufge-
kündigt ist. Wir respektieren die Rede vom »herrschaftsfreien
Diskurs«, auch wenn dieser längst illusorisch geworden ist. Wir
sind der Schamlosigkeit und Frechheit der Lüge, wie sie von einem Dmitri Peskow, Putins Pressesprecher, tagtäglich vorgetra-
gen werden, nicht gewachsen, weil wir es gewohnt sind, jeden
zu Wort kommen lassen. Wir haben uns in eine Auseinandersetzung hineinziehen lassen, in der die Unterscheidung zwischen

Wahr und Falsch, Wirklichkeit und Fiktion, Fakten und Fakes nicht mehr gelten soll. Es sei, so heißt es, eine Frage der Einstellung, der Wahrnehmung, ob ein Krieg Krieg genannt werden darf oder nicht.

Das alles hat der Krieg nun in Frage gestellt, uns den Boden, der so sicher war, unter den Füßen weggezogen. Es trat endlich zu Tage, was sich längst angekündigt hatte. Er hat uns mit einem Raum konfrontiert, der bisher Terra incognita war. Er hat uns mit einer Gewalterfahrung konfrontiert, die uns bisher erspart geblieben war. Er hat uns auf die Höhe der Gegenwart katapultiert und einen Erfahrungsraum geöffnet, auf den wir nicht vorbereitet waren. Wir sind auf etwas gestoßen, das es auf unserer analytischen Matrix noch nicht gegeben hat. Wir sind in eine Gegenwart eingetreten, in der es keine Sicherheiten mehr gibt und alles, was wir für selbstverständlich gehalten haben, aufgehört hat selbstverständlich zu sein. Denkformen, die uns lange gute Dienste erwiesen haben, erweisen sich als hinfällig. Oder wenigstens defizient. Es bedurfte eines voll entfalteten Krieges, um unsere Aufmerksamkeit auf die Ukraine zu lenken und dieses größte Land Europas auf unserer mentalen Karte einzuzeichnen. Eine Generation, zu deren Vokabular auch Adornos »Verblendungszusammenhang« gehörte, hatte sich selber einem neuen ausgeliefert. Die Ukraine war bis zum 24. Februar für die meisten Deutschen – auch die gebildeten unter ihnen – Fly-over-Land. Man musste ja nichts wissen, weil man der Überzeugung sein konnte, dass alles, was sich dort abspielte, ohnehin nur eine verspätete »nachholende Revolution« (Jürgen Habermas) war, und es kam einer Kränkung gleich, daran erinnert zu werden, dass es nun nicht im Osten, sondern im Westen etwas nachzuholen gab. Man musste in Deutschland nicht viel wissen über das, was es an Erfahrung und Geschichte und Tradition im östlichen Europa gibt, weil man schon mit der deutschen Geschichte genug zu tun hat, und wer sie »verarbeitet«, gar bewältigt hatte, hatte anscheinend das Recht erworben, andere zu belehren, auch wenn man selbst keine Ahnung hatte von der in den »Bloodlands« (Timothy Snyder) gemachten Doppelerfahrung mit Nazireich und Stalinismus. Es ist schwer, nach Jahrzehn-

ten geglückter Integration in einer weitgehend geordneten Welt,
deren Sicherheit und Wohlstand von Amerika garantiert wurde,
sich einzugestehen, dass man noch einmal in die Schule gehen
und einiges überdenken musste: Wie konnte es dazu kommen,
dass alles Schuldbewusstsein für die auf dem Boden der Sowjetunion von Deutschen begangenen Verbrechen allein Russland
galt, nicht aber Belarus und der Ukraine, die doch der Haupt-
schauplatz des deutschen Vernichtungskrieges waren? Man fragt
sich, wie es kommen konnte, dass sich der neuere deutsche Kolo-
nialismus-Diskurs auf die Kolonien in Afrika, nicht aber auf das
östliche Europa bezog. Es war offensichtlich bequemer, in dem
Erfahrungshorizont weiterzuleben, in dem man sich – mühsam –
eingerichtet und sogar wohlzufühlen begonnen hatte. Nun war
man plötzlich mit anderen, neuen, ungewohnten Erfahrungen
konfrontiert, und diese zu verarbeiten war für die Nachkriegsge-
neration, die lebensgeschichtlich ihrem Ende entgegenging, schon
physisch und psychologisch ein wirkliches Problem.

Der stolze Verweis auf die deutsche Vergangenheitsbewältigung und Einzigartigkeit der deutschen Erinnerungskultur ist
längst zur Flucht aus der Gegenwart und zum Ersatz für die Be-
wältigung der Gegenwart geworden – bis jetzt jedenfalls. Einer in
den geordneten Verhältnissen des geteilten Europas aufgewach-
senen friedensgewöhnten und friedensverwöhnten Generation
ging die Rede vom postnationalen und postheroischen Zeitalter
leicht von den Lippen – den ukrainischen Kampf für Unabhängigkeit und nationale Selbstbestimmung betrachtete sie verwun-
dert als etwas geschichtlich angeblich Überholtes, ja Reaktionä-
res. Und was hat der westliche Feminismus den Frauen in Kyjiw
zu sagen, die sich entschieden haben, als Freiwillige an die Front
zu gehen – und umgekehrt? Dieser Gestus von oben herab: wenn
ein deutscher Philosoph den ukrainischen Präsidenten Wolodymyr Selenskyj – vielleicht unbewusst – als Meister der Public Re-
lations porträtiert, nicht aber als Verkörperung des Widerstands
gegen den russischen Aggressor. Was besagt es, wenn ein deutscher Hochschullehrer den Botschafter der Ukraine mit erhobe-
nem Zeigefinger darüber belehrt, wie großartig er und die Deutschen die Vergangenheit »aufgearbeitet« hätten?

Im grellen Licht des Ernst- und Kriegsfalles tritt ein Charakterzug hervor, den man in einer ansonsten so universalistisch gestimmten Intellektuellen-Szene nicht vermutet hätte – ein germanozentrischer Provinzialismus, der Ohne-mich-deutsche-Michel, der sich heraushält, wenn es hart zugeht. Moralisch darf man Großmacht sein, aber den Ukrainern Panzer zu liefern, dazu reicht es nicht. Weil man sich einer postnationalen Identität rühmen durfte, darf man eine Nation, die dabei ist, diese zu verteidigen, als rückständig oder zurückgeblieben, nicht auf der Höhe – unserer – Zeit belächeln. Wer Faschismus und Stalinismus in einem Atemzug erwähnte, stand schnell unter dem Generalverdacht der »Relativierung der Einzigartigkeit der NS-Verbrechen«. Obwohl man schon auf der Schulbank gelernt hatte, dass Vergleichen nicht Gleichsetzen bedeutet, funktioniert der rhetorische Abschreckungseffekt, den man braucht, wenn man die Definitionsmacht behaupten will.

Russland war für die deutschen Intellektuellen nie Fly-over-country. Mit Russland ist es anders, da gibt es Puschkin und Tschaikowski, Katharina die Große und die Wolga und die »russische Seele«. Mit Russland muss man so sprechen, wie man mit einer Weltmacht der Kultur spricht und wie mit einer Macht, die Atomwaffen hat und damit droht, sie einzusetzen. Russland muss man achten, darf es nicht erniedrigen und demütigen. Gegenüber Russland ist die Begegnung »auf Augenhöhe« geboten, auch wenn man sich in einer Audienz bei Putin an einem sechs Meter langen weißlackierten Tisch gegenübersitzt.

Niemand hat mehr zur Erledigung des in Deutschland besonders zählebigen Russland-Mythos beigetragen als Putin. Ganze Bibliotheken sind über den deutschen »Russland-Komplex« (Gerd Koenen) geschrieben worden. Man kann dort alles nachlesen, das ganze Spektrum von Wahrnehmungen zwischen Faszination und Furcht, zwischen Ex-oriente-lux-Phantasien und Untergang-des-Abendlandes-Apokalyptik ist durchdekliniert. Große Namen stehen für die Russlandverfallenheit, die Projektionen auf ein Land, von dem man sich Rettung erhofft von den Übeln einer dekadenten westlichen Zivilisation, Entlastung von der Überforderung durch die bürgerliche, kapitalistische Welt, einige stehen auch für das Horrorbild der deutschen Antisemiten vom jüdischen Bolschewismus.

Ja, auch ich rechne mich zu den Russland-Verfallenen, die vom Hochufer der Wolga hinüberblicken und sich an der Weite nicht sattsehen können; die am Makarjew-Kloster vorbeigleiten oder auf die weiß-steinerne Kirche an der Nerl aus dem 12. Jahrhundert blicken, diesem Symbol der Geborgenheit in einer Welt, die keinen Schutz mehr bietet; oder die bis heute beglückt sind von Djagilews *Saisons Russes* oder den Leistungen der sowjetischen Avantgarde. Über Jahrhunderte hat sich etwas aufgebaut, in dem alle Elemente einer intensiven Beziehung zum Tragen und zum Ausbruch kamen: Bewunderung für die große russische Literatur, ohne die die Weltliteratur nicht denkbar ist. Es gibt wohl niemanden, der sich nicht irgendwann in diesem Beziehungsgeflecht zu Wort gemeldet hat: Peter der Große und Leibniz, Katharina II. und Voltaire, Alexander Herzen, Bakunin, Hegel und Iwan Danilewski, Rilke und Leonid Pasternak, Walter Benjamin und Ilja Ehrenburg. Die Geschichte der Beziehung Russlands zu Europa, oder zum Rest der Welt, ist lange schon erzählt, vielleicht sogar auserzählt. Es hat ein neues Kapitel begonnen. Der Weg zu einem neuen Russlandbild führt über die Ukraine, die aufgehört hat, der Hinterhof, die Peripherie, die Provinz Russlands zu sein und die ins Zentrum Europas gerückt ist.

Wir wissen nicht einmal, wie man das heutige Russland unter Putin bezeichnen soll: Autokratie, Despotie, Mafia-Staat, Kleptokratie, Imperial- und Russo-Faschismus, Raschismus (ein in der Ukraine in Umlauf gekommener Neologismus, der sich aus Russland und Faschismus zusammensetzt). Aber wir brauchen nicht darauf zu warten, bis sich der angemessene Begriff eingestellt haben wird. Die Zeit der Entscheidung ist jetzt. Das russofaschistische Regime Putins aufzuhalten, alles zu tun, was für die Verteidigung der Ukraine nötig ist. Das ist so banal-elementar, wie es schwierig ist und vor allem werden wird, wenn die Einschränkungen, ja: Opfer auf uns zukommen werden. Es ist völlig offen, ob »Europa«, »der Westen«, »wir« den Stress einer gänzlich neuen und offenen Situation werden aushalten können. Wir werden sehen.

Der Krieg ist ein großer Lehrmeister; im russischen Krieg gegen die Ukraine kann man wieder Unterscheidungen lernen, zum Beispiel die zwischen Angreifer und Angegriffenen, zwischen Überfall und Selbstverteidigung, zwischen Unterwerfung und Widerstand.

Putin hat keinen Zweifel gelassen, dass er den ukrainischen Staat zerstören und eine selbständige ukrainische Nation vernichten will. Nun hat sich auch Michail Piotrowski, der Chef der Eremitage, eines der größten Museen der Welt, in die Schlacht gestürzt. Der Mann mit dem Schal als Markenzeichen, in der internationalen Museumsszene allzeit präsent, hat sich ausführlich in einem Interview geäußert. Es sei die Stunde, in der jeder Partei ergreifen und auch die Kunst zur Waffe werden müsse. Piotrowski, der es nicht wagt, vom Krieg gegen die Ukraine zu sprechen, sondern von der »Spezialoperation«, fordert seinerseits eine »kulturelle Spezialoperation«. Mit Bezug auf Alexander Blocks Poem von 1918 droht er mit einem zweiten Skythensturm, in dem Russland sein asiatisches Gesicht zeige und nicht mehr als Schutzschild für das bedrohte Europa herhalten werde. In dem 1918 verfassten Poem lautet das so:

> Ihr seid Millionen. Wir- Legion, Legion, Legion!
> Versucht nur, euch mit uns zu schlagen!
> Ja, unsre schrägen Augen, gierig schon,
> Verkünden: Wir sind Skythen, Asiaten
>
> ...
> Jetzt ist die Stunde da, der Flügelschlag
> Des Unheils nähert sich, es künden
> Uns eure Kränkungen: bald kommt der Tag,
> Wo spurlos eure Städte schwinden! ...
> (übersetzt von Heinz Czechowski)

Die Verwirrung, die nach dem 24. Februar 2022 in den Debatten über Krieg und Frieden eingetreten ist, hat ihr Gutes. Sie zerstört die Ignoranz und Weltfremdheit, die betulichen Vorstellungen vom Happy End der Geschichte, sie sprengt die stillschweigenden Übereinkünfte von Stereotypen und Klischees. Man steigt herab von dem in Jahrzehnten unter großen Anstrengungen in großer Höhe errichteten luftigen Gerüst des »herrschaftsfreien Diskurses« und bereitet sich auf die Kämpfe vor, die on the ground im Gange sind. Jeder muss sich auf den Weg machen, wenn's nottut allein und für sich, und sein eigenes Bild von der Welt entwickeln. Es ist vorläufig Zeit der Einzelkämpfer, aus der vielleicht etwas neues Größeres wird: ein Europa von unten, die Solidaritätsbewegung mit der Ukraine im Zentrum. Der Glaube an Gewissheiten, die sich als überholt herausgestellt haben, ist zerbrochen, etwas Neues beginnt, von dem wir nicht wissen, ob wir ihm gewachsen sein werden. Alles sortiert sich neu. Eigentlich aufregende Zeiten, wie immer, wenn eine Welt zu Ende geht und etwas Neues sich Bahn bricht. Hic Rhodus, hic salta!

September 2022

Aleida Assmann
Zukunft aus Vergangenheit?
Putin, die EU und die Ukraine aus der Perspektive ihrer
Erinnerungskulturen

In Wendeereignissen wie dem Mauersturz am 9. November 1989, der die Geschichte des Kalten Krieges beendete, oder dem russischen Angriff auf die Ukraine am 24. Februar 2022, der einen neuen heißen Krieg im Herzen Europas entfachte, kulminieren historische Veränderungen und spitzen sich emblematisch zu. Die längerfristige Dynamik, die solchen punktuellen Umschwüngen zugrunde liegt, bleibt dabei meist verborgen, ist aber für eine genauere Analyse der Ereignisse durchaus wichtig. Im Folgenden soll von einer Dimension der Geschichtsproduktion die Rede sein, die nicht unsichtbar ist, aber als treibende Kraft im politischen Spektrum noch wenig Aufmerksamkeit gefunden hat: die Perspektive der Geschichtspolitik/Erinnerungskultur. Hierbei handelt es sich nicht um eine objektive Größe, sondern um die Innensicht historischer Akteure, ihr kollektives Selbstbild, ihre Geschichtsdeutung und deren handlungsmotivierende Symbolpolitik. Kurz gesagt sollen drei Erinnerungswellen der letzten 30 Jahre genauer in den Blick genommen werden. Zwei von ihnen nahmen um 1990 Gestalt an: zum einen die von Opfern und Tätern geteilte Erinnerung an das nationalsozialistische Verbrechen des Holocaust und zum anderen die Opfer-Erinnerung an die stalinistischen Verbrechen, die in osteuropäischen Staaten identitätsbildend geworden ist. Eine dritte handlungsleitende Geschichtsdeutung hat Putin 2022 in Vorbereitung und Begleitung seiner Offensive entwickelt. Sie hat die klare Funktion, den Verlust an Einfluss und imperialer Größe zu kompensieren und seine Aggression zu legitimieren. Der Fokus der Untersuchung wird dabei auf der Zukunft der EU liegen und damit auf der Frage, welche Bedeutung dem Staatenverbund im Ukrainekrieg, in dieser Feuerprobe westlicher Werte zukommt.

Die Verbrechen des Nationalsozialismus und des Stalinismus

1989 erlebten wir nicht, wie der amerikanische Politologe Francis Fukuyama prophezeite, »das Ende der Geschichte«, sondern eine plötzliche Rückkehr der Geschichte und den Anfang verschiedener Erinnerungswellen. Im Kalten Krieg zwischen den Weltanschauungen des Kapitalismus und des Kommunismus hatte es unter den Gegnern einen wichtigen Konsens gegeben: Die Vergangenheit sollte im Diskurs der Politik und Öffentlichkeit keine Rolle spielen, da die Gesellschaften im Westen wie im Osten ganz auf Zukunft und Fortschritt ausgerichtet waren. Nach 1990 und zwei Erinnerungswellen in West- und Ost-Europa änderte sich das grundlegend.

Nach dem Kalten Krieg endete in westlichen Ländern das bleierne Schweigen, das die Erinnerung an den Holocaust in der Öffentlichkeit vieler Staaten vier Jahrzehnte zurückgehalten hatte. Die 1990er Jahre wurden zum »Jahrzehnt der Zeugenschaft« (Annette Wieworka) erklärt; die nun erstmals massenhaft dokumentierte Holocausterinnerung wurde durch neue Medien, Symbole, Institutionen und Bündnisse gefestigt. Das galt insbesondere für das wiedervereinigte Deutschland, in dem die Opfer-Erinnerung und allmählich auch die Täter-Erinnerung an das Menschheitsverbrechen in der Gesellschaft, ihren Medien, Institutionen und der Politik ankam. Doch Deutschland stand keineswegs allein; die Rückkehr dieser Erinnerung wurde auch durch die Gründung einer transnationalen Erinnerungsgemeinschaft unterstützt. In der Stockholmer Erklärung am 27.1.2000 verpflichteten sich 22 Staaten dazu, diese Erinnerung über die Millenniumsschwelle in die Zukunft zu tragen. Dieses Bündnis wurde 2005 von der EU übernommen; seither schließt der EU-Beitritt eine Mitgliedschaft in der International Holocaust Remembrance Alliance (IHRA, bis 2013 ITF: International Task Force for Holocaust Education, Remembrance and Research) mit ein.

In den zentral- und osteuropäischen Nationen fand, was im Westen kaum beachtet wurde, gleichzeitig eine andere Erinnerungswelle statt. Dort kehrte in den postsowjetischen Staaten die Opfer-Erinnerung an Unterdrückung, Repressionen und Traumata unter Stalin zurück, die in den 1990er Jahren überall in neuen Nationalmuseen ausgestellt wurde. Die Sowjetrepubliken waren mit Russland geschichtspolitisch durch ihre unzähligen Denkmäler symbolisch verbunden gewesen. Auch das änderte sich nach 1990 abrupt. Die Lenin-Statuen verschwanden, gleichzeitig tauchte die negative Erinnerung an Stalin wieder auf. Die neuen postsowjetischen Nationen gewannen ihre nationale Identität, indem sie ihre mahnende Erinnerung an Stalins Verbrechen pflegten: an die Ermordung polnischer Offiziere in Katyn, die Hungerkatastrophe Holodomor in der Ukraine und das System Gulag. Auch das Leiden unter der nationalsozialistischen Besatzung spielte eine Rolle, während die Kollaboration mit den Deutschen kaum Erwähnung fand.

Die Differenz zwischen der westlichen und der östlichen Erinnerungswelle verdient im Rückblick Beachtung, weil sie den Beginn einer Kette von Problemen bildet, die sich kontinuierlich verschärft haben.[1] Die Holocaust-Erinnerung wurde transnational gegründet. Sie war die geschichtspolitische Antwort des Westens auf das Ende des Kalten Krieges und seine Polarisierungen. Die Singularität des Holocaust wurde zu einem gemeinsamen Bekenntnis der EU. Dieses Bekenntnis stand fortan für eine gemeinsame historische und ethische Wert-Orientierung und verbürgte die Einheit der EU. Man setzte dabei auf eine transnationale Perspektive und war bestrebt, Formen nationaler Partikularisierung durch diesen gemeinsamen universalistischen Wert zu überwinden. Gleichzeitig glaubte man damals noch an die Verheißungen einer globalisierten Moderne. Ulrich Beck sprach von einer »Zweiten Moderne«; so der Titel einer Buchreihe, die im Suhrkamp Verlag erschien. Im Rahmen einer kosmopolitisch ausgerichteten »Weltgesellschaft« glaubte man, das Zeitalter der Nationalstaaten

---

1 Die Verfolgung und Ermordung der jüdischen Bevölkerung unter Hitler wird heute in vielen postsowjetischen Staaten anerkannt, nur mit dem Thema Kollaboration tun sich manche Regierungen noch schwer und stellen dieses Faktum weiterhin als eine »unbrauchbare Erinnerung« zurück.

endgültig hinter sich zu haben. Sehr klar drückt das der Titel eines immer noch richtungsweisenden Buches des Politologen Michael Zürn von 1998 aus: *Regieren jenseits des Nationalstaats. Globalisierung und Denationalisierung als Chance.*

Diese herrschende westliche Wertorientierung in Richtung Modernisierung, Globalisierung und Universalisierung wurde durch klare Richtlinien gestützt und durchgesetzt, die damals auf Kosten der postsowjetischen Opfernarrative gingen. Statt in der Erweiterung der EU eine Zunahme an Pluralität historischer Erfahrungen und Perspektiven zu begrüßen, sah man aus westlicher Perspektive in der Rückkehr nationaler Identitäten vorwiegend eine problematische und regressive Entwicklung. Mehr noch: es entstand eine geschichtspolitische Konkurrenz. Sie wurde ausgelöst durch den Vorstoß zentraleuropäischer Staaten, den 23. August in Erinnerung an den Hitler-Stalin-Pakt als einen zusätzlichen Gedenktag zur Befreiung von Auschwitz ins europäische Gedächtnis aufzunehmen.[2] »Europa werde erst dann vereint sein«, so das Anliegen der postsowjetischen Staaten, »wenn es imstande ist, zu einer gemeinsamen Sicht seiner Geschichte zu gelangen, Kommunismus, Nazismus und Faschismus als ›gemeinsames Vermächtnis‹ anzuerkennen und eine ›ehrliche und tiefgreifende Debatte‹ über sämtliche totalitären Verbrechen des vergangenen Jahrhunderts zu führen.«[3]

Der Antrag wurde mit großer Mehrheit angenommen. Er stieß allerdings auf die scharfe Kritik des israelischen Historikers Yehuda Bauer, langjähriger Leiter von Yad Vashem und Mastermind der IHRA. Er verurteilte den Antrag als »eine schockierende Relativierung und Trivialisierung der Holocaust-Erinnerung« und sprach von »eine(r) lügnerische(n) Revision der rezenten Weltgeschichte«.[4] Bauer, der in Stalin vorrangig einen Verbünde-

---

2 In einer Entschließung »Zum Gewissen Europas und zum Totalitarismus« wurde der 23. August im Europäischen Parlament am 4. April 2009 als gesamteuropäischer Gedenktag festgelegt.

3 Webseite des Parlaments.

4 Yehuda Bauer, »Memo to the ITF on Comparisons between Nazi Germany and the Soviet Union«, https:www.erinnern.at > media > file pdf.

ten der Alliierten im Kampf gegen Hitler sah, rief in Erinnerung, dass der Kommunismus nicht aus einer Vernichtungsidee, sondern aus einer humanen Befreiungsbewegung entstanden sei. Die Einrichtung dieses Gedenktags hielt er deshalb für völlig verfehlt, weil er damit den Anspruch einer absoluten Gleichartigkeit und Gleichgewichtigkeit der Verbrechen unterstellte. Da diese nicht gegeben sei, bewertete er den Vorstoß der östlichen EU-Mitgliedstaaten als überaus gefährlich. Bauers verengter und dogmatischer Blick auf den Sachverhalt bedeutete in der Praxis eine Diskreditierung des Erinnerungsanspruchs der östlichen EU-Staaten. Diese Sicht wurde von vielen westlichen Intellektuellen geteilt, was eine erhoffte gemeinsame Perspektive auf die Geschichte vereitelte.

Es ist hier festzuhalten, dass die Unterschiede zwischen nationalsozialistischen und stalinistischen Verbrechen klar benannt werden können und die Singularitätsthese des Holocaust historisch und ethisch gut begründet ist. Diese These sollte in der Praxis jedoch nicht dazu führen, andere Erinnerungen pauschal zu delegitimieren und einen zweiten europäischen Gedenktag abzuwehren. Hier wurde zum ersten Mal ein wissenschaftliches Argument als politische Waffe eingesetzt, um eine Erweiterung des europäischen Gedächtnisses zu verhindern. Der Wunsch nach Erweiterung der Erinnerung wird umgehend mit einer theoretisch begründeten Polarisierung beantwortet. Dasselbe Muster, das nach 1990 wirksam war, hat sich inzwischen in der deutschen Öffentlichkeit nach 2020 noch einmal mit der Abwehr der Erinnerung an den Kolonialismus wiederholt.[5]

---

5 Es gab mehrere Vermittlungsimpulse, um diese Schieflage zu bereinigen. Dazu gehörte zum Beispiel die Faulenbachformel. Die Formel des Historikers und Sachverständigen der Enquete-Kommission »Überwindung der Folgen der SED-Diktatur im Prozess der deutschen Einheit« Bernd Faulenbach lautet: »Die NS-Verbrechen dürfen durch die Auseinandersetzung mit den Verbrechen des Stalinismus nicht relativiert werden« und umgekehrt »dürfen die stalinistischen Verbrechen durch den Hinweis auf die NS-Verbrechen nicht bagatellisiert werden.« Michael Rothberg hat sein Konzept einer multidirektionalen Erinnerung in seinem Buch *Multidirektionale Erinnerung. Holocaustgedenken im Zeitalter der Dekolonisierung*, Berlin 2020: Metropol entwickelt. Eine allgemeinere kulturpolitische Warnung vor »der einzigen Geschichte«, die keine weitere Per-

Russland als post-imperiale Nation

Während West- und Osteuropa sich in neuen Geschichtsorientierungen einrichteten, war die Russische Föderation, die als Restbestand und Nachfolgestaat der Sowjetunion übrigblieb, mit einer ganz anderen Aufgabe konfrontiert. Hier galt es, sich aus dem Scherbenhaufen der eigenen Geschichte ein neues Selbst- und Geschichtsbild zusammenzustellen. Das Land musste sich neu positionieren und seine Identität im transnationalen Staatengefüge neu »imaginieren«. Die Gesellschaft und die Medien nahmen an dieser Neuorientierung einen regen Anteil. Ich selbst wurde Zeuge dieses Prozesses, nicht nur, weil ich mehrfach die NGO Memorial in Moskau besuchte, sondern auch, weil ich mir selbst ein Bild von den neueren Entwicklungen im Fach Geschichtswissenschaft machen konnte. 2015 lud ich eine Historikerin aus Moskau mit ihren Studierenden zu einem Workshop nach Konstanz ein, die über ihre Forschungen berichteten. Zu diesem Zeitpunkt stand das Thema »public history« bei der jungen Generation hoch im Kurs. Die Studierenden erforschten die Geschichte der jüngsten Gegenwart und beteiligten sich aktiv am Prozess des Re-imaginierens der Sowjetunion nach dem Ende des Kalten Krieges. Gleichzeitig erfolgten neue staatliche Vorgaben: Die Lenin-Statuen wurden im großen Stil beseitigt, ein neuer Gedenktag trat an die Stelle des Zentralen Gedenktags der Revolution im November, Stalin wurde nach und nach als zentraler Held der Nation wiederaufgebaut, und eine Replik der Statue des Heiligen Vladimir in Kyjiw, des Gründers der orthodoxen Kirche, wurde in Moskau neben dem Roten Platz aufgestellt. Die Feierlichkeiten zum 9. Mai, die den Tag des Sieges über Hitler-Deutschland in Berlin traditionell mit großen Militärparaden or-

---

spektiven zulässt, hat die amerikanisch-nigerianische Autorin Chimamandu Ngoti Adichie eindrucksvoll aus ihrer biographischen Situation heraus ausgesprochen. https://www.hohschools.org/cms/lib/NY01913703/Centricity/ Domain/817/English%2012%20Summer%20Reading%20-%202018.pdf chestriert hatten, wurden durch die Neuerung des »Unsterblichen Regiments«, bei dem die Kinder und Kindeskinder mit den Fotos ihrer Eltern und Großeltern marschierten, weiter überhöht. Es ist der einzige historische Feiertag, der sich durch die Geschichte Russlands erhalten hat. Kurz vor Beginn des großflächigen Angriffs auf die Ukraine wurde die NGO Memorial zerschlagen, die die Erinnerung an Stalins Opfer wachgehalten hatte.

Putin, der im April 2005 in einer Rede an die Nation den Zusammenbruch der Sowjetunion als die größte geopolitische Katastrophe des 20. Jahrhunderts bezeichnete, hat nie einen Hehl daraus gemacht, dass er diesen Verlust an Macht und Ansehen auch als eine persönliche Kränkung erfahren hat.[6] Er sah Russland isoliert, gedemütigt und exponiert in einem politischen Vakuum, umgeben von fremden und feindlichen Mächten. Um sich gegen die Übermacht der Feinde zu behaupten, die bis vor kurzem noch Verbündete waren, gab es für den russischen Herrscher nur eine Lösung: Er brauchte ein neues Imperium, für das er eine neue Großideologie suchte.

Die formulierte der Präsident, als er im Juni 2022 die Eröffnung einer Ausstellung zum 350. Geburtstag Peters des Großen im Staatlichen Historischen Museum am Roten Platz in Moskau besuchte. Bei seinem Rundgang war er beeindruckt von Russlands Dominanz als europäische Großmacht und von der Ausstrahlung des Zaren, der im Nordischen Krieg die Vorherrschaft der Schweden über den Ostseeraum gebrochen hatte. Putin kommentierte: Russland habe damals nur »zurückgeholt und befestigt«, was seit Jahrhunderten slawisch besiedelt und russisch kontrolliert gewesen sei. Und nun sei es seine Aufgabe, »zurückzuholen und zu befestigen«.[7]

Das Imperium ist Putins neue Geschichtsdeutung und Zukunftsvision. Er stellt sich nicht nur in die Nachfolge Stalins, son-

---

6   https://www.youtube.com/watch?v=nTvswwU5Eco
7   Timo Künzel: Der Zar und das Fenster, *Moskauer Deutsche Zeitung* vom 12. Juni 2022.

dern auch in die Peters des Großen. Der 1725 verstorbene Zar
dient ihm als Vorbild für territoriale Ausdehnung und imperiale
Eroberungszüge. Länder mit einem hohen Anteil an russischsprachiger Bevölkerung, aber auch Länder, die einst Teil des Za-
renreichs waren, sind zum Gegenstand seiner imperialen Macht-
visionen geworden. In der Welt Peters des Großen gab es noch
keine Nationen im modernen Sinne. Indem sich Putin dessen
Sicht aneignete, konnte er die Geschichte der Ukraine einfach
überspringen, die seit 1991 ein unabhängiger Staat mit völkerrechtlich anerkannten territorialen Grenzen ist. Denn Geschichte ist
für Putin keine Verkettung von Ursachen und Wirkungen und
auch kein abgeschlossener Prozess, sondern eine Glaskugel für
Visionen, in die der »auto-kratische«, wörtlich: nur von sich selbst
gesteuerte Machtpolitiker schaut, um sich Inspiration für seine
Ansprüche und Legitimation für sein Handeln zu holen. Die imperiale Vision erlaubt es dem russischen Präsidenten, die Realität
der Geschichte unsichtbar zu machen und alles aus dem Weg zu
räumen, was sich seinen Zielen widersetzt. Die große Gefahr der
imperialen Geschichtsdeutung liegt darin, dass sie absolut anti-
zyklisch ist. Nachdem viele Staaten der Welt nach dem Ende
des Zweiten Weltkriegs ihren Status als Imperien aufgegeben haben und sich dem langwierigen und schwierigen Prozess der Dekolonisierung stellen, rast Putin in Gegenrichtung auf der Autobahn der Geschichte – wie ein Geisterfahrer.

Für diese Haltung gegenüber der eigenen Geschichte bietet
sich der Begriff der »post-imperialen Nation« an. Er geht auf
den Historiker Dietmar Rothermund zurück, der mit KollegInnen in einer vergleichenden Studie untersucht hat, welche politischen und psychologischen Wirkungen der plötzliche Verlust
großer Territorien für koloniale Nationalstaaten haben kann.
Da seine Analyse nur auf Staaten mit Kolonien in Übersee ausgerichtet ist, gehört Russland nicht zu seinen Beispielen. Rothermunds Beschreibung der Probleme post-imperialer Nationen
ist aber auch für Russland nach dem Zusammenbruch des Sowjet-
imperiums einschlägig.

Unter post-imperialen Nationen versteht Rothermund Staaten, die ihre Rolle als Weltmacht eingebüßt haben.[8] Charakteristisch für diese Staaten ist, dass sie sich häufig in einer post-imperialen Malaise befinden, ihre politische Führung unter Realitätsschwund leidet und sich vorrangig mit der Selbstverteidigung ihrer symbolischen Güter und der Abwehrhaltung gegenüber äußeren und inneren Veränderungen beschäftigt. Rothermunds Analyse von 2015 wurde durch den Brexit von 2016 und was auf ihn folgte, eindringlich bestätigt. Die Rückstufung des ehemaligen imperialen Stolzes wird vielfach durch nostalgische Visionen und eine restaurative Arbeit am kollektiven Selbstbild kompensiert. Es lohnt deshalb, diesen Umbau nationaler Selbstbilder nach historischen Brüchen und ihre Rahmenbedingungen im Blick zu behalten und dabei auch auf die Gedächtniskonstruktionen post-imperialer Nationen zu achten.

Imperien und Nationen

Dafür müssen hier einige wichtige historische Unterschiede zwischen Imperien und Nationen festgehalten werden.

Imperien

- sind groß, ihre territoriale Ausdehnung ist zentral
- haben keine festen Grenzen, sondern tendieren in Richtung Ausdehnung
- sind gekennzeichnet durch eine Struktur, die auf einer starken Unterscheidung von Zentrum und Peripherie beruht
- sind multilinguale, multikulturelle und multiethnische Staaten

---

8 Dietmar Rothermund (ed.): *Memories of Post-imperial Nations. The Aftermath of Decolonization, 1945-2013*. Cambridge: Cambridge University Press 2015; deutsch: Dietmar Rothermund (ed.): *Erinnerungskulturen post-imperialer Nationen*, Baden-Baden: Nomos, 2015, 261-274.

- wachsen, indem sie sich weitere Gebiete oder Staaten einverleiben

Für das Selbstbild von Imperien spielt die Größe des Territoriums eine entscheidende Rolle. Sie ist eine wichtige Ressource für Stolz und Identität. Ein weiterer wichtiger Aspekt ist der Anspruch auf eine zivilisierende Mission. Aus seiner eigenen Perspektive gesehen verkörperte das Imperium in der Antike die Menschheit als ganze, später beanspruchte es den Rang einer besonderen globalen Verantwortung oder Rolle für die Menschheit.

Nationen

- können sowohl groß als auch klein sein
- haben feste Außengrenzen, die durch andere Nationen gesetzt sind
- waren zunächst monolingual sowie kulturell und ethnisch homogen
- entstehen oft durch Abspaltung und Auseinanderbrechen größerer Einheiten und haben eine Tendenz, in immer kleinere Einheiten zu zerfallen.

Der neue Prototyp der Nation wurde erst im 19. Jahrhundert entwickelt. Das nationale Narrativ macht aus einer Bevölkerung ein gemeinsames Wir und einen historischen Akteur. Mit dem nationalen Narrativ erinnert sich dieser Akteur an heroische Akte der Selbstbefreiung im Ausbrechen aus größeren politischen Verbänden, die an Bindungskraft und Legitimation verloren hatten, sowie an Freiheitskriege gegen ausländische Invasoren (man denke an die deutschen Befreiungskriege gegen die napoleonische Besatzung). Im Zentrum der Gründungsidee des Nationalstaats stand die Idee der Freiheit der Bürger und die territoriale Selbstbestimmung, aber auch die kulturelle und ethnische Differenz. Während liberale und ethnisch heterogene Nationalstaaten als Demokratien verfasst sind, die Bürger- und Menschenrechte schützen, tendieren illiberale und ethnisch homogene Nationalstaaten zur Gewalt und Verfolgung von Minderheiten.

Der moderne Nationalstaat definierte sich primär über das neue Konzept einer distinktiven Identität, die auf Sprache, Territorium, Geschichte, die Künste gegründet wurde. Unter diesen Voraussetzungen wurde eine neue nationale Geschichte konstruiert, die der Gesellschaft Zusammenhalt verlieh, indem sie ihr eine Erzählung über ihren gemeinsamen Ursprung und ihre Herkunft anbot. Besonderheiten der Nation in der Kunst, Literatur und Musik des Landes, die das Gefühl der Eigenart der Gruppe markierten und bewahrten, wurden zusammen mit anderen Brauchtumsformen gefeiert und tradiert. Zur Ausstattung der neuen Nationen gehörten nicht nur Unabhängigkeitserklärungen und neue Verfassungen, sondern eben auch ein nationales Gedächtnis, mit dem sich das Kollektiv über die Generationen hinweg an die wichtigen normativen und formativen Ereignisse und Erzählungen ihrer Geschichte erinnert. Pierre Noras Begriff der »lieux de mémoire« bezieht sich auf diesen Fundus gemeinsamer, öffentlicher, die Gemeinschaft definierender und perpetuierender Erinnerungen. Nationsbildung und Erinnerungsbildung gingen dabei Hand in Hand; das eine wurde zur Voraussetzung für das andere.

Diese Identität des nationalen Kollektivs hatte der polnische Jurist Raphael Lemkin im Sinn, als er vor dem Hintergrund des armenischen Völkermords, des ukrainischen Holodomor und des jüdischen Holocaust seinen Begriff des Genozids entwickelte. Lemkin war Zeuge eines Menschheitsverbrechens geworden, das nicht strafrechtlich verfolgt wurde. Deshalb reifte in ihm die Überzeugung, dass es neben individuellen Rechten auch kollektive Rechte und neben dem natürlichen auch so etwas wie einen kulturellen Artenschutz geben müsse. Die Träger einer Kultur sollten geschützt und die Weitergabe ihrer Kultur sollte über Generationen hinweg gesichert werden.

In seiner Kriegserklärung gegen die Ukraine brachte Putin den Begriff Genozid ins Spiel und stilisierte sich als Opfer eines solchen Verbrechens. In der Ukraine sieht er einen faschistischen Staat und sich selbst als einen zweiten Stalin, der als Retter der Geschichte noch einmal über das absolute Böse siegt. Hatte sich sein Vorwurf bereits seit 2014 auf die ukrainische Behandlung des von ihm russifizierten und annektierten Donbas bezogen, ist es in Wahrheit sein Angriffskrieg auf die gesamte Ukraine, der die Vernichtung dieser Nation zum Ziel hat. Was die russische Armee im Nachbarland anrichtet, kann nach Ansicht von Völkerrechtlern mit gutem Grund als ein Genozid bezeichnet werden: Der Begriff bezieht sich ja nicht nur auf Praktiken der Folter, auf Grausamkeiten und Angriffe auf Zivilisten, sondern eben auch auf die Absicht, ein Volk aus den Annalen der Menschheitsgeschichte zu tilgen, indem man seine Sprache und Kultur, Archive und Museen, seine Kirchen und seine Musik, seine literarischen und bildkünstlerischen Traditionen zerstört.

Die Nation gegen das Imperium

Die Nation, die von westlichen Modernisierungstheoretikern etwas voreilig als eine obsolete politische Größe verabschiedet wurde, ist in Zentral- und Osteuropa mit neuer Emphase zurückgekehrt. Das aktuelle Beispiel ist der Nationalstaat der Ukraine, der von einem Imperium angegriffen und überrannt wurde in der Absicht, geschluckt und vereinnahmt zu werden. Obwohl beides täglich vor aller Augen stattfindet, geht es nicht mehr vorrangig um die physische Vernichtung der Bewohner und die Zerstörung ihres Territoriums. Es geht um eine historisch neue Variante des Genozids: die Annexion und vollständige feindliche Übernahme eines Nachbarstaats mit dem Ziel der Vernichtung der Nation durch Auslöschung ihrer Geschichte und Kultur.

»Putin will die Seele der Ukraine zerstören.« So drückte es Pawlo Klimkin, ehemaliger Außenminister der Ukraine, in einem DLF-Interview am 15. Juni 2022 aus. Dass eine Nation eine Seele habe, hat bereits Ernest Renan im Jahre 1881 vermutet. Was man damals Seele nannte, sind heute Merkmale einer gemeinsamen »Identität«. Anders als eine Seele werden Identitäten kulturell geschaffen und unterliegen einem diskursiven Prozess dauerhafter Veränderung. Nationale Identitäten unterscheiden sich durch ihre Sprache und Kultur, Landschaft und Geschichte. In der EU stehen diese Identitäten im Zeichen der kulturellen Vielfalt miteinander in Austausch und ständigen Verhandlungen. Die EU funktioniert dabei als ein doppeltes Versicherungssystem für Nationalstaaten. Sie garantiert einerseits, dass nationale Identitäten geschützt sind, und sie garantiert andererseits, dass sie demokratisch und pluralistisch bleiben und nicht von ihren Regierungen homogen politisch vereinnahmt werden, was sie zu einer unmittelbaren Bedrohung und Gefahr für Minderheiten macht.

Der Staatsrechtler Moritz Julius Bonn hat bereits 1931 das politische Modell »Imperium« für erledigt erklärt und vorhergesagt, dass es durch eine »Föderation« ersetzt werden würde. Die Gründung der Europäischen Union hat ihm Recht gegeben. Es entstand erstmalig in der Geschichte ein Verbund von Nationalstaaten, der sich auf Rechtsstaatlichkeit, Frieden und Wohlstand durch eine gemeinsame Wirtschaftszone und eine auf Menschenrechten basierende diverse Zivilgesellschaft gründete. Mit diesem neuen Modell der EU wurde der Nationalstaat rechtlich und politisch gezähmt, denn die EU ist nicht nur eine Wirtschaftsgemeinschaft, sondern, wie wir immer klarer sehen, auch eine Wertegemeinschaft. Das Prinzip dieses Staatenverbunds besteht darin, Souveränität abzugeben, um gemeinsam eine friedliche Zukunft zu sichern und die Kräfte effektiver für die großen Herausforderungen der Zeit einzusetzen wie die Rettung des Planeten.

Heute hängen das Schicksal und die Neubestimmung der EU aufs Ergste mit dem russischen Angriffskrieg zusammen. Das ist vollends klar geworden, seit es mit der Ukraine plötzlich ein Land gibt, das genau für diese Werte mit großen Verlusten kämpft und sich Tag für Tag und Nacht für Nacht bis zur völligen Erschöpfung verteidigen muss. Das Ziel ist die Mitgliedschaft in der EU, die die Sicherheit von Nationalstaaten gegen imperiale Übergriffe gewährleistet. Wie steht es um diese Zukunft der EU?

Europäische Träume

Nach dem Ende des Zweiten Weltkriegs entstand zusammen mit der EU der neue Typ des liberalen, ethnisch heterogenen Nationalstaats, in dem Menschen unterschiedlicher Herkunft miteinander leben und die gleichen Grundrechte genießen. Zum ersten Mal in der Geschichte schlossen sich verschiedene Nationen zusammen, um ihre Wirtschaft, Rechtsordnung und kulturelle Eigenart gemeinsam zu sichern.

Dass dieser Staaten-Verbund einen neuen Typ von Nationalstaat hervorgebracht hat, war auch die Überzeugung des US-amerikanischen Ökonomen Jeremy Rifkin, der als begeisterter Anhänger des Modells der EU 2004 ein Buch mit dem Titel *Der europäischen Traum* veröffentlicht hat. Er verglich den europäischen Traum mit dem »amerikanischen Traum« und entdeckte etliche Unterschiede. »Der amerikanische Traum verblasst, während der europäische Konturen gewinnt. Er ist schon jetzt moralisch überlegen. […] Wir sind auf Eigentumsrechte fixiert und auf Bürgerrechte. Sie sind die Basis unseres Individualismus und Elemente unserer Autonomie. Europäer sind auf soziale Rechte fokussiert. Und sie halten die Menschenrechte hoch: Man muss die Todesstrafe abschaffen, um EU-Mitglied zu werden.«[9] Auch der britische Historiker Timothy Garton Ash hat sich in einem Interview 2013 trotz Eurokrise und Bankenrettung optimistisch über die Geschichte und Zukunft Europas geäußert. »Europa ist doch eine einmalige Schöpfung. Nirgendwo hat es etwas Vergleichbares gegeben!« Damit meinte er den Umbau europäischer Nationen in Richtung Friedfertigkeit, wirtschaftliche Kooperationsbereitschaft und transnationale Solidarität.[10]

Es gibt noch einen weiteren Protagonisten, der von einem »eu-

9 Europas Traum – Europas Wirklichkeit, *Magazin Mitbestimmung*, 11 (2004). https://www.boeckler.de/de/magazin-mitbestimmung-2744-europas-traum-europas-wirklichkeit-5687.html

10 »Nirgendwo hat es etwas Vergleichbares gegeben«. Interview von Stephan Speicher mit Timothy Garton Ash in: *Süddeutsche Zeitung*, Nr. 152, 4. Juli 2013, S. 11. In diesem Interview geht er auf die defensive Haltung von Frankreich und

ropäischen Traum« gesprochen hat. Das war Wolodymyr Selenskyj. Sein Bekenntnis zu diesem Traum hat er im Mai 2019 nach dem überraschenden Wahlerfolg anlässlich seiner Amtseinführung abgelegt. Damals sagte er: »Wir haben den Weg nach Europa gewählt. Es gibt keine wahren und falschen Ukrainer. Das ist unser gemeinsamer Traum!« Und er fügte hinzu: »Was ist, wenn dies tatsächlich unsere nationale Idee ist, uns zu vereinen, das Unmögliche möglich zu machen?«[11]

Als Schauspieler hatte er sehr viel Sinn für den Möglichkeitsraum der Fiktion. Doch konnte er damals noch nicht ahnen, dass seine Fiktion den Realitätstest eines brutalen Angriffskrieges bestehen muss. Dieser europäische Traum wird nicht nur durch Beitrittsverhandlungen, sondern durch das Trauma des russischen Angriffskriegs zur Realität. Aber in dieser aufreibenden Realität permanenter Angriffe und täglicher Zerstörung braucht es eine solche Fiktion, um das Ziel vor Augen zu behalten und den gemeinsamen Willen zu stärken. Man kann, wie in Selenskyjs Hoffnung von 2019 geschehen, Veränderungen ja durchaus herbeisehnen und dabei zugleich die Voraussetzungen dafür schaffen, dass sie auch irgendwann eintreffen. Diesen Wunsch zu unterstützen und ihn in die Realität umzusetzen ist die neue historische Aufgabe der EU.

Auf den kalten Krieg ist in der Mitte Europas ein heißer Krieg gefolgt. Mit Putins Invasion der Ukraine haben wir eine weitere Zeitenwende erlebt. Sie ist erneut von einer Ost-West-Polarisierung geprägt, die wiederum die ganze Welt spaltet. Täglich und stündlich konfrontiert uns der Krieg mit neuen Formen der Zerstörung, der Aggression und des menschlichen Leids. Was gerade auf dem Spiel steht, hat Jeremy Rifkin vor fast 20 Jahren zusammengefasst. »Universelle Menschenrechte, soziale Rechte, Frieden, Lebensqualität, Nachhaltigkeit, Inklusion, Solidarität, kul

England ein, zwei Nationen, die »viel von (ihrer) Rolle in der Welt eingebüßt (haben)«.

11 https://www.waz.de/politik/ukraine-krieg-wolodymyr-selenskyj-praesident-konflikt-veraendert-id235379299.html

turelle Vielfalt und Verschiedenheit, Balance zwischen Arbeit und Spiel – das ist der europäische Traum. Natürlich wissen die Europäer, dass die Realität dahinter zurückbleibt. Aber die Welt schaut auf dieses Experiment.« Er hat recht, nur die Lage könnte nicht ernster sein. Denn das Experiment kann scheitern; die Zukunft ist in radikaler Weise offen. Wir wissen alle, was auf dem Spiel steht: nichts weniger als »das Unmögliche möglich zu machen«.

Statt eines Nachworts

Kürzlich habe ich *Mariupolis 2* gesehen – das Material, das der litauische Filmemacher Mantas Kvedaravičius im März in Mariupol aufgenommen hat. Bei einem Versuch, Einwohner aus der eingeschlossenen Stadt auf ukrainisches Gebiet zu evakuieren, wurde er an einem Checkpoint aus dem Bus gezerrt und später von russischen Milizen getötet. Der Dokumentarfilm, der mit Hilfe seiner Lebensgefährtin montiert wurde, hatte im Mai 2022 in Cannes Premiere.

Der Radius des Films ist klein: die Kirche einer Baptistengemeinde und ihre unmittelbare Umgebung, am nordöstlichen Stadtrand. Am Horizont sind die Türme des Stahlwerks zu erkennen. Etwa dreißig Menschen halten sich im Untergeschoss des Gebäudes auf, die Kamera folgt zwei Männern, die in den Trümmern der Umgebung nach Brauchbarem suchen.

Die Eindrücke wirken nach, sinken ein und werden zur Last – letzte bewegte Bilder aus einer ermordeten Stadt, gedreht in den letzten Lebenstagen des Regisseurs. Doch es ist die Tonspur, die etwas buchstäblich Unerhörtes vom Krieg mitteilt. Das Ohr lässt die Welt tiefer in die Seele ein. Wie Magneten docken die Nervenfasern an das bedrohliche Geräusch an, und das erschrockene Gehör versucht sich zu orientieren: ein diffus vibrierendes Band aus undefinierbarem Rauschen, Knirschen, Klappern und Donnern, unterbrochen von jähem Knallen, als fielen tonnenschwere Stahlplatten aus großer Höhe in eine hallende Tiefe, unterschiedlich nah und fern.

Ich hatte keinen Begriff davon, wie Krieg klingt. Der furchterregende, nie im Voraus kalkulierbare Lärm zerreißt das Kontinuum der Zeit. Er reduziert die Person auf die nackte, dimensionslose Gegenwart. Wie sehr Kriegsterror auch radikale Aufkündigung jeder Berechenbarkeit bedeutet, wird an einem trivialen Geräusch klar: Vor der Kirche kehren Leute mit Reisigbesen Splitter, Steinchen und Müll zusammen. Die absichtsvolle Regelmäßigkeit des Fegens, dieses schwache, aber dezidierte Bemühen um Ordnung, erscheint als Geste des Widerstands. Das Geräusch, in dem sich ein Rest des zivilen Leben artikuliert, hat etwas Tröstliches.

In Sequenzen mit hellem Himmel über der geschundenen vorstädtischen Szenerie ist plötzlich Taubengurren zu hören, Hühnergackern, Vogelstimmen, die die friedliche Atmosphäre von sommerlichem Draußensein evozieren. Diese Laute, aufgeladen mit Erinnerung an ein anderes Leben, ihre unverhoffte Anwesenheit dort, wo Wohnhäuser in mit Unrat übersäte Brachen und Trümmerhaufen verwandelt wurden, sind kaum zu ertragen, weil sie von der unausgesetzten, erbarmungslosen Zerstörung nichts wissen. Zugleich haben sie etwas Irrsinniges – zeugen sie doch von der Schutzlosigkeit und Verlassenheit der noch Lebenden, denen niemand zu Hilfe kommt.

***

Wen interessiert noch die Frage, ob Mariupol hätte gerettet werden können, wenn die USA und ihre westlichen Verbündeten die von Kyjiw inständig erbetenen Waffen geliefert hätten? Trotz der nie dagewesenen militärischen und politischen Unterstützung geht der Vernichtungskrieg heute, fast ein Jahr später, mit voller Wucht weiter. Viele Ukrainer, so heißt es, registrieren das Knallen und Donnern der russischen Aggression inzwischen als lästiges Hintergrundgeräusch. Doch Elend und Verwüstung nehmen immer größere Ausmaße an. Russlands Krieg hat viele Tausende Menschen das Leben gekostet, Hunderttausende die körperliche und seelische Unversehrtheit. Sie nimmt der gesamten Bevölkerung das Lebensglück. Wer nicht selbst um sein Leben fürchten muss, lebt in Angst um die Liebsten und Freunde. Das Smartphone legt man nicht mehr aus der Hand.

»Die Gewalt«, schreibt der Soziologe Wolfgang Sofsky, »wirkt schon vor der ersten Verwundung. Eine akute, übermächtige Bedrohung zerschlägt die Gestalten des Raum- und Zeitbewußtseins. Jählings verkehrt sich die vertraute Welt ins Ungewisse, das

Unterste ist zuoberst gekehrt. Es ist, als tue sich plötzlich ein Abgrund auf. Die Welt bietet keinen sicheren Boden mehr, weder Schutz noch Obdach.«[1]

Die Angst vor dem jähen Zuschlagen, die Sofsky beschreibt, ist stumm. Seit Beginn des Krieges spricht der ukrainische Präsident zu seinen Bürgern. In den täglichen Videobotschaften setzt er der Angst und dem Leiden das Wort entgegen. Sein Gesicht ist heute das einer ganzen Gesellschaft, die sich zum Widerstand und zum Durchhalten entschlossen hat.

Die Gegenwart der Ukraine, wie sie sich in Berlin, Warschau, New York und an vielen anderen Orten der Welt zeigt, ist ein politisches und ethisches Skandalon. Politisch, weil es der Staatengemeinschaft, die sich mehrheitlich gegen den Krieg ausgesprochen hat, bis heute nicht gelingt, den kompromisslosen Zerstörungswillen der russischen Führung zu brechen. Ethisch, weil die Sinnlosigkeit eines auf reine Destruktion abzielenden Handelns allem widerspricht, was Menschen sich an Gesetzen gegeben haben, um ein halbwegs gutes Leben miteinander zu führen. Die Grenzen der Handlungsspielräume zu erkennen, ohne fatalistisch zu werden, an die Grenzen des Verstehens und der seelischen Fassungskraft zu stoßen, ohne sich überwältigen zu lassen, auch dazu fordert uns die Gegenwart der Ukraine heraus.

✳✳✳

Als sich nach dem Schock des Angriffs vom 24. Februar 2022 so etwas wie eine Normalität in der Anomalität einstellte, nahm die Idee dieses Buches Gestalt an. Die Autorinnen und Autoren, die wir um Texte baten, setzten ihre wissenschaftliche und journalistische Arbeit fort, wo immer sie sich gerade aufhielten: als Gastdozentinnen im europäischen Ausland, als Geflüchtete in einer Unterkunft, wohin sie sich mit den Kindern in Sicherheit gebracht hatten; oder aber zu Hause, in Kyjiw und Charkiw, wo das aus

---

1 Wolfgang Sofsky, *Traktat über die Gewalt*, Frankfurt am Main 1996, S. 71.

den Angeln gerissene Alltagsleben unter dem ständigen Beschuss irgendwie weiterging.

Sie alle beginnen Wege aus dem »Nebel des Krieges« und seiner »mehr oder weniger großen Ungewissheit« (Carl von Clausewitz) zu suchen: Die Kuratorin Kateryna Iakovlenko kehrt nach Irpin in ihre zerbombte Wohnung zurück und verwandelt sie zusammen mit befreundeten Künstlern für einen Tag in eine Installation, während die Filmemacherin Oksana Karpovych an die von Verwüstung und Verbrechen heimgesuchten Orte fährt, um das Unbegreifliche mit eigenen Augen zu sehen. Nataliya Gumenyuk und Angelina Kariakina, Journalistinnen, die dem Netzwerk »The Reckoning Project – Ukraine Testifies« angehören, berichten über das von Russland besetzte und vollständig zerstörte Mariupol und über Städte im Gebiet Cherson, während ihr Kollege Stanislaw Assejew, der zwei Jahre im Donezker Foltergefängnis Isoljazija verbringen musste, einen radikaleren Weg gewählt hat: Mit Hilfe des Recherchenetzwerks Bellingcat ist es ihm gelungen, den Kommandanten jenes Gefängnisses aufzuspüren.

Die Soziologin Svitlana Matviyenko recherchiert, was den ukrainischen Bewohnern der besetzten Gebiete in den sogenannten Filtrationslagern geschieht und wie Aussagen, die ihnen unter Drohungen und Folter abgepresst werden, in den russischen Staatsmedien und ihren Online-Kanälen in Propaganda umgewandelt werden.

Alissa Ganijewa, eine junge Schriftstellerin aus Moskau, die inzwischen in Kasachstan lebt, stellt sich die Frage, warum es auch oppositionell gesinnten Russen so schwerfällt, Verantwortung zu übernehmen. Wie er sich als russischsprachiger ukrainischer Schriftsteller endgültig von seiner Muttersprache verabschiedete, schildert Volodymyr Rafeyenko in seinem Bericht einer dramatischen Rettung. Was der Krieg für die russische Sprache und Kultur bedeutet und wie in der Ukraine und in Deutschland über Dekolonisierung diskutiert wird, ist Thema der Literaturwissenschaftlerinnen Tamara Hundorova und Susanne Strätling, während Irina Zherebkina, die 1994 den Grundstein für Gender Studies und feministische Theorie in der ukrainischen Akademia gelegt hat, über ihre Philosophieseminare während der russischen Angriffe berichtet.

Etliche der zwischen Juni 2022 und Januar 2023 verfassten Beiträge sind unter schwierigen Umständen entstanden: nach der Flucht (Oksana Dutchak), in den Pausen zwischen den Strom- und Heizungsausfällen im Winter und an der Front (Artem Chapeye). Die eigene Lebenswelt zu beschreiben und zu begreifen, während sie ruiniert wird, ist eine Extremform teilnehmender Beobachtung, eine Arbeit der Selbstdokumentation und Zeugenschaft. Das gilt ebenso für die von Yuriy Hrytsyna kuratierte Fotostrecke – 16 Bilder, die er aus Hunderten ausgewählt hat. Aufnahmen einer Realität, in der »das Unterste zuoberst gekehrt« ist. Die Essays des dritten Teils umkreisen diese verstörende Erfahrung. Mit der Erschütterung der europäischen Sicherheitsarchitektur seit der Krim-Annexion hatte man leben gelernt. Als diese Ordnung am 24. Februar 2022 annulliert wurde, kam das Wort »Zeitenwende« in die Welt und mit ihm die Debatten über Waffenlieferungen für die Ukraine. Spätestens seit Butscha und Mariupol – Chiffren für die verbrecherische russische Kriegsführung – steht fest, dass dem Epochenbruch ein Zivilisationsbruch gefolgt war.

∗∗∗

Die meisten, die für uns geschrieben haben, sind zwischen dreißig und vierzig Jahre alt. Die Revolution auf dem Maidan 2014 hatte ihr Leben damals in ein Vorher und ein Nachher geteilt. Die Strukturen der gegenseitigen Unterstützung, Hilfe und Wehrhaftigkeit, die sie entwickelten, waren fundamental für den Umbau der Gesellschaft: Die Freiwilligen, die sich zu Sanitätern oder Psychotherapeuten ausbilden ließen und acht Jahre lang im Kriegsgebiet arbeiteten, sind heute überall dort, wo Menschen evakuiert und Hilfsgüter verteilt werden müssen. Dass sich die Armee den zahlenmäßig überlegenen russischen Truppen gewachsen zeigte, liegt, sagen Experten, auch an den flachen Hierarchien und dem hohen Maß an Eigenverantwortung. »Das ganze Land ist heute ein Maidan«, hört man immer wieder.

Kurz vor Silvester, als er seinen Beitrag korrigierte, erfuhr einer unserer Autoren, dass ein Freund in den Kämpfen um Bachmut gefallen war. Er war Cutter. Viele junge kreative, künstlerisch aktive Menschen werden von gleichaltrigen russischen Soldaten getötet. Während die einen freiwillig zur Armee gegangen sind, um ihr Land zu verteidigen, folgen die anderen den Befehlen eines revisionistischen Machthabers, der Verhältnisse wie nebenan unter allen Umständen verhindern musste. Putin sieht die Ukraine als Kolonie der USA und verkauft seiner Bevölkerung die angebliche Bedrohung durch die NATO und den »kollektiven Westen« als Grund für die »militärische Spezialoperation«. Sein nihilistisches Handeln zielt auf die Zersetzung solidarischer Bindungen. Das zynische Kalkül, die eigenen Bürger durch jahrelanges Einschüchtern, Entmutigen und Kriminalisieren in einen Zustand der Depression und Apathie zu versetzen, ist aufgegangen.

Die jungen Frauen und Männer, die bereits im Donbas-Krieg kämpften, stehen heute nicht mehr bewaffneten Milizen, sondern einer übermächtigen Armee gegenüber. Sie versuchen, die Front im Osten zu halten. Gelingt es nicht, könnte die Ukraine als demokratischer Staat von der europäischen Landkarte wieder verschwinden. »Die Wahrheit der Gewalt ist das Leiden«, schreibt Sofsky. Der »Maidan als Agora« (Kateryna Mishchenko), wo gestritten und am Ende um die Freiheit gekämpft wurde, ist zu einem Schlachtfeld geworden. Diejenigen, die ihre Macht im gemeinsamen Handeln erfahren haben, müssen sie jetzt gegen eine exterminatorische Gewalt verteidigen. Und immer mehr von ihnen kommen um.

»Von nun an ist das Maß meines Lebens der Tod anderer Menschen, von nun an wird es immer eine Kluft geben zwischen denen, die bereit sind, ihr Leben zu lassen, und denen, die dadurch Sicherheit erhalten«, schreibt Kateryna Mishchenko. Mit diesem unerträglichen Wissen quälen sich viele Ukrainer herum, die temporär, vielleicht auch für immer, nach Deutschland gekommen sind. Die Hilfsbereitschaft, die ihnen entgegengebracht wird, ist groß. Doch sie genügt nicht: im Grunde brauchen sie alle, deren

Leben vom Krieg zerstört wurde, die heute Freunde und Angehörige verlieren, professionelle Hilfe. Jenseits davon können wir als Gesellschaft aktiv werden: die Bekanntschaft mit ihnen suchen und Freundschaften schließen, in Unterstützernetzwerke eintreten, ihre Filme sehen, Texte lesen, Ausstellungen und Veranstaltungen besuchen. Ihre Anwesenheit ist unsere Chance, Fragen zu stellen und zuzuhören. Die Gegenwart der Ukraine zu teilen, bedeutet, sich dem bisher Unvorstellbaren zu konfrontieren: dass der große Krieg in Europa ein Faktum ist, dem wir nicht ausweichen können.

Zurzeit spricht alles dafür, dass dieser Krieg, der erklärtermaßen auf die Vernichtung der Ukraine als Staat und Nation zielt, nur mit massiver militärischer Unterstützung der Angegriffenen gestoppt werden kann. Um aus dem Nebel des Krieges herauszufinden, wird es stabile politische Bündnisse brauchen. Darüber hinaus ist zweierlei von fundamentaler Notwendigkeit: die Kraft einer menschlichen Gemeinschaft, die »um der Güte und Liebe willen dem Tode keine Herrschaft einräumen« soll über ihre Gedanken, wie Thomas Mann im *Zauberberg* schrieb. Und die Solidarität mit einer Gesellschaft, die vor neun Jahren in eine von Freiheit und Autonomie bestimmte Zukunft aufgebrochen ist und deren Bürger für diese Hoffnung heute einen so schrecklichen Preis zahlen.

Katharina Raabe, Januar 2023

Bildnachweis

Seite 145 bis 164

Abb. 1: Leiche eines während der russischen Besatzung getöteten Zivilisten, Butscha, Yablunska-Straße, 3. April 2022 © Oksana Karpovych

Abb. 2: Deckname »Kosak«. Granatwerfer-Soldat des Territorialverteidigungsbataillons Nummer 128 des Dnipowsky-Bezirks von Kyjiw, vor dem Krieg in der Filmproduktion tätig. Tschuhujiw, Gebiet Charkiw, Juni 2022 © Edward Kaprov

Abb. 3: Mann vor seinem von Artilleriebeschuss zerstörten Haus. Tschernihiw, 6. April 2022 © Oleksandr Techynskyi

Abb. 4: Ruinen des Einkaufszentrums »Retroville« nach russischem Raketenangriff. Kyjiw, 23. März 2022 © Oleksandr Glyadyelov

Abb. 5: Von russischem Raketenangriff zerstörtes Gebäude der regionalen Staatsverwaltung in Charkiw, 14. April 2022, © Oleksandr Techynskyi

Abb. 6: Blick von der 19. Etage eines Hochhauses durch ein Fenster, das mit einem improvisierten Schutz vor Explosion beklebt ist. Kyjiw, 25. Februar 2022 © Anastasiia Tykha

Abb. 7: Ukrainischer Soldat fotografiert ein von russischen Raketen zerstörtes Haus. Borodianka, 5. April 2022 © Eduard Kryzhanivskyi

Abb. 8: Friedhof mit frischen Gräbern. Irpin, Mai 2022 © Roman Bordun

Abb. 9: Schlafzimmer einer ausgeraubten Wohnung. Irpin, Juli 2022 © Roman Bordun

Abb. 10: Zerstörtes Haus. Hostomel, 17. Mai 2022 © Oksana Karpovych

Abb. 11: Kyjiw, Bezirk Woskresenka, Anfang März 2022 © Lev Shevchenko

Abb. 12: »We don't need no occupation«. Ternopil, 15. März 2022 © Volodymyr Polynyak

Abb. 13: Taktische Militärausbildung für die Zivilbevölkerung, organisiert von Kriegsveteranen. Ternopil, 14. März 2022 © Volodymyr Polynyak

Abb. 14: Reste von einem Militär-Checkpoint vom Anfang des Krieges. Kyjiw, nördlichster Stadtrand in Richtung Irpin, Juli 2022 © Sergiy Illyashenko

Abb. 15: Ukrainischer Soldat auf dem Dach eines Hauses hält Ausschau nach russischen Diversionsgruppen. Kyjiw, 28. Februar 2022 © Sergiy Mykhalchuk

Abb. 16: Abiturfoto. Tschernihiw, 6. Juni 2022 © Stas Senyk

Kurzbiographien

Stanislaw Assejew, geboren 1989 in Donezk, Schriftsteller und Journalist. Unter Pseudonym berichtete er von 2015 bis 2017 für ukrainische Medien aus dem besetzten Donbas. Im Juni 2017 wurde er von Kämpfern der sogenannten Volksrepublik Donezk verschleppt. Nach internationalen Protesten kam er im Zuge eines Gefangenenaustauschs im Dezember 2019 frei. Auf Deutsch erschien ein Band mit Reportagen: *In Isolation* (2020), und ein Bericht über seine Haft im Foltergefängnis: *Heller Weg – Geschichte eines Konzentrationslagers im Donbass 2017-2019* (2022).

Aleida Assmann, geboren 1947 in Bethel, war von 1993 bis 2014 Professorin für Anglistik und Allgemeine Literaturwissenschaft an der Universität Konstanz. Gastprofessuren führten sie an die Universitäten Rice, Princeton, Yale, Chicago, Wien und Luzern. Sie beschäftigt sich mit Fragen des individuellen und kulturellen Gedächtnisses, Formen des Vergessens, historischen Traumata und vergleichender Geschichtspolitik. Zuletzt erschienen: *Menschenrechte und Menschenpflichten. Schlüsselbegriffe für eine humane Gesellschaft* (2018), *Der europäische Traum. Vier Lehren aus der Geschichte* (2018), *Die Wiedererfindung der Nation: Warum wir sie fürchten und warum wir sie brauchen* (2020).

Artem Chapeye, geboren 1981 in Kolomyia, Schriftsteller, Journalist und Übersetzer aus dem Englischen. Er studierte in Kyjiw, bereiste die USA und Mittelamerika und schrieb seit 2008 fünf Romane, darunter *Červona zona* (Die rote Zone; 2014). 2015 berichtete er als Reporter aus dem Donbas. Er ist Vorstandsmitglied des PEN Ukraine. Seine Erzählung *The Ukraine* (2018) erschien 2022 im *New Yorker*. Zuletzt erschien *Vyvitrjuvannja* (Verwitterung; 2021). Im Februar 2022 meldete er sich als Soldat zur ukrainischen Armee.

Oksana Dutchak, geboren 1987 in Kalusch, ist Soziologin und stellvertretende Direktorin des Zentrums für Sozial- und Arbeitsforschung in Kyjiw. Sie ist Mitherausgeberin von *Spilne/ Commons Journal* in Kyjiw und setzt ihre wissenschaftliche Arbeit zurzeit an der Goethe-Universität Frankfurt am Main fort. Ihre Forschungsinteressen sind Arbeiterproteste, Genderungleichheit, soziale Reproduktion, Sorgearbeit, Marxismus, marxistischer Feminismus. Nach der Invasion floh sie mit ihren Söhnen nach Leipzig.

Alissa Ganijewa, geboren 1985 in Moskau, wuchs in Machatschkala/Dagestan auf und lebte von 2003 bis Ende Februar 2022 als Schriftstellerin, Literaturkritikerin und Journalistin in Moskau. Ihre Romane *Die russische Mauer* (2014), *Eine Liebe im Kaukasus* (2016) und *Verletzte Gefühle* (2021) wurden in mehrere Sprachen übersetzt. Seit der Annexion der Krim 2014 engagierte sie sich gegen Propaganda und Denunziation und unterstützte Aktivisten, die wegen der Teilnahme an ungenehmigten Demonstrationen vor Gericht landeten. Im März flüchtete sie nach Lettland. Seit Juni lebt sie in Almaty/Kasachstan.

Nataliya Gumenyuk, geboren 1983 in Birobidshan, Journalistin und Autorin, Mitbegründerin und Leiterin des Public Interest Journalism Lab (PIJL), einer interdisziplinären Vereinigung von Journalistinnen und Soziologinnen. Im Rahmen des Projekts »The Reckoning Project – Ukraine Testifies« dokumentiert PIJL von der russischen Armee begangene Kriegsverbrechen und Verbrechen gegen die Menschlichkeit. Autorin mehrerer Dokumentarfilme und Bücher, u. a. *Die verlorene Insel: Geschichten von der besetzten Krim* (2020) und *Majdan Tachrir* (Der Tahrir-Platz; 2015). Mitbegründerin und derzeit im Vorstand von *Hromadske TV* in Kyjiw.

Yuriy Hrytsyna, geboren 1987 in Lwiw, Dokumentarfilmer, Filmkritiker, Fotograf und Arzt. Er studierte Germanistik in Lwiw und Humanmedizin in Berlin. Sein Film *Varta1, Lwiw, Ukraine* (2016) wurde mit mehreren Preisen ausgezeichnet, unter anderem dem FIPRESCI-Preis und dem Preis des ukrainischen Verbandes der Kinokritik. Seine Filme beschäftigen sich mit den Themen der Fragilität der Archive und der mobilisierenden Wirkung der Erinnerungen.

Tamara Hundorova, geboren 1955 bei Poltawa, lehrt Literaturwissenschaft in Kyjiw und Harvard und forscht an der Nationalen Akademie der Wissenschaften in Kyjiw. Sie ist Autorin von Büchern wie *The Post-Chornobyl Library. The Ukrainian Postmodernism of the 1990s* (2019) und *Tranzytna kultura. Symptomy postkolonial'noji trawmy* (2013) (Transitkultur. Symptome eines postkolonialen Traumas). Sie beschäftigt sich mit den transkulturellen Aspekten der Moderne und Postmoderne. Zuletzt erschien »Heterotopie und eigenes Territorium. Der Donbass im Werk Serhij Zhadans« (*Osteuropa*, 6-8/2022).

Kateryna Iakovlenko, geboren 1989 in Rowenky, ist Kunstwissenschaftlerin, Autorin und Kuratorin, derzeit Gastwissenschaftlerin an der UCL School of Slavonic and East European Studies in London. Ihre Arbeitsschwerpunkte sind Kunst und Kultur im politischen und gesellschaftlichen Wandel, Materialität, Gender, Ästhetik und Ethik in der Darstellung von Gewalt, Widerstand und Trauma. Herausgeberin von Büchern: *Tschomu v ukrajins'komu mysteztwi je welyki chudoshnyzi* (Warum gibt es große Künstlerinnen in ukrainischer Kunst; 2019), Sonderausgabe *Euphoria and Fatigue: Ukrainian Art and Society after 2014* (2019).

Angelina Kariakina, geboren 1985 in Kyjiw, Journalistin und Redakteurin. Seit 2021 Leiterin der Nachrichtenredaktion des öffentlich-rechtlichen Senders *Suspilne* in Kyjiw. Mitbegründerin von Public Interest Journalism Lab (PIJL), einer interdisziplinären Vereinigung von Journalistinnen und Soziologinnen. Autorin im Projekt des PIJL »The Reckoning Project – Ukraine Testifies«. Zwischen 2017 und 2020 arbeitete sie als Chefredakteurin des unabhängigen Medienprojekts *Hromadske TV*, war Autorin von mehreren Recherchen über Majdan und wurde mit Journalistenpreisen ausgezeichnet.

Oksana Karpovych, geboren 1990 in Kyjiw, ist Filmemacherin, Autorin und Fotografin in Kyjiw. Ihr erster Dokumentarfilm

Don't Worry, the Doors Will Open (2019) wurde mit dem Preis New Visions Award beim RIDM-Festival in Montreal ausgezeichnet. Ihre Arbeitsschwerpunkte sind mündliche Überlieferungen und kollektive Traumata sowie der Einfluss der staatlichen Politik auf die persönliche Sphäre. Zurzeit arbeitet sie als lokale Produzentin mit internationalen Reportern zusammen.

Svitlana Matviyenko, geboren 1976 in Kamjanez-Podilskyj, ist Soziologin. Assistenzprofessorin für kritische Medienanalyse an der School of Communication der Simon Fraser University in Vancouver und stellvertretende Direktorin des Digital Democracies Institute in XX. Sie lehrt und schreibt über Psychoanalyse und Kybernetik, Informations- und Medientheorie, Posthumanismus und digitalen Militarismus. Sie ist Co-Autorin von *The Imaginary App* (2014) und *Cyberwar and Revolution: Digital Subterfuge in Global Capitalism* (Minnesota UP, 2019).

Kateryna Mishchenko, geboren 1984 in Poltawa, Essayistin, Übersetzerin und Mitbegründerin des unabhängigen Verlags Medusa in Kyjiw. Sie arbeitete als Dolmetscherin im menschenrechtlichen Bereich und war Mitbegründerin der Zeitschrift für Literatur, Kunst und Gesellschaftskritik *Prostory*. Ihre Essays sind in internationalen Zeitschriften, Anthologien und als Buch erschienen: *Ukrainische Nacht/Ukrainian Night/Ukrajinska nitsch* (2015). Zurzeit ist sie Fellow am Wissenschaftskolleg zu Berlin.

Volodymyr Rafeyenko, geboren 1969 in Donezk, ist Schriftsteller und Literaturkritiker. Mitglied des PEN Ukraine. Bis 2014 lebte er in Donezk und publizierte auf Russisch. Danach floh er in eine Stadt in der Nähe von Kyjiw. Seitdem schreibt er über den Krieg, seine Erfahrung der Flucht und Vertreibung und wechselt endgültig zur ukrainischen Sprache. Zuletzt erschienen: *Dolgota dnej* (Die Länge der Tage; 2017), *Mondegrin. Pisni pro smert ta ljubow* (Mondegrin. Lieder von Tod und Liebe; 2019).

Karl Schlögel, geboren 1948 im Allgäu, Historiker und Publizist, bis 2013 Inhaber des Lehrstuhls für Osteuropäische Geschichte an der Europa-Universität Viadrina. Sein Buch *Terror und Traum. Moskau 1937* (2008) wurde in viele Sprachen übersetzt. *Das sowjetische Jahrhundert. Archäologie einer untergegangenen Welt* (2017) wurde mit dem Preis der Leipziger Buchpreis 2018 ausgezeichnet. Zuletzt erschienen *Der Duft der Imperien* (2020) und die aktualisierte und erweiterte Neuausgabe seines 2015 erschienenen Buches *Entscheidung in Kiew. Ukrainische Lektionen* (2022).

Susanne Strätling, geboren 1970 in Stuttgart, seit 2020 Professorin für Allgemeine und Vergleichende Literaturwissenschaft mit dem Schwerpunkt Slavische Literaturen an der Freien Universität Berlin; zuvor lehrte und forschte sie an der Humboldt-Universität zu Berlin, der Universität Konstanz, der LMU München und der Universität Potsdam. Ihre Forschungsschwerpunkte liegen im Bereich der Medientheorie, der operativen Poetik und der Metaphorologie. Zuletzt erschienen u. a. *The Hand at Work* (2021), *Biophilology and the Metabolism of Literature* (2020), *Kraftfelder der Wahrnehmung. Impressionismus und Energetik* (2019).

Iryna Zherebkina, geboren 1959 in Nischyn, lehrt Kultur- und Wissenschaftstheorie in Charkiw und gründete dort 1994 das Kharkiv Center für Gender Studies, das sie bis heute leitet. Sie ist Chefredakteurin des *Gender Studies Journal*. Ihre feministischen Sommerschulen, zu denen sie Kollegen und Kolleginnen aus ganz Osteuropa und den USA einlud, waren legendär. Zuletzt erschienen: *Wojna i mir Dshudit Batler* (Judith Butlers Krieg und Frieden; 2019); *Stalinskije Antigony. Feministskaja intervenzija w stalinism* (Die stalinistische Antigone. Feministische Intervention im Stalinismus; 2019); *Sowremennaja sapadnaja filosofija. Wwedenie* (Zeitgenössische westliche Philosophie. Eine Einführung; 2022).

Euromaidan
Was in der Ukraine auf dem Spiel
steht
Herausgegeben von Juri Andruchowytsch
5. Auflage 2022
207 Seiten
€ 16,00 [D] € 16,50 [A]
ISBN 978-3-518-06072-8
Aus als eBook erhältlich

Was wollen die Menschen, die nach monatelangen Protesten ihr korruptes Regime gestürzt haben? Warum mischt Wladimir Putin sich ein? Wird es sie geben: eine freie, selbstbestimmte Ukraine an der Seite Europas und Russlands?

Vierzehn Autoren, darunter Alissa Ganijewa, Kateryna Mishchenko, Katja Petrowskaja, Jurko Prochasko, Timothy Snyder und Serhij Zhadan, erzählen von einem Land im Umbruch, vom Aufruhr in den Seelen – und von einer historischen Chance für Europa.

»Wer die Ukraine verstehen will, muss dieses Buch lesen. Es räumt auf mit Märchen und Vorurteilen und erzählt die andere Geschichte des Majdan.« *Sandra Kegel, Frankfurter Allgemeine Zeitung*

»… so aktuell, wie ein gedrucktes Buch überhaupt nur sein kann.« *Katharina Granzin, taz. die tageszeitung*

»Ein Buch, das als Baustein dienen wird für das spätere politische Geschichtsverständnis der ›Revolution vom Maidan‹.« *Johannes Grotzky, Deutschlandfunk*

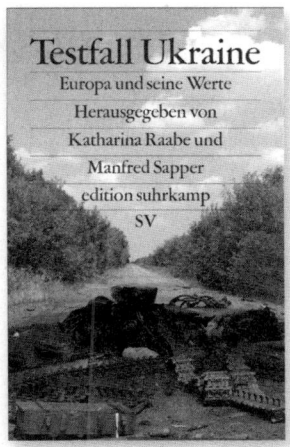

Testfall Ukraine
Europa und seine Werte
Herausgegeben von Katharina Raabe
und Manfred Sapper
3. Auflage 2022
256 Seiten
€ 16,00 [D], € 16,50 [A], Fr. 25,90 [CH]
ISBN 978-3-518-07123-6
Auch als eBook erhältlich

Gelingt es den Bürgern, nach dem Euromaidan einen neuen Staat aufzubauen? Oder wird der Krieg im Donbas das Land dauerhaft destabilisieren? Welche Antworten gibt es auf die tiefste Krise Europas seit dem Ende des Kalten Krieges?

Fünfzehn Autoren, darunter Arkadi Babtschenko, Kateryna Mishchenko, Herfried Münkler, Irina Prochorowa, Karl Schlögel und Serhij Zhadan, zeichnen die Ereignisse nach, die Russland, die Ukraine und ihre Nachbarn seit dem Frühjahr 2014 erschüttern.

»Erschreckend und erhellend an diesem Buch ist die Tatsache, dass fast jeder Beitrag sich liest, als wäre er nicht vor ein paar Jahren verfasst, als diese Stimmen zu wenig gehört wurden, sondern heute, exakt jetzt, in der Gegenwart.«
Caroline Fetscher, Der Tagesspiegel

»Dieses großartige Buch erzeugt den Sog, es Zeile für Zeile zu lesen, um zu begreifen, wie das Unvorstellbare sich entwickelt und zu einer unkontrollierbaren Bedrohung für Europa und weite Teile der Welt wuchern konnte.« *BuchMarkt (Juli 2022)*